广西壮族自治区党委宣传部资助出版，桂宣字[2021]2号。

广西高校人文社科重点研究基地“民族地区文化建设与社会治理研究中心”重点项目“民族地区意识形态安全与社会思潮引领研究”（2015YJJD0005）资助出版。

| 光明社科文库 |

社会思潮多样化
与维护我国意识形态安全研究

丁祥艳◎著

光明日报出版社

图书在版编目（CIP）数据

社会思潮多样化与维护我国意识形态安全研究 / 丁祥艳著 . -- 北京：光明日报出版社，2022.9

ISBN 978-7-5194-6831-6

Ⅰ.①社… Ⅱ.①丁… Ⅲ.①社会思潮—研究—中国—现代②意识形态—研究—中国③国家安全—研究—中国 Ⅳ.①D092.7②B27③D631

中国版本图书馆 CIP 数据核字（2022）第 183093 号

社会思潮多样化与维护我国意识形态安全研究

SHEHUI SICHAO DUOYANGHUA YU WEIHU WOGUO YISHI XINGTAI ANQUAN YANJIU

著　　者：丁祥艳

责任编辑：梁永春　　责任校对：杨　茹　乔宇佳

封面设计：中联华文　　责任印制：曹　净

出版发行：光明日报出版社

地　　址：北京市西城区永安路 106 号，100050

电　　话：010-63169890（咨询），010-63131930（邮购）

传　　真：010-63131930

网　　址：http://book.gmw.cn

E - mail：gmrbcbs@gmw.cn

法律顾问：北京市兰台律师事务所龚柳方律师

印　　刷：三河市华东印刷有限公司

装　　订：三河市华东印刷有限公司

本书如有破损、缺页、装订错误，请与本社联系调换，电话：010-63131930

开　　本：170mm×240mm

字　　数：237 千字　　印　　张：15.5

版　　次：2024 年 1 月第 1 版　　印　　次：2024 年 1 月第 1 次印刷

书　　号：ISBN 978-7-5194-6831-6

定　　价：95.00 元

序

几天前，我接到丁祥艳博士的电话，他请我为他即将出版的新著《社会思潮多样化与维护我国意识形态安全研究》写篇序言。自己的朋友、同事又有新的学术成果出版，我自然非常高兴，欣然答应。

丁祥艳博士毕业有 13 年了，在这 13 年里，我时不时听到他的好消息，比如，在 2012 年和 2013 年，相继获得教育部人文社科基金项目、国家社科基金项目立项，2014 年被评为“全国优秀教师”“全国高校优秀思想政治理论课教师”，2020 年入选广西高校思想政治教育卓越人才。作为朋友、同事，我由衷地为他所取得的进步和成就而感到高兴和自豪。

丁祥艳博士多年来致力于社会思潮多样化与思想政治教育方面的研究。《社会思潮多样化与维护我国意识形态安全研究》是他在已取得的研究成果的基础上，从社会思潮与国家意识形态安全的内在关联的视角深入开展研究而取得的新的研究成果。综览本书篇章，深感这是一部兼具学术性和现实针对性的好书。

社会思潮蕴含着影响社会发展的巨大力量，在一定程度上影响着社会的发展进程。改革开放以来，因应全球化和中国社会转型的时代境遇，各种社会思潮纷纷登场，它们竞相争夺话语权、主导权，并试图影响现实，由此也使得如何正确引领社会思潮、巩固马克思主义在意识形态领域的指导地位、维护我国的意识形态安全成为学界关注的一个热点问题。在社会思潮日趋多样、相互激荡的今天，学术界应该加强对社会思潮这一重要历史现象的研究。

我很高兴地读到，丁祥艳博士的《社会思潮多样化与维护我国意识形态安全研究》对于社会思潮多样化与国家意识形态安全之间的内在关联作了深刻的学术研究和阐述。在内容上，本书把社会思潮看作民众评价活动的一种现实形式，研究了当代中国社会思潮的鲜明特点，分析了社会思潮日趋多样化的国内外因素，认为深刻的社会转型是社会思潮激荡之源，是我国社会思潮日趋多样化的内部驱动力，而全面深入的全球化则是其外部驱动力，并进一步从评价论的研究视角，论述了社会思潮与意识形态安全的内在关联。民众评价活动的“无机”方式决定了社会思潮带有自发性和盲目性。认为社会思潮因其自身的自发性、盲目性而容易被民众领袖和权威机构误导、操纵，由此而引发意识形态安全风险。认为有效引领社会思潮、维护主流意识形态安全是实现社会的意识形态控制的基础和前提。这部分的论述很有新意，不乏独到见解，表现出作者较深的理论功底。

作者认为任何社会的统治阶级或执政党，总要努力对社会思潮进行管控和引导，以达到维护主流意识形态安全的目的。大力引领社会思潮是有效维护意识形态安全、实现社会整合的必然选择。为此，作者着重研究了美国管控社会思潮的手段和苏联在维护国家意识形态安全方面的教训。认为美国管控社会思潮、维护意识形态安全的多样化手段以及推行意识形态霸权的行径，和苏联后期在意识形态领域放弃了马克思主义的指导地位最终导致苏共垮台苏联解体的深刻教训，充分证明采取有效措施，积极引领社会思潮，切实维护我国的意识形态安全具有重大现实意义。

作者对当前我国社会共识的凝聚给予了充分关注。提出社会思潮多样化在一定程度上给我国的意识形态安全带来积极影响，同时也给我国意识形态安全带来严峻挑战。我们要积极应对挑战，有效引领纷纭激荡的社会思潮，维护好我国的意识形态安全，凝聚起高度的社会共识，即全社会的利益共识、思想共识、价值共识、道德共识，为实现伟大的“中国梦”创造优越条件。

本书从意识形态博弈的视角对部分主要西方思潮进行了比较深刻的辩证分析。认为当代西方社会思潮，尤其是那些政治性社会思潮，代表着垄断资产阶级的利益和要求，带有鲜明的价值指向性。在当今全球化时代，西方敌对势力往往把一些西方思潮作为主要载体对我国实施意识形态渗透。为此，要积极运用马克思主义的立场、观点和方法，对新自由主义、“普世价值论”、“意识形态终结论”、民主社会主义等西方社会思潮进行鉴别、批判和引领。这方面的研究对于今天有效引领社会思潮大有裨益。

综览整部书稿，我以为具有以下几个特点。

第一，研究目标明确。作者一直是着眼于加强社会主义意识形态建设和巩固马克思主义指导地位来展开研究的。作者在书中多个地方表明了自己的研究意图，那就是深入研究社会思潮的运动与意识形态安全之间的内在关联，探讨在全球化、网络化时代，如何正确看待和有效引领相互激荡的多样化社会思潮，维护我国的意识形态安全，防止因指导思想和价值观念的混乱而给社会有序、和谐发展带来严重危害，从而促进中国特色社会主义伟大事业顺利发展。

第二、问题意识强。遵循从抽象到具体的逻辑，从问题意识入手，围绕解决本课题的主要问题展开研究：当代中国社会思潮日趋多样化的原因是什么？社会思潮与意识形态安全有着怎样的内在关联？当前，我国的意识形态安全面临哪些挑战？如何正确认识当前影响我国意识形态安全的主要社会思潮？如何构建引领社会思潮维护我国意识形态安全的长效机制？有了强烈的问题意识，也就使得本书有了清晰的逻辑脉络、合理的框架结构。

第三、坚持理论研究为现实服务。作者以自己的学术探索积极回应“引领社会思潮，维护好我国的意识形态安全”这一当代中国“最实际的呼声”，具有一定的现实意义。尤其是有关构建引领社会思潮维护我国意识形态安全的长效机制的探索，契合党中央有关积极引领社会思潮、维护我国意识形态安全的要求，使得本书更具现实针对性。

第四、较好地实现了政治性、科学性、学术性、思想性的统一。本书始终坚持了正确的政治导向，同时在理论观点的论证方面，在研究资料的考证和研究成果的借鉴、引用方面，在学术探究的广度和深度方面，在语言文字的表述方面，都体现了作者对于科学性、学术性、思想性的追求。

本书资料翔实，概念明确，观点成熟，层次清晰，比较全面地阐述了社会思潮与意识形态安全的一般性理论问题。作者较好地概括了前人有关本课题研究的成果和最新见解，也充分反映了作者本人研究社会思潮与意识形态安全的基本立场、观点和方法。本书总体上文风朴实，语言流畅。

当然，本书有些地方还是可以进一步商榷和探讨的。我希望本书的出版能进一步引起哲学社会科学界对于相关社会思潮与意识形态安全研究的重视，也希望本书能引起有关实践部门的重视，在建设社会主义核心价值体系和有效引领社会思潮、维护我国意识形态安全方面有所帮助。

在本书即将出版之际，我为丁祥艳博士多年来的严谨踏实、辛勤耕耘、孜孜以求、勇于探索的精神感到高兴，对他不断取得的学术成果甚感欣慰。希望丁祥艳博士能继续深化相关研究，再接再厉，于学术殿堂上更上一层楼。

是为序。

袁名泽

2022年8月9日于玉林师范学院

目　录
CONTENTS

绪　论

一、问题的提出

马克思指出："问题就是公开的、无畏的、左右一切个人的时代声音。问题就是时代的口号，是它表现自己精神状态的最实际的呼声。"① 人心是最大的政治，共识是奋进的动力。在人类社会发展史上，社会思潮是影响社会发展的一种巨大力量，带有"权威"的社会思潮的运动、发展必然影响到特定社会的意识形态安全。有效引领纷纭激荡的社会思潮，维护好我国的意识形态安全，凝聚起高度的社会共识，全国上下同心共圆"中国梦"已是当代中国"最实际的呼声"。

党的十八大以来，党中央更加重视意识形态安全问题，明确提出要牢牢掌握意识形态工作的领导权和主导权。当前，各种社会思潮相互激荡，竞相争夺话语权、主导权，并试图影响现实，我国的意识形态安全面临严峻挑战，如何切实维护我国的意识形态安全成为理论宣传部门和思想政治教育战线关注的一个热点问题。由此，我常常深思：当代中国，社会思潮为何日益多样化？社会思潮多样化与国家意识形态安全有着怎样的内在关联？着眼于维护我国意识形态安全，如何构建引领社会思潮的长效机制？正是这些极具理论意义和现实意义的问题激发了我的研究兴趣，促使我以"社会思潮多样化与维护我国意识形态安全研究"作为本书的选题。

① 中共中央马克思恩格斯列宁斯大林著作编译局．马克思恩格斯全集：第 40 卷［M］．北京：人民出版社，1982：289-290.

二、研究的意义和方法

（一）本选题的研究意义

其一，本选题的研究契合了党和国家的需要，有助于正确认识我国的社会思潮日趋多元、多样的原因，有助于正确把握当前我国社会思潮的鲜明特点，有助于科学理解社会思潮与我国意识形态安全的关系，有助于全面把握我国意识形态安全面临的挑战与新形势等。这些理论成果在一定程度上丰富了有关社会思潮与意识形态安全的学术研究。

其二，从增强对策的针对性和可操作性着眼，构建了一系列引领社会思潮、维护我国社会主义意识形态安全的长效机制，这方面的探索具有一定的实际应用价值，可为宣传思想工作部门提供有益的理论支持和决策参考。另外，其中的部分理论成果也可作为思想政治教育方面的教育教学资料。

其三，本选题的研究成果能够在一定程度上提高人们的思想认识，激发人们响应党中央关于加强社会主义意识形态建设、引领社会思潮、维护国家意识形态安全号召的积极性和自觉性，有利于维护好我国的意识形态安全，促进我们的社会和谐有序发展，这将是本课题成果的主要社会效益。

（二）本选题的研究方法

1. 坚持辩证唯物主义和历史唯物主义的基本方法。以马克思主义的立场、观点和方法研究新形势下社会思潮与意识形态安全问题。

2. 文献研究法。一是搜集党的文史资料和主要理论著作，通过归纳和演绎，提炼基本理论观点。二是收集国内外的研究资料和成果，通过分析、比较、归类，进行开创性或拓展性研究工作。

3. 阶级阶层利益分析法。社会思潮实质上反映的是一定阶级或阶层的利益和要求，是一种社会评价，反映了不同阶级或阶层之间的利益关系的冲突和张力。“‘思想’一旦离开‘利益’，就一定会使自己出丑。”“人们奋斗所争取的一切，都同他们的利益有关。”① 要正确认识国内外形形色色、形态

---

① 中共中央马克思恩格斯列宁斯大林著作编译局．马克思恩格斯全集：第1卷［M］．北京：人民出版社，1956：8.

各异的社会思潮，必须坚持马克思主义利益观，从阶级阶层及其特定利益要求的角度展开研究。

三、文献综述

（一）关于社会思潮的研究文献概述

1. 期刊文献

以 1991—2016 年为时间跨度，在中国知网数据库以“社会思潮”为主题进行检索，检索来源类别为全部期刊，检索结果显示共有 7256 篇期刊论文，再以“社会思潮”为篇名进行检索，共检索到 1568 篇研究成果。再对近 10 年国内社会思潮研究的文献进行检索，时间跨度设为 2007—2016 年，检索结果是共有 1295 篇以“社会思潮”为篇名的研究成果。在博硕论文检索方面，1991—2016 年，共有 94 篇以“社会思潮”为题名的博硕学位论文，其中博士学位论文 20 篇。

从文献的时间分布看，2007 年是一个转折点，发表的学术论文在 2007 年显著增加，并逐年递增。例如，在 1259 篇以“社会思潮”为篇名的研究成果中，2006 年占 33 篇，2005 年及以前，每年都在 24 篇以下。而在 2007 年就跳跃到 65 篇，2008 年是 94 篇，2009 年有 101 篇，2010 年则到了 149 篇，2011 年后的研究开始进入平稳状态，每年保持在 150 篇左右。包括下面马上要讲到的学术专著，2007 年之后，每年出版的数量也比以前明显增多。

2007 年以来，我国学者对于社会思潮的研究热度不断提升，学术界开始广泛关注社会思潮。因为在这一时期，全球化、信息化深入发展，我国的改革开放持续推进。在思想文化领域，各种思潮相互激荡，交流日趋频繁，交锋日趋激烈，关于新自由主义、民族主义、民粹主义、虚无主义、宪政思潮、普世价值、新儒家、新左派等的讨论常常见诸报端或互联网媒体。社会思潮对人民群众的社会生活、思想和行为方式带来的影响越来越大。出于进一步加强社会主义意识形态建设、维护我国的意识形态安全的考虑，2007 年，党的十七大报告特别提出要积极引领社会思潮的命题，从而激发了高等教育领域、宣传思想工作领域的专家、学者研究社会思潮的责任感和主动性。

2. 专著文献

关于学术专著出版方面（不含教材、编著）的代表性作品有：《中国近代社会思潮史》（戚其章，1994）、《晚清社会思潮研究》（郭汉民，2003）、《西方现代社会思潮史》（顾肃、张凤阳，2004）、《当代西方政治思潮》（匡萃坚，2005）、《中国近代社会思潮》（高瑞泉，2007）、《民主社会主义评析》（徐崇温，2007）、《用马克思主义引领社会思潮》（梅荣政，2008）、《穿越意识形态终结的幻象——西方意识形态终结论思潮评析》（梁建新，2008）、《社会思潮与青少年教育研究》（刘书林，2010）、《社会思潮专题研究》（邓卓明，2012）、《社会主义核心价值体系引领社会思潮的方式和途径研究》（陈勇，2016）、《当代社会思潮对高校师生的影响及对策研究》（佘双好，2012）、《社会主义核心价值体系建设与社会思潮有效引领研究：多元文化时代的价值引领》（李建华等，2012）、《现代日本社会与社会思潮》（纪廷许，2007）、《民主社会主义思潮评析》（周新城，2008）、《近代中国社会思潮与马克思主义中国化》（陈金龙，2013）、《当代西方社会思潮及其影响》（洪晓楠等，2009）、《当代中国社会思潮研究》（朱汉国等，2012）、《马克思主义意识形态引领多样化社会思潮若干问题研究》（张骥，2013）、《当代中国八种社会思潮》（马立城，2012）、《最近四十年中国社会思潮》（马立城，2015）。

3. 国外文献

国外学者还没有把社会思潮当作一般性概念进行界定和阐释。法国学者阿隆（R. Aron）著的《社会学主要思潮》实际上是用比较研究法分析、论述孟德斯鸠、孔德、马克思、托克维尔、涂尔干、帕累托和韦伯七位社会学家的思想及其主要著作，还不是完全意义上的对思潮的研究。许启贤在他的论文《社会思潮研究》中讲道：“英国的《不列颠百科全书》、美国的《美国百科全书》及十七卷本的《国际社会科学百科全书》，均没有‘社会思潮’的条目。”①

---

① 许启贤．社会思潮研究［J］．淮南工业学院学报（社会科学版），1999（1）：7-14，43.

4. 研究内容和主要观点的概述。

学术界一般认为，在我国，比较早开始研究社会思潮的学者是清代的梁启超，他在其著作《清代学术概论》里把社会思潮作为“时代思潮”做了精彩而深刻的阐述。新中国成立后，有些学者开始关注社会思潮，并从不同角度对社会思潮的内涵进行阐释、界定。最早给“思潮”和“社会思潮”的定义做出比较科学、明确的界定的，是我国1989年版的《辞海》和1987年版的《中国大百科全书·哲学》。当前以社会思潮为题名的书籍比较多，比如《现代日本社会与社会思潮》《西方社会思潮史》《当代西方政治思潮》《当代世界思潮》《中国近代社会思潮》《马克思主义与当代社会思潮——当代社会走向中的思潮论争》《思想的潮流——20世纪社会思潮概论》等。但仔细辨之，可发现其中绝大部分是以某一历史阶段中具体的、个别的或特殊的社会思潮作为研究对象，而把社会思潮作为一个整体性的研究对象，或者说抽象性的、普遍的、一般的研究对象，通过抽象思维进行理论研究的成果却不多。

在2007年党的十七大召开前，就有一批学者对社会思潮的内涵进行了比较深入的研究。许启贤在其论文《社会思潮研究》中给社会思潮做出了定义。① 赵曜也是比较早深入研究社会思潮的专家之一，他给社会思潮做出的定义在学术界也影响广泛。②

以上的定义正确阐明了社会思潮的表现形式：“有较大影响的思想潮流”；正确揭示了社会思潮的核心内容：“反映一定阶级或阶层的利益和要求”。都充分注意了社会思潮的时代性、阶级性、群众性。另外，许启贤和赵曜的阐释还突出了社会思潮的理论主导性，指出了社会思潮是社会意识的一种活动现象，是社会意识的综合表现。但不难看出，以上定义对社会思潮

---

① 许启贤认为，社会思潮是一定时期内、反映某一阶级或阶层群众利益和要求的、以某种理论学说为主导或依据的思想趋势或倾向。许启贤．社会思潮研究［J］．淮南工业学院学报（社会科学版），1999（1）：7-14，43.

② 赵曜认为，所谓社会思潮，一般是指在一定时期内，反映某一阶级或阶层利益和要求的，得到广泛传播并对社会生活产生某种影响的思想趋势或思想潮流。社会思潮既具有理论形态，又具有心理形态，是理论形态和社会心理相结合的产物。赵曜．当代中国社会思潮透视［J］．中国特色社会主义研究，2002（1）：36-41.

主体的限定带有一定的局限性，把社会思潮的主体限定在某一阶级或阶层有点欠妥。有些学者突破了这一局限性，使得社会思潮的定义更具有科学性。比如，朱义禄和张劲在《中国近现代政治思潮研究》中界定社会思潮的内涵①时认为，社会思潮由于引起强烈的思想共鸣与广泛的影响而存续过程较长，并波及全社会多个阶层或群体，而非限于一个阶层或群体。他们深入研究了社会意识的结构，对社会思潮在社会意识结构中所处的位置、所起到的作用、所具有的特点进行了比较全面的解析。朱义禄和张劲认为社会意识的结构可区分为社会心理、社会思潮、社会意识形态三个层次，三个层次互为表里，表现为一个上升或下降的过程。朱义禄和张劲对社会思潮的定义和分析是有理论意义和理论见地的。陈胜粦在其著作《近代中国社会思潮论集》中给社会思潮下的定义②对我们准确理解社会思潮有一定的借鉴意义。从社会思潮的主体来说，陈胜粦所下的定义强调了主体是来自“整个社会”中的所有社会群体，社会思潮的主体不单单指某一个阶级或阶层，它可以是多个阶级或多个阶层的群众；社会思潮的主体也不单单指某一个社会集团的人群，也可以是包含多个社会集团的人群；从社会思潮的内容来说，该定义突出了“看待和解决社会现实问题”；从社会思潮的表现形式来看，该定义强调了“群众性运动”。

还有学者对社会思潮作出具体规定。比如纪廷许的专著《现代日本社会与社会思潮》③。其所下定义的可贵之处就在于把社会思潮的产生与特定的

---

① 朱义禄、张劲认为，社会思潮是在某一历史时期席卷一定阶级或阶层的一代人乃至许多代人的、具有普遍性的思想倾向。朱义禄，张劲．中国近现代政治思潮研究［M］．上海：上海社会科学院出版社，1998：5.

② 陈胜粦指出，所谓社会思潮，就是在整个社会中，或在一个阶级、一个集团、一个层次的人群中，形成潮流的、关于看待和解决社会现实问题的思想主张。……而且往往与带着一定政治取向的群众性运动相互联系、相互激荡。陈胜粦．近代中国社会思潮论集［M］．广州：中山大学出版社，2000：3.

③ 纪廷许认为，社会思潮是指某一时期内，在一个阶层或跨阶层的相对多数人中，反映当时的社会经济与政治状况，体现他们的利益和要求，特别是回应时代课题、解决社会矛盾和重大现实问题的迫切愿望，从而产生强烈持久的心理共鸣及广泛深刻的社会影响的思想倾向。纪廷许．现代日本社会与社会思潮［M］．北京：中国社会科学出版社，2007：30.

时代背景即经济、政治的状况及现实的社会矛盾和时代课题紧密联系起来。高瑞泉在其著作《中国近代社会思潮》中也对社会思潮的定义作了规定①，这个规定阐明了社会思潮是对尖锐化、复杂化的社会矛盾的反映；社会思潮体现了人们面临重大社会变革或重大社会矛盾时的需要和利益诉求，因为它“影响到生活世界与民众心理”；生活在社会层面上的广大民众是社会思潮的主体，因为社会思潮总是在“或大或小的社会层面”运动。陈新汉等学者从评价论视角对社会思潮进行了深入研究，认为社会思潮是一种民众评价活动类型，是民众评价活动的一种现实形式。

综观当代学者对社会思潮的界定，虽然没有形成完全统一的结论，有些论述带有一定程度的局限性，某些观点有欠偏颇，但总体来说，我国学术界对社会思潮关键部分的把握基本上是一致的。

关于社会思潮的主要特点，梅荣政教授和王炳权教授在论文《论社会思潮总体性研究中的几个问题》中认为，“社会思潮具有群体性、传播性、政治性、现实性”②。后来，王炳权又进一步认为，社会思潮是一种特殊的社会意识形式，具有政治性、群体性、理论性、实践性、运动性、时代性、社会性、民族性与地域性、国际性等特征。③ 邓卓明认为社会思潮具有社会性、群体性、政治倾向性、时代性、复杂性等五个主要特点。④ 佘双好认为，社会思潮有理论性、现实干预性、广泛传播性、潜隐性和非主流性等五大特征。⑤

关于近年来我国社会思潮发展的态势，赵曜在其论文《当代中国社会思潮透视》中指出我国改革开放以来社会思潮的发展态势具有如下特征：在性

---

① 高瑞泉认为，社会思潮无疑指较大规模的观念形态的运动，是特定社会的各种矛盾尖锐化、复杂化在思想领域的反映，通常是从知识分子群体发端，推向或大或小的社会层面进而影响到生活世界与民众心理的思想运动。高瑞泉．中国近代社会思潮［M］．上海：华东师范大学出版社，1996：12.

② 梅荣政，王炳权．论社会思潮总体性研究中的几个问题［J］．思想理论教育，2005（19）：36-40.

③ 王炳权．论社会思潮的基本特征［J］．思想理论教育，2011，345（1）：10-14.

④ 邓卓明．论社会思潮的类型和特征［J］．西南师范大学学报，1995（2）：14-19.

⑤ 佘双好．当代社会思潮的内涵、特征及其研究意义［J］．学校党建与思想教育，2011，390（19）：7-11.

质上，正确与错误并存；运动上，潮来潮去；形式上，不断转化；反反复复，沉渣泛起。① 佘双好教授在论文《当代社会思潮在高校生成和发展的新特点及发展趋势》中认为，近年来社会思潮的发展态势呈现十大特点。② 仲海涛则认为，近年来，我国的社会思潮在发展变化方面，呈现出愈加关注现实问题、愈加重视话语体系创新、愈加倾向新兴媒体、愈加凸显政治诉求的发展态势。③

关于社会思潮的流派，赵曜指出"自由主义、社会主义、民族主义是当今世界三大主流意识形态和社会思潮"④。胡伟希认为社会主义、自由主义、社会民主主义是当代中国的三大社会思潮。⑤ 李崇富在接受访谈时指出，资产阶级自由化、历史和民族虚无主义、民主社会主义是当前重点关注并加以引领的主要社会思潮。⑥ 周新城在接受访谈时则认为，民主社会主义、普世价值、新自由主义和历史虚无主义是当前影响人们思想和社会生活的四大主要社会思潮。刘同舫认为，当前要发挥马克思主义的理论威力，重点应对"新自由主义、民主社会主义、文化保守主义、保守自由主义和后现代主

① 赵曜．当代中国社会思潮透视［J］．中国特色社会主义研究，2002（1）：36-41.

② 佘双好认为，民族主义成为影响最大的社会思潮，民主社会主义和新自由主义虽然受到批判但仍然有市场，历史虚无主义、文化保守主义渗透广泛，后现代主义在青少年和普通民众中影响日显，宗教文化、养生文化封建迷信沉渣泛起值得重视，普世价值观的认同度不高但趋同论和模糊论较为普遍，反思主义、怀旧思潮在一些特定人群中依然顽固，低碳经济生态文明环保观念兴起成为新亮点。以及社会思潮呈现出与社会舆论相互影响促进、零星化和碎片化、感性化和生活化、相互渗透相互糅杂，与社会主义核心价值观此消彼长等发展趋势。佘双好．当代社会思潮在高校生成和发展的新特点及发展趋势［J］．学校党建与思想教育，2013，453（10）：18-21.

③ 仲海涛．试析当代中国社会思潮萌发条件及发展态势［J］．思想教育研究，2016，267（10）：58-62.

④ 赵曜．当代中国社会思潮透视［J］．中国特色社会主义研究，2002（1）：36-41.

⑤ 胡伟希．20世纪中国三大社会思潮及其当代转型［J］．华东师范大学学报（哲学社会科学版），2010，42（5）：1-8.

⑥ 李理．以马克思主义引领多样化的社会思潮：访中国社会科学院学部委员、中国历史唯物主义学会会长李崇富［J］．上海党史与党建，2010，279（8）：2-5.

义”① 等五大社会思潮的挑战。萧功秦认为，我国存在六大社会思潮②。马立城则提出当代中国有八大社会思潮③的观点。

另外，许启贤、朱汉国、李继兵、王炳权等众多专家、学者还对社会思潮形成的社会背景系统、社会思潮的运动规律、传播方式和机制等开展了比较深入和细致的研究工作，并且收获了一系列具有借鉴价值的研究成果，对于本课题的研究开展很有裨益。关于社会思潮的引领，将在后续的“社会思潮和意识形态安全结合研究”的文献概述中陈述。

（二）关于国家意识形态安全的研究文献概述

1. 国外学者对国家意识形态安全的研究

意识形态的概念在西方的思想界、学术界诞生后，在世界各国都有不同程度的发展。在辩证唯物主义和历史唯物主义诞生后，意识形态的内涵才得以被科学阐释，才逐渐被人们正确认识，才有科学的意识形态理论。卡尔·曼海姆（Karl Mannheim）撰写的《意识形态与乌托邦》在1929年首次出版，马克思、恩格斯创作的《德意志意识形态》由于某种原因，直到1932年才在苏联出版发行。在这两部著作被出版发行后，意识形态这个概念才逐渐被学术界熟知，在思想界盛行。至目前，各国专家学者从各自的立场对意识形态（安全）开展了一系列研究，也取得了一系列具有借鉴意义的研究成果，这为本课题的研究提供了丰富的参考素材。

“意识形态”这一概念是由拿破仑时代的法国哲学家、政治家特拉西（Destutt de Tracy）首先提出来的。特拉西把意识形态称为“观念的科学”。拿破仑批评特拉西的意识形态理论是一种耽于幻想的、空洞的理论，并把认同“观念的科学”那些人称之为“意识形态家”或“空想家”。拿破仑对意

① 刘同舫．在应对当代各种社会思潮的挑战中发挥马克思主义的威力［J］．马克思主义研究，2010，117（3）：106-114.

② 六大社会思潮指自由主义思潮、新权威主义思潮、新左派思潮、新民族主义思潮、文化保守主义思潮、民主社会主义思潮。萧功秦．困境之礁上的思想水花——当代中国六大社会思潮析论［J］．社会科学论坛，2010，212（8）：57-77.

③ 八大社会思潮指中国特色社会主义、老左派、新左派、民主社会主义、自由主义、民族主义、民粹主义和新儒家。马立诚．当代中国八种社会思潮［M］．北京：社会科学文献出版社，2012：209.

识形态理论的批判在欧洲产生了重大影响，使得意识形态是一种虚假观念、意识形态家是一些空想家等成见“成了欧洲人家喻户晓的常识”①。此后，西方学者一般从褒贬两种意义层面来阐释意识形态的含义。

有些西方学者从肯定和中性的意义层面来阐释。卡尔·曼海姆就认为，意识形态只不过是一种思想方式而已，并分为两种类型：整体的意识形态和特殊的意识形态。英国学者戴维·米勒（David Miller）认为意识形态是一种通过特殊符号意义来表达信仰观点的方式。德国学者马克斯·韦伯（Max Weber）认为意识形态是“信仰体系”和“价值中立性”的学说。还有些西方学者认为，意识形态是一种兼具实践因素和理论因素的观念体系，“它是一种观念体系，旨在解释世界并改造世界”②。部分西方学者则是站在贬义或否定的立场来阐释意识形态的概念，比如法国学者莫里斯·迪韦尔热（Morris Duverger）把意识形态定义为：“一个社会的系统方法，它或者为这个社会辩护，或者为批评这个社会，成为维持、改造或摧毁这个社会而采取行动的依据。”③ 这种定义侧重于把意识形态看作批判和摧毁一种社会制度的理论依据。美国学者阿瑟·施莱辛格认为意识形态是僵硬的教条，是人们头脑中墨守成规的理念。

西方学者围绕意识形态（安全）开展了深入广泛的研究，提出了一系列理论观点：意大利学者安东尼奥·葛兰西（Antonio Gramsci）指出统治阶级除了利用暴力和强制性国家机器维护社会的领导权之外，还往往利用意识形态这个意识机器或精神机器来维护社会的领导权，他由此提出了意识形态批判思想，他的这个思想的核心是“文化霸权”和“意识形态领导权”。④ 法

---

① 俞吾金．从意识形态的科学性到科学技术的意识形态性［J］．马克思主义与现实，2007，88（3）：14-17.

② 中国大百科全书出版社，《简明不列颠百科全书》编辑部编译．简明不列颠百科全书［M］．北京：中国大百科全书出版社，1985：135.

③ 莫里斯·迪韦尔热．政治社会学：政治学要素［M］．杨祖功，王大东，译．北京：华夏出版社，1987：9.

④ 葛兰西．狱中札记［M］．曹雷雨，姜丽，张跣，译．北京：中国社会科学出版社，2000：198.

国学者阿尔都塞（Louis Pierre Althusser）构建了“意识形态国家机器”① 理论，认为意识形态在国家统治中发挥着重要作用，居于核心地位，是与警察、军队不同的隐性的强制性国家机器。匈牙利学者卢卡奇（Lukács）在《历史与阶级意识》中认为意识形态是特定社会的经济关系在人们思想中的反映，提出了“物化”形态的意识形态概念。德国学者哈贝马斯（Jürgen Habermas）提出了科学技术的意识形态观点。面对全球化的快速推进以及不同文化、不同社会制度的激烈竞争，英国学者约翰·汤林森（John Tomlinson）提出了“文化帝国主义”的理论②，法国学者阿芒·马特拉（Armand Mattelart）在《世界传播与文化霸权》中提出了“全球化意识形态”的概念。③ 约翰·汤林森和阿芒·马特拉认为全球化实质上是西方文化、西方意识形态的全球化，甚至是第三世界国家文化的美国化，从而构建起“文化帝国”，实现对第三世界国家的文化霸权和文化控制。德国学者卡尔·曼海姆、美国学者丹尼尔·贝尔（Daniel Bell）、李普塞特（Seymour Martin Lipset）、法国学者雷蒙·阿隆（Raymond Aron）提出了“意识形态的终结”的理论观点。美国学者弗朗西斯·福山（Francis Fukuyama）、布热津斯基（Zbigniew Brzezinski）则提出了“历史终结论”④ 和“社会主义失败论”⑤。不管是“意识形态的终结”还是“历史终结论”和“社会主义失败论”，都认为西方资产阶级的意识形态是永恒的、普世的意识形态，大肆鼓吹苏联解体、东欧剧变是社会主义意识形态的衰竭，资产阶级的自由民主制度是意识形态发展的终极形式。另外，美国学者塞缪尔·亨廷顿（Samuel.

---

① 路易·阿尔都塞，李讯．意识形态和意识形态国家机器［J］．当代电影，1987（3）：100-112.

② 约翰·汤林森．文化帝国主义［M］．冯建三，译．上海：上海人民出版社，1999：1.

③ 阿芒·马特拉．世界传播与文化霸权：思想与战略的历史［M］．陈卫星，译．北京：中央编译出版社，2001：299-301.

④ 弗朗西斯·福山．历史的终结和最后的人［M］．黄胜强，许铭原，译．北京：中国社会科学出版社，2001：9.

⑤ 兹布热津斯基．大失败：二十世纪共产主义的兴亡［M］．北京：军事科学出版社，1989：1.

Huntington）提出了“文明冲突论”①。亨廷顿认为，人类的历史就是文明的历史，当前，全球的政治冲突实际上是不同文明的冲突。20 世纪 90 年代以来，随着中国逐步崛起，以日本的村井龙秀、美国的理查德·伯恩斯坦（Richard Bernstein）为代表，开始大肆宣扬“中国威胁论”。

西方学者关于意识形态（安全）的研究成果比较丰富，也富有个性，对于今后开展相关研究具有借鉴意义。但同时，西方学者的研究成果也有明显的局限，一是大多以西方的利益为中心，带有明显的西方中心和西方优越的色彩，有些观点存有偏见；二是对资本主义的批判，即使是那些左翼学者，也都缺乏力度和深刻性；三是有些学者提出的观点大胆且新颖，但对观点的论证有点粗糙，不够严谨。对于西方学者的理论观点，我们要学会运用马克思主义的立场、观点和方法对它们进行甄别、辩证分析。

2. 国内学者对国家意识形态安全的研究

关于意识形态的定义，国内学界大都认同马克思对于意识形态的内涵阐释，即意识形态是属于上层建筑的社会意识形式，认同意识形态源于社会存在，是对社会存在的真实反映。另外，有些学者也提出了自己的看法，徐海波认为，意识形态是“思想家对特定社会关系自觉反映后形成的完整的思想体系”②。林国标认为“哲学直接等同于意识形态”③。李朝祥重点界定了国家意识形态的含义，他认为国家意识形态是一种“虚幻的共同意识”，并没有真正的国家意识主体，它只是统治阶级的意识形态，为维护统治阶级的既得利益服务。由于它为落后于社会生产力的生产关系和上层建筑辩护，从而最终表现为对历史的反动。④ 国家意识形态是上层建筑，是一整套科学的理论体系，且必将能够为整个社会提供理论支持和行动纲领。李朝祥还在《国

① 塞缪尔·亨廷顿．文明的冲突与世界秩序的重建［M］．北京：新华出版社，1998：6.

② 徐海波．意识形态与大众化［M］．北京：人民出版社，2009：180.

③ 林国标．中国社会主义意识形态发展史：马克思主义哲学中国化的视角［M］．长沙：湖南人民出版社，2007：127.

④ 李朝祥．国家意识形态的本质与属性的辩证理解［J］．社会科学论坛，2006（10）：32-35.

家意识形态特征的双重性》中分析国家意识形态的双重特征①。

关于意识形态安全的定义，学术界还没有形成共识。现今主要有两种界定思路。

一是组成说。仲崇东提出："意识形态安全是综合安全观的一个重要组成部分"②。石仲英、田改伟和陈金龙三位学者则都强调意识形态安全是文化安全的核心内容，是国家安全的有机组成部分。

二是状态说。黄建明、杜阿奇、石云霞等从这个视角来阐释，认为意识形态安全是一个国家占统治地位的主流意识形态没有受到威胁、没有陷入危险、没有遭到严重危害而保持相对稳定的一种状态。③ 吴琦也是这么来界定的，认为意识形态安全是指社会的主导意识形态没有受到冲击和威胁而处在一种相对稳定的状态。④

国内学者围绕意识形态安全这个主题开展了内容广泛的研究。徐海波在其论文《文化交流与当代中国意识形态安全》中分析了文化与意识形态安全的关系，王岩、茅晓蒿、魏崇辉、解松等从意识形态终结论、新制度经济学理论等思潮的传播、发展的视角研究了社会思潮与意识形态安全的关系，田改伟、王绍臣等研究了市场经济与意识形态安全的关系。石云霞、王永贵分别在《十六大以来意识形态建设研究》和《经济全球化与我国社会主流意识形态建设研究》中概括了我国意识形态建设的基本经验。李慎明、刘书林、曹展明、黄建明、杜阿奇、候惠勤、夏宝成、张骥等，论述了意识形态安全的重要地位；论述了它承担的重要职能和所发挥的重要作用；论证了它是国家安全的重要组成部分，是实现国家安全、国家和民族利益的重要手段、重要保障。

---

① 主要体现在它的阶级性与社会性、虚假性与真实性、理论性与实践性、稳定性与变动性、现实性与理想性、独立性与继承性等二重性上。李朝祥．国家意识形态特征的双重性［J］．中共四川省委党校学报，2007，36（4）：95-97.

② 仲崇东．全球化与我国的意识形态安全［J］．中共福建省委党校学报，2002（1）：34-37.

③ 黄建明，杜阿奇．积极构建我国意识形态安全体系［J］．湖北行政学院学报，2005（4）：32-35.

④ 吴琦．意识形态与国家安全［M］．武汉：华中师范大学出版社，2011：5.

国内学者重点探讨了我国意识形态安全面临的挑战和对策。一方面张骥、徐海波、冯达成、吴琦等学者认为经济全球化和社会转型给我国意识形态安全带来严峻挑战，认为经济全球化和社会转型使得我国意识形态领域日益复杂，思想文化的斗争日益激烈，国家的主流意识形态的权威受到了挑战，影响了广大群众对于主流意识形态的认同。王永贵认为，西方文化渗透、经济全球化、加入WTO、科学技术（网络技术）迅猛发展、社会转型这五种挑战威胁我国的意识形态安全。① 莫岳云认为，国外宗教渗透给我国维护意识形态安全带来了重大挑战。② 聂立清探究了我国主流意识形态因淡漠化、边缘化、失语化、教条化、歪曲化而被消解的问题及原因。任洁指出，由于西方文化渗透，以及各种各样西方思潮的传播与冲击，人民群众对于主流意识形态的权威的认同感被严重削弱了，尤其是东欧剧变极大地影响了群众对于主流意识形态的信仰，多元价值取向影响了群众认同并确立主导的价值观，信息化网络化则削弱了我们对于意识形态的控制力，这些都给维护我国的意识形态安全带来挑战。③ 也有学者侧重于从国内自身因素，比如从我国转型期国民信仰危机这一角度去探讨意识形态安全面临什么样的挑战。④ 有学者指出，党员干部本来是群众的模范，应该是信仰马克思主义的模范，应该廉洁自律，但实际上，有些党员干部党风不正、腐败堕落，是假道学和两面人，严重削弱了人民群众对党的信任和对马克思主义的信仰，最终严重危及国家意识形态安全。⑤

另一方面，郑永廷、张艳国、陈先达等认为，若要维护好我国意识形态安全，必须坚定马克思主义意识形态的主导地位。对于这个观点，学术界是普遍认同的。候惠勤认为，维护意识形态安全要把握好四个原则：要着眼于

---

① 王永贵，等．经济全球化与社会主义意识形态建设研究［M］．北京：人民出版社，2005：179.

② 莫岳云．抵御境外宗教渗透与构建我国意识形态安全战略［J］．湖湘论坛，2010，23（4）：11-14.

③ 任洁．当前我国意识形态工作面临的挑战及对策［J］．理论探索，2016，219（3）：47-52.

④ 张骥，张爱丽．论社会主义核心价值体系与我国意识形态安全［J］．社会主义研究，2007，176（6）：53-56.

⑤ 胡惠林．中国国家文化安全论［M］．上海：上海人民出版社，2005：188.

世界大格局；明确国内主要矛盾，有节制有策略地开展意识形态斗争；采取科学有力的措施加强社会主义核心价值体系建设，推进文化体制改革，大力建设社会主义先进文化；把握好意识形态的政治性和学术性的统一，把保持政治坚定性和提高学术的评判含量有机结合起来。① 黄建明、杜阿奇提出从实现主体意识形态的内在化、充分发挥意识形态各项功能、主动参与文化全球化、文化交流中警惕敌对势力的西化分化图谋、推广中国文化、扩大我国主流意识形态的辐射面等方面来构建我国意识形态安全体系。② 王岩等人认为，要维护好我国意识形态安全，应采用五项对策，即积极实施文化强国战略，打下深厚的文化基础；推进经济体制改革与建设，奠定坚实的经济基础；努力构建和谐社会，夯实广泛的群众基础；加强党的先进性建设，提供坚强的领导核心；增强我国主流意识形态的国际传播能力，营造良好的国际思想文化环境。③ 袁三标认为，我国的主流意识形态要坚持国家意识形态话语的合法性和世俗化的价值原则，即融入群众的日常生活，赢得群众的情感认同，并积极整合传统意识形态资源，与社会主流文化相融合，才能真正成为中华民族的精神支柱。④ 孙来斌和韩露认为，要从维护国家利益、夯实物质基础等方面，采取有效对策，积极应对西方意识形态的挑战。⑤

另外一些研究人员从其他视角对我国意识形态安全所面临的挑战做了分析，在此不一一赘述。总之，国内学者围绕实现国家意识形态安全的对策和路径做了很多积极探索，从不同的视角、领域给出了思路和对策，对于本课题的研究具有借鉴意义。

---

① 候惠勤．马克思的意识形态批判与当代中国［M］．北京：中国社会科学出版社，2010：3.

② 黄建明，杜阿奇．积极构建我国意识形态安全体系［J］．湖北行政学院学报，2005（4）：32-35.

③ 王岩，茅晓嵩．“意识形态终结论”批判与我国意识形态安全［J］．政治学研究，2009，88（5）：74-83.

④ 袁三标．从话语权视角看国家意识形态的现代性转化［J］．理论导刊，2006（12）：27-29.

⑤ 孙来斌，韩露．当前西方对中国的意识形态挑战及应对［J］．当代世界与社会主义，2012，99（5）：122-128.

（三）社会思潮引领与意识形态安全问题结合研究的概述

近年来，我国有些学者把对社会思潮的研究与对意识形态安全的研究结合起来，把它们当成紧密联系的整体开展研究，并出版了一些重要著作，发表了一些有影响力的学术论文。有些学者研究了社会思潮与意识形态安全的关系，认为社会思潮和意识形态同属社会意识现象，在当代中国，二者的关系正变得越来越复杂。他们认为社会思潮多样化对于主流意识形态既有利也有弊，是把“双刃剑”，具有正反两方面的意义。一方面，社会思潮的思想体系、理论观点、关注的问题等都有一定的启发性，它的发展给主流意识形态的完善、发展提供了必要的素材和养料。另一方面，社会思潮的发展侵蚀主流意识形态的权威，动摇主流意识形态的主导地位。

国内学者的研究重点放在如何引领社会思潮，实现国家意识形态安全方面。

关于引领社会思潮的原则，2006 年 10 月 19 日，《人民日报》全文刊发了《中共中央关于构建社会主义和谐社会若干重大问题的决定》，该《决定》明确指出，以社会主义核心价值体系引领社会思潮，要坚持尊重差异，包容多样的原则。① 刘云山在《建设和谐文化 巩固社会和谐的思想道德基础》中指出，引领社会思潮应坚持“在多元中立主导，在多样中谋共识”②。

关于引领机制，王永芹指出，要积极构建以社会主义核心价值体系引领社会思潮的战略机制③。陈秉公的主张是：要增强主流意识形态的理论吸引力，扩大理论共识，构建并完善思想观念整合机制和公民认同机制。④ 张骥、刘云章提出，要从内在运行机制和具体引领机制两个层面构建引领多样化社

① 中共中央关于构建社会主义和谐社会若干重大问题的决定［N］. 人民日报，2006-10-19.

② 刘云山. 建设和谐文化，巩固社会和谐的思想道德基础［N］. 人民日报，2006-10-24.

③ 王永芹所说的战略机制包括：构建社会主义核心价值体系自我发展机制，与多样化社会思潮沟通交流的对话机制，多样化社会思潮解读辨析的舆论引导机制，多样化社会思潮存在发展的规约机制。王永芹. 当代中国多样化社会思潮发展态势与引领机制探析［J］. 河北学刊，2008，167（6）：132-134.

④ 陈秉公. 论用社会主义核心价值体系引领社会思潮的基本途径：关于十七大报告一个基本观点的深层理论解读［J］. 政治学研究，2008，83（6）：11-17.

会思潮的整体机制。①

学者们还积极探讨了引领社会思潮，维护我国意识形态安全的具体办法、路径、措施。

梅荣政在其著作《用马克思主义引领社会思潮》中认为，从维护意识形态安全出发，要善于运用马克思主义观点同各种错误思潮进行积极的斗争。梅荣政在论文《坚持用马克思主义抵制错误思潮》中进一步指出，斗争要积极主动，要着力维护马克思主义的指导地位。② 陈锡喜主张对社会主义意识形态进行重构，着力提升其影响力和凝聚力，要求理论演绎跟上社会的发展变化，重视结合社会生活的实际，要重视整合各种社会思想。③ 胡宝平提出，要为引领社会思潮创造可行性条件：空气（良好社会氛围）、底气（坚实基础）、力气（内在能力）、锐气（主动精神）。④

李慎明、石云霞、包仕国、肖巍、王永贵等学者研究了全球化背景下维护我国主流意识形态安全所面临着的困境，认为用主流意识形态即社会主义核心价值体系引领和整合多样化的社会思潮是维护意识形态安全的战略选择。袁三标、王瑾、张博颖则从软实力的视角研究国家意识形态安全问题，认为在社会转型和西方强势文化思潮的双重冲击下，维护国家意识形态安全的关键在于提升软实力，增强国家意识形态的说服力、感召力和亲和力。谢雪萍、解松、曲士英、鲁明川等从建设社会主义核心价值体系、推进马克思主义理论创新、着力引领社会思潮、建设发展先进文化等角度，探索了维护我国意识形态安全的路径。陈金龙则把文化交流与意识形态安全联系起来，认为要重视对文化交流的管理，因为文化交流对于维护国家意识形态安全来说是一把“双刃剑”。他指出，在社会思潮交流、交融、交锋日益频繁的情

① 张骥，刘云章．论马克思主义意识形态对多样化社会思潮的引领机制［J］．马克思主义研究，2011，130（4）：110-116.

② 梅荣政．坚持用马克思主义抵制错误思潮［J］．云南师范大学学报，2007，209（6）：7-10.

③ 陈锡喜．关于社会主义意识形态的整合和建构的思考［J］．思想理论教育，2008，277（5）：27-32.

④ 胡宝平．社会主义核心价值体系引领社会思潮的可能性研究［J］．学术论坛，2012，35（8）：12-16.

况下，要采取有力措施确保当代中国的意识形态安全。

以上诸位专家、学者围绕“社会思潮与意识形态安全”问题所做的分析是比较客观全面的，他们的研究成果学理深刻，论述有深度，对于我们今后进一步开展研究具有重要意义。但客观地讲，当前学术界全面系统深入研究“社会思潮与意识形态安全”的专著还不多见，有关的期刊论文数量虽多，但总体上还比较分散、缺乏系统性；另外，从我国意识形态安全着眼，在社会思潮与社会控制、社会思潮与社会共识的形成、社会思潮与意识形态博弈以及构建引领社会思潮的长效机制等方面还有很多值得进一步深入探讨和研究的地方，这些方面的研究也是今后理论与实践之迫切需要。

第一章

当代中国社会思潮多样化的驱动力

放眼人类思想发展的历史长河，许许多多的社会思潮曾经流淌其中。有些泛起耀眼的思想浪花，成为人类思想宝库的一部分；有些汹涌而来，又汹涌而去，最终归于沉寂；有些生命力旺盛，历经百年而不停歇；有些来时虽声势浩大，但终成昙花一现。它们对当时的社会发展都产生了不同程度的影响。自改革开放以来，我国的社会思潮日趋多样化，相互激荡，呈现出鲜明的特点。深刻的社会转型和全球化是多样化社会思潮得以产生、发展的特定环境，是社会思潮日趋多样化的内外部驱动力。

第一节　当代中国的多样化社会思潮

社会思潮是本课题的研究对象，是最基础、最重要的一个概念，需要给社会思潮的内涵给予明确的阐释和界定。当前，我国的社会思潮正变得多元、多样。全面了解当代中国社会思潮的多样性状况，并正确认识它们的鲜明特点，有利于我们今后更有效地引领社会思潮。

一、社会思潮的内涵

国内学术界一般认为，是梁启超最早对社会思潮的内涵做出经典的论述。1920年梁启超在《清代学术概论》的自序中用如下精炼生动的文字定义社会思潮：“今之恒言，曰‘时代思潮’。此其语最妙于形容。凡文化发展之国，其国民于一时期中，因环境之变迁，与夫心理之感召，不期而思想之进路，同趋于一方向，于是相与呼应汹涌，如潮然。”① 梁启超把社会思潮称为时代思潮，因为社会思潮的产生、发展与时代变革紧密相关，它是时代的产物。梁启超在此生动地说明了社会思潮是“因环境之变迁”而产生的，是环境变迁的产物，是民众顺应环境之变迁而发生的思想观念反映；指出了社会思潮是社会变革时期广大群众的心理、思想自发趋于同一方向而形成的，是思想与心理的共鸣。社会思潮与人们的需要和利益密切联系在一起，体现着一种思想情感。陈新汉对梁启超的论述做了精彩的点评，他认为：“‘思’就是‘心理之感召’，也就是与需要和利益联系在一起的各人的评价。”② 新中国成立以来，研究社会思潮的学者逐渐多了起来，学术界对社会思潮的概念界定作了许多很有意义的思考，也取得了一些成果，形成了一些共识。1973年由商务印书馆编的《现代汉语词典》对“思潮”的条目解释是：某一时期内在某一阶级或阶层中反映当时社会政治情况，而有较大影响的思想潮流。1979年出版的《辞海》把“思潮”规定为：“（1）某一历史时期内反映一定阶级或阶层的利益和要求的思想倾向。（2）涌现出来的思想感情。如思潮起伏。”③

“社会思潮”（the social ideological trend）在《中国大百科全书·哲学卷》里的定义是“反映特定环境中人们的某种利益或要求并对社会生活有广泛影响的思想趋势或倾向”。④ 该定义指出社会思潮的产生源于“特定环境”。这个“特定环境”自然包含特定时代的经济、政治、文化等领域的基本状况；自然包括特定的时代课题和现实的社会矛盾及其尖锐化和复杂化的状况。对于社会思潮的主体，该定义强调思想潮流的社会性，不使用“阶级或阶层”，而使用含义更广泛的“人们”。这里的“人们”可以是某一阶级或阶层成员构成的社会群体，也可以是由不同阶级或阶层中的利益相关者构成的社会群体。由此，该定义突破了特定阶级或阶层的局限，还社会思潮的

① 梁启超．清代学术概论［M］．南京：江苏文艺出版社，2007：7.
② 陈新汉．民众评价论［M］．上海：上海人民出版社，2004：265.
③ 《辞海》编辑委员会．辞海［M］．上海：上海辞书出版社，1979：3837.
④ 《哲学大辞典·中国哲学史卷》编辑委员会．中国大百科全书：哲学卷［M］．北京：中国大百科全书出版社，1987：765-766.

主体跨阶级、跨阶层的本义。该定义指出社会思潮作为“思想趋势或倾向”体现着“人们的某种利益或要求”，这也科学地说明了社会思潮是对主、客体之间某种价值关系的揭示。社会思潮是社会意识的综合表现形式，包含社会心理和社会意识形式两部分，它既通过自发的方式（社会心理形式）来表达人们的愿望、利益和要求，也通过自觉的方式（一定的理论体系形式）来表达人们的愿望、利益和要求。

社会思潮作为本课题的研究对象，对它的定义就采用《中国大百科全书》中对它的规定，即社会思潮是反映特定环境中人们的某种利益或要求并对社会生活有广泛影响的思想趋势或倾向。

社会思潮是时代思潮，它是特定时代环境的产物，其产生发展需要特定时代的经济“土壤”、政治“气候”和文化“养分”。由于社会矛盾的尖锐化和社会问题的复杂化而产生的社会课题和时代课题，激发这些综合条件和环境，进而催生出解答这些课题的社会思潮。可以这么说，每一种社会思潮都包含着某个社会群体对一个社会课题的把握，都包含着某个社会群体对一个社会问题的解答方案，都从不同角度、不同层面反映着他们的立场和利益。① 社会思潮的运动过程由紧密结合的两部分构成：从弱到强，直至高潮；由强转弱，直至消亡。在社会的发展进程中，各种社会思潮应时而生，潮起潮涌，纷纭激荡，成为深刻影响人们的思想价值观念和生活方式、行为方式的精神力量，成为影响社会发展的重要因素。因此，研究我国社会思潮日趋多样化的原因，正确认识当前我国社会思潮的鲜明特点，有利于我们今后更好地引领社会思潮、维护国家意识形态安全，对切实保障社会和谐的有序发展具有重要的理论价值和现实价值。

二、当代中国社会思潮的多样性

当代中国的社会思潮呈现出空前的多样性。在课题组开展的问卷调查中，设置了这样一个选题：你认为当代中国有没有以下社会思潮？（多选）

---

① 姜志强，孙运彩．论社会思潮的发展规律［J］．齐齐哈尔大学学报（哲学社会科学版），2005（4）：13-15.

选择存在六个以上社会思潮的占比达75%，这说明当代中国存在着社会思潮多样化的事实。改革开放以来，随着以公有制为主体，多种所有制经济成分并存的基本经济制度的确立，意识形态领域出现了一元主导和多元并存的错综复杂局面。反映不同阶级、阶层或其他社会群体的利益、愿望和意志的社会思潮如雨后春笋般层出不穷，其中既有正确的、进步的、积极的、向上的社会思潮，也有错误的、消极的、落后的甚至是腐朽的社会思潮；既有同时并存，相互激荡的阶级性不同的社会主义、资本主义、封建主义思潮，也有同时在场，相互碰撞交融的时代性不同的传统、现代、后现代的社会思潮；既有内生的反映改革开放、社会主义现代化建设和全球化加速、民族自强自立的改革思潮、现代化思潮、全球化思潮、爱国主义思潮等，也有外来的从开放的大门涌入的反映西方社会价值观念、生活方式的社会思潮，如实用主义思潮、自由主义思潮、民主社会主义思潮、保守主义思潮等。一些西方社会思潮或蕴含着西方价值观念的社会思潮在我国得到传播、发展，其原因固然与西方资本主义国家对我国进行意识形态渗透，输出西方价值观紧密相关，但最根本的原因在于我国深刻的社会转型为这些社会思潮创造了存在的市场和生存空间，在于社会各方面的深刻变化使得一部分群众对这些社会思潮产生了情感共鸣。当前，国内外思潮相互激荡、碰撞、交流、融合。

当代中国多样化社会思潮几乎覆盖了经济、政治、哲学、文艺、宗教、伦理等所有的社会科学领域，而且在某一个具体领域里面，也是学派众多，“派”别林立，以致当代中国呈现出社会思潮跌宕起伏、精彩纷呈的局面。比如，在政治领域，既有关于资本主义“变性”的社会思潮——人民资本主义，也有迷惑性比较强的民主社会主义思潮；既有企图走一条折中的道路即“第三条道路”的思潮，也有主张社会主义与资本主义之间的差别正在消失的“趋同论”思潮；既有人道主义思潮，也有在第三世界国家中流行的“依附论”思潮；既有社会主义异化论思潮，也有打着“全人类利益高于一切”的旗号有意或无意地把无产阶级利益和全人类利益对立起来的全人类主义思潮①。在经济领域，从西方就传进相当多的社会思潮，例如，曾经辉煌过的国家干预主义思潮，正在流行的新自由主义思潮，曾经在一段时期对我国的经济体制改革和社会经济生活带来不良影响的经济私有化思潮。除此之外，哲学、文艺、技术革命等领域的社会思潮更是千姿百态，争奇斗艳。

可以说，在当代中国几乎能够找到自人类进入文明社会以来所有发展阶段的社会思潮，你既可以找到那些属于工业经济时代或后工业经济时代的社会思潮，也可以找到那些属于自然经济时代的社会思潮；你可以发现大量的属于社会主义新时期的社会思潮，也可以发现很多属于早期资本主义时代的、现代资本主义时代的思潮。属于不同社会发展阶段的社会思潮都在现实社会生活中流行着，都被各阶层各社会群体的群众的现实生活、思想感情、思想行为方式所反映着、体现着。在万花筒似的社会中，人们的思想观念多种多样，人们的生活体验多种多样，人们的观点和见解不尽相同，人们好像都可以振振有词、理直气壮地引证现实社会生活中的事例来佐证自己的思想。总之，当代中国的社会思潮呈现出一种古今交汇、中外激荡、异同争鸣、复杂多变的发展态势。

我国当前社会思潮的多样化现状是与现实国情相适应的。当前我国的基本情况是，中国共产党人带领中国人民通过长期的英勇斗争，终于建立并发展了社会主义制度体系。从人类社会发展的一般规律来考察，社会主义制度必然要优越于资本主义制度，经济、政治、文化、社会各方面都应明显体现出这种制度的优越性来；此外，改革开放40多年来，我国的社会主义建设事业虽然获得了飞速发展，取得了巨大成就，但发展不平衡。从总体上看，经济、政治、文化的发展水平还不高，还没有完成工业化的任务，信息化也只是处在发展的初级阶段。部分群众由于没有在市场经济大潮中经受充分锻炼而缺乏现代化素质。这两方面事实构成了一对矛盾。我们要看到这对矛盾的

① 全人类主义思潮把矛盾的相对同一性看成绝对的，把阶级矛盾的绝对斗争性看成相对的，歪曲了无产阶级的庄严历史使命，把根本利益互相冲突的阶级及其国家之间的有条件的、暂时的联合或存在于一定条件下的共同利益加以夸大，抹杀各个阶级解决全球问题的方针或对待全球问题的立场之间的冲突。

原因是社会的总体发展水平不高，利益增长尤其是物质利益的增长与人们的期待还有差距，导致人民群众不能充分看到社会主义制度的优越性和长处，从而各种非社会主义的、非马克思主义的思想观念有了滋生、发展的社会环境，不同社会发展阶段的、不同阶级阶层的思想意识都有了表现舞台。其优点在于社会主义制度是一个崭新的、具有崇高价值追求的社会制度。它为中国的现代化开启了新的发展方向，为民族复兴提供了一个新的起点，为人民追求美好生活和自由发展提供了一个新的平台，为我国的社会发展提供了一个更高、更科学、更符合人类利益的目标。中国特色社会主义理论、社会主义和共产主义的思想观念、道德体系、价值体系在社会意识形态领域占主导地位，这就决定了我们有坚持走中国特色社会主义道路的信心和勇气，在不断推进中国特色社会主义事业的进程中，解决一个个事关人民群众切身利益的社会矛盾和问题，把社会主义各方面的优越性充分发挥出来。

当代中国某些社会思潮的性质及其科学化水准，受到来自社会制度和社会生产力发展水平两方面的影响和制约。当代中国多样化的社会思潮的性质是多元的，其完善程度和科学化水准也是多层次的。可以说，当代中国社会思潮不仅包容量很大，而且伸展性很强，所涉及的问题广泛而复杂。它们作为不同阶级、阶层或跨阶级、阶层的社会群体主体的社会评价活动及其结果，体现了不同社会群体主体的评价意见和评价结论，代表着不同社会群体的利益和要求。

三、当代中国社会思潮的鲜明特点

社会思潮作为一种社会意识，由社会存在决定，亦受政治、经济、文化、交往等多种因素影响，因此，除了具有阶级性、时代性、复杂性、变动性等一般性特点外，社会思潮所展现的特征还与民族传统文化、历史发展、人文地理、现实的社会实践紧密联系，具有自己的国情、民族、地域特色。因此，当代中国社会思潮还有以下几个比较鲜明的特点。

（一）极度复杂多变

政治、经济、文化、交往等因素综合构成我国当下的社会环境，它的多样化与错综复杂性使得当前我国的社会思潮具有极度的复杂多变性。于国际因素方面，世界两极化解体后出现的多极化、奠基于科技进步之上的经济全球化，以及与此相关的信息技术的发展、现代大众传媒的突飞猛进、世界范围内各种思想文化相互激荡、意识形态领域的斗争等都会对社会思潮的形成产生重要影响。于国内因素方面，我国的改革发展处于关键时期，由生产力发展导致社会急剧转型，当前的社会主要矛盾虽然又有了新的转变，但利益关系仍很复杂，新情况、新问题层出不穷。

而国内某些分裂势力及其他非法组织四处活动，打着“台独”“港独”“疆独”等旗号进行非法活动、制造事端，要么断章取义、要么胡编乱造，散布各种歪理邪说，妄图把水搅浑。在此背景下，代表不同阶级、阶层、社会群体利益集团要求的思潮多有碰撞，与国外思潮之间的交锋尤为剧烈，并在不断的斗争和竞争过程中，呈现此消彼长的态势。在新的社会现实面前，人们不断进行价值重估与取舍。从整体上看，社会思潮呈现出一种潮起潮落、潮来潮去、转换快速、起伏不定的局面。

总之，国内外环境、意识形态领域斗争、社会生活、社会转型过程中的社会矛盾、社会群体间的利益关系，复杂多变使得当代中国的社会思潮极具复杂多变性，也给社会的和谐有序发展带来一定的风险。因此构建社会主义和谐社会，要求我们充分认识当今社会思潮的复杂多变性。

（二）多元共生，相互吸收

在当代中国，来自各领域的社会思潮异常活跃，呈现出空前的多样性，社会思潮的多元化趋势十分明显。这些代表不同阶级、阶层、社会群体利益要求的社会思潮形形色色、正误混杂，共生并存于社会转型这个社会大环境中。社会存在决定社会意识，就本质层面而论，不同阶级的利益要求必是对立的，这些社会思潮就必有相互斗争、相互排斥而此消彼长的一面。就现象层面而言，不同阶级也会有共同的利益要求，而同一阶级内部的不同阶层、社会群体的利益要求更是多有重合之处，这就导致一些社会思潮之间有相互交汇、融合的一面，有些社会思潮甚至相互重叠、相互交叉。社会思潮之间既相互排斥，又相互吸引，这既是一种文化博弈，也是一种文化融合。基于此，有些社会思潮在坚持自己的核心思想、基本价值取向的基础上，在坚持自己的传统和特定原则的基础上，开始有限度地吸收对自己有利的其他社会思潮的思想内容。比如，新左派思潮和民族主义思潮都主张抵制、反对西方话语霸权，都主张应该批判亲资本主义的“西化语态”，都主张从中国的实际出发，从维护中国的现实利益出发构建中国的现代化模式，这两种社会思潮在这些问题上的立场已趋于接近，并在某些方面出现融合趋势。同样，新自由主义意识到民族主义在中国有着比较深厚、广大的群众基础，也开始讨论如何借鉴、利用民族主义的一些经验、长处来扩大自己的群众基础的问题。这种做法，既是为了扩大自己的群众基础和社会影响力，也是为了应对时代新状况。在一些纯学术领域，社会思潮之间的这种多元共生、相互吸收、相互交融的特点更加明显。

（三）高度关注现实利益

社会思潮作为一种社会意识，本身就是由社会存在决定的，总是要反映特定阶级、阶层、社会利益集团的要求，因而在现实层面更加关注利益诉求。关于这个特点，本文要突出强调“高度”两个字。因为，不管是当代的社会思潮还是以往的社会思潮，它们作为民众评价活动的现实形式，在内容上总是对现实利益的反映，只是当代中国的社会思潮对现实利益的关注更直接、更显露，关注程度更高。改革开放40多年来的社会转型期，利益问题尤其是经济利益和政治利益问题逐渐成为社会大众最重视、最关注的社会问题。处在社会转型期的当代中国社会思潮的现实针对性大为增强，对现实利益的关注度明显提高。

社会思潮由潮头和潮流两部分构成。思想家、学者总是站在潮头。当今，这些思想家、学者敢于直面社会民生问题，以及在改革中与广大群众的利益直接息息相关的深层次问题。譬如，如何维护弱势群体的利益，如何解决“一老一小”这个最大的民生问题，如何解决看病难、买房难、就业难的问题，如何解决生态、环保问题，如何处理好公平与效率的关系，如何解决贫富差距持续扩大的问题，如何解决信任危机与舆论监督问题，如何解决国家与市场的对立，如何在新的社会发展的基础上避免“社会主义的异化”，如何处理社会主义与私有制的关系，如何在市场经济条件下反对腐败、建设高度的政治文明等。思想家、学者队伍通过理论工作，形成更加关注现实利益的思想体系。有了这样的思想体系做潮头，相应的社会思潮自然高度关注现实利益。

民众是潮流的主体，亦能彰显潮流的规模与诉求。在市场经济体制下，民众的利益意识被唤醒，每个热点话题都可能发酵成政治事件。在今天，民众接受、传播某种社会思潮的利益动机更加明显。对于某种社会思潮，民众支持与否，很大程度上取决于该思潮是否合乎自身的利益诉求。因此，每个理论问题都会以多种现实个案展现，这也是歌德所谓的“理论是灰色的，而生活之树常青”。在理论与现实相互作用下，学者们的理论工作使得民众的维权意识明显增强，民众往往透过特定的社会思潮向相关部门大胆直白地表达利益诉求。

许多当代中国社会思潮直接与现实相关，对社会民生的关注度有了显著提高，更加重视社会基本制度层面的、可操作性的问题，并且往往针对某些具体社会问题抛出相应的“药方”。近年来，国企改制、机构改革、物权法等热点问题每每引发学界和民间的广泛争论，一股股思潮应运而生，对政府决策和社会发展产生了重要影响。比如，2003 年的孙志刚收容致死案发生后，社会各界广泛关注，专家、学者纷纷从公民的人权、生命权、弱势群体权益维护等法理角度发表评论。在强大民意的推动下，政府很快就废止了《城市流浪乞讨人员收容遣送办法》，使我国法治又前进了一步。有关课题组开展的问卷调查结果表明，对于当前一些社会思潮占有一定市场、拥有一定群众基础的原因，选择“现实针对性强，能对社会热点作出解释”的占 22.6%，居第二位。① 由此可见，当代中国的社会思潮更加关注现实利益。而此后聂树斌、佘祥林、赵树海系列冤案平反，状告执法部门并得到国家赔偿，都彰显了民众的维权意识。再如，2010 年 PM2.5 作为一种污染源致民众谈霾色变，2011 年环保部门立法适时发布监测值，这个过程也是民众热议、推动的结果。

2018 年发生在江苏昆山震川路的“花臂男”砍人被反杀案引起社会广泛关注，引发汹涌舆情。这个案件有两个特别值得注意的地方，一个是网民都

① 中国政研会，中宣部政研所课题组. 当前我国主要社会思潮的特征及发展变化的原因 [J]. 政工研究动态，2007 (6)：6-7.

称呼刘某某为“花臂男”，而不是“宝马男”。媒体和舆论最终都选择了“花臂男”这个符号，表明人们关注的重点不在富人（宝马）对穷人（电瓶车）的欺负，而在于如何维护公共安全和社会秩序。另一个特别值得注意的地方是，网民，包括一些法律专业人士，在网上围绕于某某是否属于正当防卫进行热烈讨论，网民一边倒地认为于某某的行为属于正当防卫，也强烈要求司法机关判定于某某无罪无责。表明人民群众更加关注公民的合法权益能否得到法律的保护，社会公正是否有保障。这样，一股要求维护社会公正的“公正司法思潮”应时而起。

社会思潮更加关注现实利益的特点应该引起我们的重视，因为凡事都有两面性。维护自身的权益是好事，但对现实利益的高度关注也可能过度激发社会大众的求富心理，让一些人不能摆脱狭隘利益观而不能处理好利益关系，甚至出现偏激的仇富心态而做出偏激的行为。求富心理确实反映了人民群众的愿望和要求，是人民群众真实心声和真切情感的体现，也是广大人民群众追求幸福生活、向往美好生活的客观体现，这有利于充分调动人民群众发展生产的积极性，充分激发他们创新创业的满腔热情，有利于推动社会的发展、繁荣、进步。当然，我们也要看到，如果这种求富心理不能健康发展，就会带来一些负面影响，如仇富心理。仇富心理是一种扭曲的社会价值取向，它使人不能客观对待这个世界，不利于和谐社会的顺利构建。另外，行业、城乡、地区差距特别是贫富差距呈现不断加大的趋势，社会上追求社会公平正义的社会心理在不断积聚，民众的呼声也日益高涨，有些社会思潮以此为价值诉求，发展成为具有号召力和影响力的社会思潮。这种社会思潮能够促动要求公平正义的社会舆论，在一定程度上推动了社会资源配置机制的不断优化和社会治理机制的日益健全。舆论压力可以促使各级政府更自觉地贯彻落实新发展理念，促进社会各方面协调发展，采取有力措施解决群众十分关注的社会财富分配不公的问题。但是这种社会思潮的发展和影响一旦失控，就会导致部分群众无视社会主义初级阶段的现实国情，诱使他们采取激烈的措施表达利益诉求，从而破坏社会秩序，影响社会生产，扰乱人民群众的生活，造成不必要的社会动荡，最终影响社会和谐。

（四）特别重视话语权的争夺

在社会转型期，局部领域有些社会矛盾深刻尖锐，各团体间利益关系错综复杂，为了更好地替特定阶级、阶层或社会利益集团代言，维护自身的利益，就会出现社会思潮相互争夺话语权的现象。它们通过多种渠道与手段表达自己的诉求，抢占思想文化阵地和社会舆论阵地的主导权，试图通过扩大自己的群众基础和社会心理基础而扩大自己的社会影响力，进而影响现实政策的制定和实施。因为集团众多，利益多元，各社会思潮之间的碰撞、争论、交锋较之以前更加激烈。在这个过程中，较早时期书刊、电视是人们获取信息的主要渠道，是当时社会思潮的主要传播媒介，但在目前来看，以手机、网络为基础的新媒体传播作用更大一些，并因为载体多样、传播迅捷而风靡一时，它们自然成为各种社会思潮争夺话语权的重要阵地。大学总是社会思潮的发酵升温地，因其视野开阔、接触面广、思维能力独立而得到重视，大学讲坛、论坛在社会思潮的话语权争夺战中继续扮演着重要角色。对话语权的争夺，有显性和隐性之分。显性争夺显而易见，主要指有些社会思潮的代表人物通过作报告、作讲演、写文章、出版书籍、办网站、开辟论坛、开通微博和微信公众号等各种机会和方式，积极宣传某种社会思潮，积极介入社会热点问题的讨论，从而宣传自己的思想和理论观点。比如，新自由主义和新左派思潮针对改革过程中出现的腐败、社会不公、贫富分化加剧等社会现象的成因和解决途径，各持不同意见。为了夺得话语权，从而表明自己的正确性并实现对政府决策的影响，二者通过各种传播媒介进行了长期的论战。而隐性话语权的争夺则悄悄进行，通常是把自己的观点融入影视、文学、艺术作品中，于无声处输出自己的价值观。总之，一些社会思潮想方设法争夺话语权，为的是积极介入社会现实，从而影响社会现实。

（五）日趋平民化

当今社会思潮的平民化趋势极为明显，主要原因是当今社会思潮更加贴近平民百姓的现实生活以及知识分子的平民化、大众化和传播媒介的大众化使得社会思潮的主体更加平民化。

无论从内容上还是形式上看，当今社会思潮更加贴近普通民众的生活实际。它们往往密切关注社会大众所关注的重大社会事件和社会矛盾，比如，它们紧扣人们普遍关心的社会发展不平衡、贫富差距扩大、上学难、上学贵、看病难、看病贵以及官员腐败等问题阐述观点。它们往往以平民百姓利益“代言人”的面目出现，善于抓住他们普遍关注的问题发表见解，对平民百姓的思想困惑给出看似合理的解答，在一定程度上满足一些普通群众的心理需求。另外，这些社会思潮的表达方式也趋向平民化，更加通俗易懂，有的在语言表达上甚至趋向“煽情化”，以赢得平民百姓的认同和支持。

社会思潮由潮头和潮流组成，思想家队伍构成潮头，社会生活层面的普通民众构成潮流。潮流是社会思潮的主体。能够理解、接受并传播某种社会思潮的普通民众一般都是受过一定程度教育的人。以前，由于教育的落后，接受过教育的人占总人口的比重是很小的，所以构成以往的社会思潮的潮流的普通民众的数量也是有限的，以致以往的社会思潮仅仅局限于少数高校的教师、人文社会科学研究人员和那些数量有限的接受过一定教育的普通民众。总之，以往的社会思潮的精英化特征很明显。而今天，由于教育事业得到了快速发展，尤其是义务教育的普及和中高等教育的巨大进步，知识分子已经实现平民化、大众化，也可以说，普通民众尤其是青少年群体已经实现知识分子化。知识化的普通民众作为社会思潮的潮流和主体，其覆盖面得到了极大的拓展。知识分子的平民化、大众化，再辅以传播媒介的大众化，使得社会思潮的主体实现了平民化，从而使得当今社会思潮实现了平民化。社会思潮的平民化让其具有更加广泛、更加深厚的群众基础和社会心理基础，其社会影响力也更大更强，从而也表明对其进行正确引领的必要性和紧迫性。

第二节　当代中国社会思潮多样化的内驱力：社会转型

我国的社会转型具有特定的内涵，要从多重角度去理解。社会转型（Social Transformation）这一术语从20世纪90年代初开始在我国流行。我国学者从多个视角对社会转型概念进行了阐释。第一，社会体制转轨。社会转型最初的、最典型的含义就是体制转轨，也就是我们常说的从计划经济体制向市场经济体制的转变。第二，社会类型转变，即传统社会向现代社会转变。就是有些社会学家所认为的："社会转型是指中国社会从传统社会向现代社会、从农业社会向工业社会、从封闭性社会向开放性社会的社会变迁和发展。"① 社会转型意指传统社会转向现代社会的一种发展和成长过程，是指社会由传统型向现代型的转变，甚至认为"社会转型"和"社会现代化"是重合的，把社会转型看作社会现代化的同义语。② 综观历史，人类迄今为止最深刻的社会转型是从传统农业文明向现代工业文明的转折，即现代化。第三，社会转型是社会结构的重大转变。社会转型实际上是一场全面性的、整体性的社会结构变革。它不仅包括社会阶级阶层结构的变化，还包括文化的深层结构中意识形态结构等方面的变化。第四，社会转型是实践主体自觉推动社会变革的历史活动。有的学者依据历史唯物主义原理，从哲学的角度将社会转型理解为："代表着历史发展趋势的实践主体自觉推动历史转折的历史创造性活动。"③ 从哲学视角理解的社会转型本质上是要在社会变迁过程中突出人的价值，促进人的自由全面发展和社会的整体进步，以人的尊严和价值为出发点，对人和社会要有一种终极关怀。应该说，我国的社会转型是把以上四个视角的内容都包含在内，只从某一个视角来理解当今中国的社会转型都是片面的。笔者在本文中所应用的社会转型特指十一届三中全会以来我国社会生活各领域所发生的深刻巨变。

社会转型是我国多样化社会思潮产生的"特定环境"。社会转型期是社会思潮极为活跃的时期。在这个时期，社会上往往思潮万千、思潮起伏，彼此对立、激荡、互动、消长。社会存在决定社会意识，社会意识反映社会存在。透过现象看本质，当代中国社会思潮多样化是社会存在发生变化的客观反映，当代中国的多样化社会思潮既是社会转型的必然结果，又是对社会转

---

① 陆学艺，景天魁．转型中的中国社会［M］．哈尔滨：黑龙江人民出版社，1994：2.

② 郑杭生，李强，李路路．当代中国社会结构和社会关系研究［M］．北京：首都师范大学出版社，1997：19.

③ 张雄．历史转折论：一种实践主体发展哲学的思考［M］．上海：上海社会科学院出版社，1994：199.

型这个“社会存在”的反映。社会转型主要体现在经济体制深刻变革、社会结构深刻变动、利益格局深刻调整、思想价值观念深刻变化、文化生活日趋多样化等方面。深刻的社会转型是当代中国社会思潮日趋多元、多样的内部驱动力。

一、经济体制深刻变革

物质决定意识，经济基础决定上层建筑。我国的社会转型建立在传统计划经济体制向现代市场经济体制转变的基础之上。经济体制的转变，必然引起人们思想意识的变化，特定社会思潮就会应运而生。

传统计划经济体制的显著特点是政府拥有绝大部分资源；通过政府指令进行资源分配，不受市场的影响；传统计划经济体制不仅仅决定着资源配置的方式，而且通过资源配置、利益分配控制着人们的愿望、要求、情感、意志、思想以至行动。传统的计划经济在我国社会主义建设初期发挥了极大的积极作用，医治了旧中国遗留的经济恶性波动，顺利渡过经济困难时期。但是，随着社会发展，计划经济的弊端不断显现。由于传统计划经济体制的主体是政府机关，就会导致政府机关人员成为新的官僚阶层而滥用权力，他们由于权力的无约束性而形成教条主义、极权意识、主观主义等思维方式，在资源配置上主观意向明显，甚至发展到随心所欲的境界；而普通民众在传统计划经济体制下，对权力、领导、组织、单位处于绝对的服从和依赖关系，他们的一切思想和行为，都是在行政关系的前提下展开，被行政关系所决定着，他们主体意识缺乏，利益意识空洞，没有独立人格和主体价值取向，思维方式单一，他们的主观能动性没有得到充分的调动，思想僵化，因循守旧。因而，在传统计划经济体制时期，人民的思想非常单一，就算某些普通民众有非常强烈的利益诉求，也只是通过顺口溜、民谣、段子或者谣言等形式表达自己的心声。所以，计划经济时代难以产生多样化的社会思潮。

市场经济体制是相对于计划经济体制而言的另外一种经济体制，是利用市场机制对社会经济资源配置进行基础性调节的经济形式。市场经济体制具有三方面的特点：（1）资源配置的市场性。消费者在资源配置上处于主权地位，消费者的需求决定生产什么，消费者的消费能力决定生产多少；（2）经济决策的分散性。消费者和生产者在经济地位和法律地位上是平等的，消费者决定需要生产什么，而生产者根据自身的利益回报率决定如何生产和生产多少，两者之间没有人身依附关系；(3) 信息交互的横向性。买卖双方的信息沟通渠道是横向传递的，人们的经济动力来自对物质利益的追求，在竞争的同时又通过市场进行决策的协调。因此，在市场经济体制下，主体意识、利益意识空前强烈，创造社会财富的主观能动性得到空前的提升，社会物质财富不断丰富，人们的自身利益、需求、愿望、情感、意志等社会心理发生了明显的变化，人们表达自己的意愿和意见的意识不断增强。这样，市场经济体制的确立、发展为当代中国多样化社会思潮的产生提供了社会条件，人们的主体意识和利益意识的觉醒为社会思潮产生创造了精神条件，多种社会思潮逐步形成。历史证明：社会思潮激荡、汹涌的时期，都是民众的主体意识、利益意识觉醒的时期，西欧各类社会思潮的蓬勃发展，都与快速发展的资本主义生产关系唤醒人们的主体意识和利益意识紧密相关。

我国市场经济体制建立以来，人们的观念发生了很多的变化。人们的利益意识不断增强，成为市场和利益的双重主体，在满足国家利益和集体利益之余，对自身利益追求最大化，不仅是经济利益，还有政治利益、文化利益、社会地位等最大化。人们的主体意识也不断凸显，价值取向呈现出开放性、自主性、创新性的特点。在市场经济体制下，社会主体的开放性主要表现在社会主体的政治意识上，人们不再纠结于姓“社”姓“资”的精神枷锁之中，突破了“自我中心”论，以开放的观念面对世界，以包容的胸襟认识社会制度和社会生活方式，立足全球，中西结合，继承和发展本国优秀传统文化，积极吸收和借鉴外国文明成果和经验，洋为中用，虚怀若谷，海纳百川。社会主体自主性主要是指人们形成独立人格，它分三个方面：第一，经济上，主体的独立人格在竞争、利益、效率、时间、信息等观念方面日益增强；第二，政治上的独立人格体现为民主意识、参政意识、权利意识以及主人翁精神的增强。第三，文化教育上，人们的思想与时俱进，不断开拓创新，终身教育观念深入人心。社会主体的创新性主要指人们的思想观念创新、体制创新、制度创新，人们为了适应社会生产力的发展，解放思想，打破传统观念和体制的束缚，同时，在激烈的社会竞争中，人们的机遇意识、忧患意识、风险意识、危机意识不断增强。因而，人们的开放性、自主性、创新性价值取向为多样化社会思潮的产生创造了主体条件。

因此，经济体制深刻变革为多样化社会思潮的产生、发展创造了适宜的“经济气候”和“经济土壤”，是当代中国社会思潮日趋多样化的一个重要原因。同时，社会思潮的多样化也反映了社会转型期经济体制的深刻变革。

二、社会结构深刻变动

在社会学里，社会结构是指一个群体或一个社会中要素间相互关联的方式，或是个人或群体之间相互作用的模式。社会转型必然带来社会结构的重大变化。社会结构的深刻变动，给所有的社会群体和个人一种紧迫感，使人们重新审视和考量自己，对自己进行反思，重新思考并适时调整自己的社会角色，让自己能够在深刻的社会变动中展现出新的相适应的生存和发展状态。处在社会转型期的中国正经历着深刻的社会结构变动。

我们说的社会结构，主要有社会阶级阶层结构、人口家庭结构、产业和就业结构、城乡和区域结构、社会组织结构等。2005 年 2 月，胡锦涛同志在中共中央政治局第二十次集体学习会上说：“构建社会主义和谐社会，要进一步对社会结构的发展变化开展深入的调查研究，着重认识和分析阶层、城乡、区域、人口、就业和社会组织结构的变动情况，全面掌握这些社会结构的发展变化和发展趋势，从而有利于我们在发展社会主义市场经济和扩大对外开放的条件下，深入认识、准确把握我国社会发展的特点和规律，更好更科学地推进社会建设和管理。”① 在社会转型过程中，往往由于社会结构的急剧变动造成结构失衡，从而带来结构性的社会问题和尖锐的结构性社会矛盾。我国东部、中部、西部地区在发展上存在巨大差距，城市和乡村在基础设施、公共服务等方面存在巨大差别，这种情况，在很大程度上是区域结构失衡导致的结果及其表现。再比如，曾经因利益结构失衡而出现了社会财富分配不公和收入差距持续拉大的社会问题，在生态结构失衡和经济结构失衡

---

① 胡锦涛. 在中共中央政治局第二十次集体学习时的讲话［N］. 人民日报，2005-02-23.

综合作用下发生了一些生态灾难，由此引发人民群众普遍关注的环境保护问题；前些年因国企改制而使社会就业结构失衡，最终导致大量下岗失业、就业难等问题的出现。这些都是一些重大的社会课题，牵涉各行各业的社会大众的切身利益。人民群众必然普遍关注，人们自然会从自身利益出发重新考量这一切，人们的社会心理、思想观念由此发生变化，人们的价值判断、价值选择也会随之发生变化。广大民众必然从自身的利益和需要出发，表达自己的意见和态度，发表评价意见。各社会群体主体从“为我关系”出发，揭示这些带有普遍性的社会问题对于自身的意义，对自身与这些基本问题、基本矛盾之间的价值关系表达自己的观点、态度、诉求。由此，代表不同社会群体主体的利益和要求的社会思潮大量产生，并随着这些社会问题和时代课题的复杂化和尖锐化而相互冲击、碰撞、交流、融合。下面主要探讨社会阶层结构的变化对于当前我国社会思潮产生和发展的影响。

在所有的社会中都存在着高低有序的等级层次（即社会分层）。社会阶层结构的深刻变化是我国社会转型最显著的标志。在改革开放前，我国的阶级阶层结构就是“两个阶级（工人和农民）、一个阶层（知识分子）”。改革开放以后的一段时间，我国整个社会被分为干部（含解放军指战员）、工人、农民和知识分子等几大阶层或群体，彼此之间并无高低贵贱之分。随着经济体制的转轨，社会转型加速，社会阶层结构进一步分化。2001 年 7 月 1 日，江泽民同志在庆祝中国共产党成立八十周年大会上的讲话中指出，我国存在十一个阶层。① 而著名社会学家陆学艺根据纵向分层法对我国社会转型期的社会阶层结构的变化进行了更加专业化的研究。陆学艺认为当代中国存在十大社会阶层和五个社会等级。② 陆学艺的研究成果引起了很大的社会争

① 江泽民所讲的 11 个阶层是指，在原有五个阶层（工人、农民、知识分子、干部和解放军指战员）的基础上，又新增加了六个阶层，即民营科技企业的创业人员和技术人员、受聘于外资企业的管理技术人员、个体户、私营企业主、中介组织的从业人员、自由职业人员。

② 陆学艺所说的十大社会阶层是指国家和社会管理者阶层、经理人员阶层、私营企业主阶层、专业技术人员阶层、办事人员阶层、个体工商户阶层、商业服务业员工阶层、产业工人阶层、农业劳动者阶层、城乡无业失业半失业阶层。五个社会等级，即社会上层、社会中上层、社会中中层、社会中下层、社会底层。陆学艺．当代中国社会阶层研究报告［M］．北京：社会科学文献出版社，2002：9-26.

论，甚至受到一些批评甚至指责，一些人无法接受把工农阶级排到社会底层。但这一研究成果基本上符合社会现实，还是比较真实地反映了社会转型过程中我国社会阶层结构的变化状况。

正处在急剧转型过程中的社会阶层结构呈现出一些新特点：一是上层阶级化，下层碎片化。何谓上层阶级化呢？有人认为那是指拥有权力的政治精英阶层、拥有巨大社会财富的经济精英阶层、拥有良好教育背景的知识精英阶层结成了一个联盟。李强就曾指出我国出现了特殊获益者群体。特殊获益者群体主要指 20 世纪 90 年代以后发展起来的“精英集团”，是指经济精英、权力精英和知识精英逐渐结成的联盟。① 从社会资本的观点来看，这个联盟实质上就是物质资本、文化资本和政治资本之间的联盟。与此不同的是，底层社会正在碎片化，他们不会也不可能结成所谓的联盟，不会统一的行动。二是中间阶层形成。中间阶层是上层和下层之间的缓冲区，对一个社会的长期稳定具有重要作用。根据有关专家的研究，我国现阶段中间阶层所占人口比例大致在 15%—20%。三是社会阶级阶层结构定型化。各阶层之间界限清晰，流动性减少。在转型期的中国社会，还没有形成对社会稳定起重要促进作用的龟板型或橄榄型②的社会阶级阶层结构。

随着新的社会阶层的不断产生、新的利益群体的不断形成以及阶层利益的不断变动，社会上的利益差别成为一种客观存在。人们也发现利益差别逐渐变得多层次化，原来属于同一个阶层的人，在不知不觉中开始出现了身份变化。比如，原来传统的工人阶级队伍就有了“白领”和“蓝领”之别。在农民阶级内部，也有了从事个体生产经营的农村个体户，有了开办企业、聘请他人打工、自己当老板、自主经营自负盈亏的私营企业主，有了就在自己的家乡打工挣钱的乡镇企业职工，也有了流向其他大中城市打工挣钱的城市农民工，单单一个农村就出现了利益主体多元化。社会阶层结构的深刻变动

① 李强. 社会分层与贫富差别［M］. 厦门：鹭江出版社，2000：101-112.

② 龟板型社会结构是指从平面来看，整个社会被分成若干相互联系、利益相通、彼此不可分割的集团的社会结构形态；橄榄型社会结构是指从立体来看，中间阶级数量庞大，上层阶级和下层阶级数量较小的一种社会结构形态。童星，张海波. 社会分层与社会和谐［J］. 社会，2005（6）：68-80.

必然导致不同阶级、阶层的群众拥有多元、多样的思想价值观念，不同阶级、阶层的群众在看待社会问题和社会矛盾上必然存在差别，在政治参与和其他社会参与方面必然存在不同的态度和意见。伴随这一切的必然是社会心理的起伏不定、频繁变动，必然是思想意识领域的矛盾和斗争日益尖锐、日益复杂。各种各样的社会思潮就在这样的社会氛围中酝酿、产生。

社会思潮是反映特定环境中人们的利益和要求，并对社会生活产生广泛影响的思想趋势或倾向。就我国当前社会来说，特定环境中的人们就是社会转型过程中、社会结构深刻变动过程中的不同阶级、阶层的人们。就是这些"人们"构成多样化社会思潮的主体。按照社会思潮生成、发展的规律，社会阶层结构的变动必然带来社会意识、社会心理的变动，从而必然带来社会思潮的相应变化。随着社会阶层的越加分化和多样化，人们的利益和要求也就越多样化、越具体，人们对同一社会事件或社会问题的意义的认识也就越不相同，社会上自然会出现不同的、多元化的评价意见，由此产生多元、多样的社会思潮也就成为自然而然的事情了。也就是说，社会上分化出来的社会阶层越多，与之相对应的反映他们的利益和要求的社会思潮也就越多。

当前我国的社会思潮如雨后春笋般层出不穷，相互冲击、碰撞，这是社会结构深刻变动的结果及其反映。当代中国社会思潮之所以多元多样、纷纭激荡、此起彼伏，其中一个重要原因就是社会结构的深刻变动为其产生、兴起、发展、消亡创造了"特定环境"和适用的"社会气候"。而多样化的相互碰撞、激荡的社会思潮也是对社会结构深刻变动的客观反映。

三、利益格局深刻调整

传统的计划经济体制下，经济形式单一，所有的经济活动都是在行政计划的框架内进行。社会的一切经济活动如生产、交换、分配、消费等都在政府行政指令下进行，国家通过计划决定社会生产什么、生产多少、怎样生产，一切经济活动和行为围绕国家服务展开。人们在社会中处于被动接受地位，没有主体性和能动性，人们的消费需求被忽视。这样，在生产、消费、经营过程中，国家包办一切，一切凭行政计划或行政指令进行，实行平均主义分配，人们在经济活动中没有利益追求，缺乏积极性和竞争意识，劳动效率低下，整个社会利益格局单一而僵化。相应地，思想领域、社会意识领域教条主义盛行，思想僵化。

在市场经济体制下，市场对资源配置起基础性作用。企业、工厂等市场主体以独立法人的身份进入市场，它们的生产和经营活动都必须在市场规律的支配下进行，自主经营、自担风险，在经济利益上独立核算、自负盈亏，获利的多少取决于生产经营的好坏。企业、工厂等市场主体就会主动适应市场，按照市场规律生产经营，它们的积极性得到极致的发挥，竞争意识加强，生产效率提高，经济利益意识增强，这样利益主体就变得多元化，利益关系也变得多元化。这些变化必然导致社会分配关系和利益关系的重组，引起社会利益格局的深刻调整。

在社会主义市场经济体制下，我国社会利益格局深刻调整，主要表现在五个方面：第一，社会经济成分多样化。原来的单一公有制逐步被多种经济形式所代替，国有经济、集体经济、个体经济、私营经济、外资经济、合资经济等多种经济形式在我国市场竞争中并存，相互竞争、相互联系、相互促进，共同发展繁荣。第二，生产方式多样化、机械化农业生产和传统农业生产方式共存，手工加工业和现代信息化、科技化产业经济共生。第三，社会市场化、商品化存在差异性。我国国土辽阔，各地因发展的起点、改革开放的程度、政策倾斜的程度、市场经济体制确立的早晚和完备的程度等不同，市场化、商品化水平从东到西呈现出阶梯化状态，在我国出现了各种成熟程度不同的市场经济。第四，就业观念多样化。在计划经济体制下，人们的就业观念禁锢在“铁饭碗”“包分配”“商品粮”之中，但是市场经济体制实施后，人们逐步接受“劳动部门推荐就业”“用人单位和劳动者双向选择择业”和“劳动者自主创业”等就业方式。第五，分配制度多样化。过去平均主义分配制度被淘汰，形成了“以按劳动分配为主体、多种分配方式并存”的分配格局，劳动、资本、技术、知识、信息、管理等生产要素参与分配的制度已逐步形成。另外，前文提到的社会阶层结构的深刻变动，引起新的利益群体、利益关系的出现，这实际上也是利益格局深刻调整的一种表现。

社会转型时期，利益格局的调整挑动了整个社会最敏感的神经，各阶层群众最关注自身利益的变化和维护。触动利益，即触动灵魂。利益差别必然影响人民群众对具体社会事件、社会问题的态度，影响他们的评价意见和结论。利益共识的缺乏，必然导致社会群体的分化，社会利益冲突进一步加剧，社会问题趋于复杂化，社会矛盾不断尖锐。社会热点聚焦于利益格局的调整，社会大众的思想观念、价值观念、价值取向、道德观念发生变化并呈现出多样化趋势，广大民众的情感、态度、诉求、动机、信念、风俗、习惯等社会心理因素呈现反传统性和变异性，社会心理经常处在流动和变化的状态。社会心理的变化，必然引起社会思潮的变化，因为社会思潮的萌生需要社会心理提供养分。在热点问题上，不同阶层的人们站在自身的角度表达自己的诉求、态度，阐述自己的观点和评价意见，社会舆论像一个大漩涡，纷纷扬扬。此时，敏锐的思想家站在不同阶层、不同社会群体或自身利益的立场上，对人民的诉求和意见进行总结归纳升华，形成与流变中的社会心理相呼应的思想体系，就这样各种各样的新思潮不断涌现。社会利益格局的每一次深刻调整都要导致大量新思潮的出现，利益格局的每一次深刻调整也都会由社会思潮的涨落更替反映出来。因此，当代中国社会思潮变得多元多样、潮涨潮落，是利益格局深刻调整这一基本的“社会存在”的结果，也是对这一基本的“社会存在”的反映。

四、思想价值观念深刻变化

恩格斯曾说：“随着每一种社会制度的巨大历史变革，人们的观点和观念也会发生变革。”① 恩格斯的论述阐明了社会变革与社会思想意识变化之间的内在联系，说明社会大变革是社会大众思想观念发生巨大变化的前奏。在社会转型期，人们的思想观念发生了许多积极的变化，从原来的保守、封闭、依赖、安于平均转化为改革、开放、自主、追求富裕等，在这个转变的过程中，人们的思想观念经历了长时间激烈的思想斗争，也存在一些矛盾和冲突。随着改革开放的深化、经济体制的转变与发展、社会结构解构和重构、多元文化的碰撞与交融、社会包容个性的自由张扬、交往方式的变化以

① 中共中央马克思恩格斯列宁斯大林著作编译局．马克思恩格斯全集：第 7 卷［M］．北京：人民出版社，1959：240.

及公平正义在社会治理中得到体认等，人们的思想观念、价值观念发生了巨大变化。原来那些被认为天经地义、习以为常的事情，今天却被认为是荒谬、可笑的东西；在一些人看来值得倡导、弘扬、传承的事物，在另一部分人眼里却是应该被批判、被抛弃的东西。人们的思想观念、价值观念出现多元化，价值取向由原来的单一性趋向多元性，人们的生活方式变得丰富多彩。

人们的思想观念多元化主要表现在以下四个方面：一是在社会转型过程中，出现了符合市场经济规律的新思想意识。市场经济体制的运行、剧烈的市场竞争和市场主体的自负盈亏，改变了人们原来的思维方式，自主、竞争、效率、创新、权益、民主等思想观念和意识充斥人们的头脑。二是追求公平与正义的思想观念空前强烈。市场经济制度的确立，解放了人们的思想，打破了原来计划经济下的绝对服从观念，人们普遍有了追求公平、公正的理念，有了社会公平正义的价值诉求。三是形成新型劳动观。党的十六大提出“必须尊重劳动、尊重知识、尊重人才、尊重创造”①。党中央表示，今后要把这“四个尊重”作为一项长期的方针政策，在全社会各行各业、各个领域认真贯彻执行。不管你从事的劳动是体力方面还是脑力方面，只要是对人民有利、对社会有利，只要是为人民、为我国的现代化建设做出了贡献，都要给予充分承认，给予充分尊重和保护。“四个尊重”表明我党尊重和保护人们和社会的一切劳动，初步形成中国特色社会主义新型劳动观。党的十九大针对新型劳动观再次强调，要加强构建和谐的劳动关系，发扬工匠精神，建设一支知识型劳动大军，培育一支技能型劳动大军，打造一支创新型劳动大军，要求全社会、各行各业倾力营造劳动光荣的社会氛围，形成人人敬业的良好社会风气。② 党和政府进一步发展和丰富了中国特色社会主义新型劳动观。四是在对待传统文化上，文化自觉意识增强，文化凝聚力、文化生产力和文化软实力等新的文化价值观迅速得到各级政府以及广大民众的

① 江泽民．全面建设小康社会，开创中国特色社会主义事业新局面［M］．北京：人民出版社，2002：15.

② 习近平．决胜全面建成小康社会 夺取新时代中国特色社会主义伟大胜利：在中国共产党第十九次全国代表大会上的报告［M］．北京：人民出版社，2017：31.

广泛认同；在对待西方等外来文化上，从泛政治化，一味排斥、否定、抵制转变为自信、开放、借鉴、包容。中外之间的文化交流、交锋、交融已成为思想文化领域的一种常态。各种思想观念相互碰撞、相互激荡，人们在传统和现代、本土和外来的思想意识中选择、徘徊。在这样一种思想文化环境中，各种社会思潮应运而生并不断发展。概言之，十一届三中全会以来的中国社会转型期，人们的思想观念日趋多元化，既有历史延续下来的传统思想观念，又有与现实生活接轨的现代思想观念，甚至还大量存在超前的后现代思想观念。既有本民族固有的思想观念，又有外来的思想观念。社会上的思想观念多元、多样，或相互排斥，或相互吸引，或交融，或交锋，或相互借鉴，社会对于多元思想观念是包容开放的，这就给各种社会思潮的生存和发展提供了现实机会，创造了有利条件。党的十九大强调，今后要采取措施，积极开展传统文化创造性转化工作，让传统文化实现创新性发展，焕发出新的活力；要进一步弘扬、继承好革命文化，紧紧抓住建设社会主义先进文化这个根本，切实做到“不忘本来、吸收外来、面向未来”①。可以预见，今后我国的社会思潮会更趋多样化。

社会价值观念由一元性转变成多元性。改革开放前，我国的主导价值观或主流价值观主要是一元价值观、整体价值观、理想价值观和精神价值观等，而多元价值观、个体价值观、世俗价值观、物质价值观则被排斥、被压制、被批判。改革开放后，社会价值观念发生很大变化：从一元向一元与多元互动转变；从整体向整体与个体交融转变；从理想向理想与世俗共存转变；从精神向精神与物质并重转变。虽然一元价值观、整体价值观、理想价值观和精神价值观仍然是社会的主导价值观，但并不排斥、压制其他合理的价值观。多元价值观、个体价值观、世俗价值观、物质价值观已经在社会生活中产生越来越广泛而重要的影响。

当前，个体与集体二者利益兼顾、权利与义务双向互动的新集体主义价值观开始形成。社会主义市场经济体制的确立把人们从计划经济体制下的抽

---

① 习近平．决胜全面建成小康社会 夺取新时代中国特色社会主义伟大胜利：在中国共产党第十九次全国代表大会上的报告［M］．北京：人民出版社，2017：23.

象集体主义，即“虚幻的共同体”中解放出来，并开始建构真实的集体。马克思恩格斯在《德意志意识形态》里说：“正是由于特殊利益和共同利益之间的这种矛盾，共同利益才采取国家这种与实际的单个利益和全体利益相脱离的独立形式，同时采取虚幻的共同体的形式”。① 在这里，“虚幻”不是指不存在，而是指冒充、异己、不真实、对立等；“虚幻的共同体”不仅仅指国家，还指其他种种冒充的、异己的、不真实的集体，如政党、民族、宗教组织、社会团体等。“在真实的集体的条件下，各个个人在自己的联合中并通过这种联合获得自由”②。一个集体要成为“真实的集体”，必须克服其冒充性、异己性，消除与集体成员的对立性，真正做到代表其成员的共同利益。计划经济体制下的那种虚幻的极端集体主义价值观忽视个体尊严和利益，要求绝对服从集体和无条件牺牲个体利益。新集体主义价值观与极端集体主义价值观相比，有着根本不同的特征。其一，社会主义市场经济体制中公有制占主导地位，决定了新集体主义价值观的主体意识既包括个体意识，也包括集体意识，它以个体意识为基础，以集体意识为导向，二者之间保持一定的张力。其二，它承认社会的整体利益和个体利益有着相对的独立性，认为二者都应该得到尊重，并兼顾集体利益和个体利益。其三，权利与义务双向互动的利益新机制使得集体利益和个人利益互为对方发展的条件，二者在社会主义市场经济条件下得到了有机统一。新集体主义价值观的逐渐形成，为多样化社会思潮的产生、发展创造了条件。

思想价值观念的深刻变化直接影响社会思潮的产生和发展。思想价值观念的变化直接影响人们对社会事件和社会问题的态度和看法，直接影响人们的情感、意志、愿望、需求、动机等社会心理因素。思想价值观念的变化也直接影响特定社会思潮的思想体系的形成。因此，思想价值观念的变化自然导致社会思潮的变化。思想价值观念的变化与社会思潮的涨落更替紧密联系。对于同一社会事件，民众的价值取向不同、价值标准不同，得出的评价

---

① 中共中央马克思恩格斯列宁斯大林著作编译局．马克思恩格斯选集：第1卷［M］．北京：人民出版社，1995：84.

② 中共中央马克思恩格斯列宁斯大林著作编译局．马克思恩格斯全集：第3卷［M］．北京：人民出版社，1960：84.

结论也就不同，由此而产生的社会思潮自然不同。这样，在社会转型期，由于人们的思想价值观念日趋多元化，社会思潮必然趋向多样化。可以说，人们的思想价值观念的深刻变化及其多元化，是促使我国纷纭激荡的社会思潮得以形成、发展的最直接的“气候”和“土壤”条件。

五、文化生活日趋多样化

在人类社会发展进程中，文明具有多样性、发展性，不同文明之间是相互联系的。从纵向发展的角度看文明，人类的文明具有积累和传承的特性，表现为发展上的连续性和创新性。新的文明都是在旧文明的“母体”中孕育并发展壮大的；从横向联系的角度看文明，不同文明之间相互依赖、相互制约、相互影响、相互作用、相互渗透、相互转化，呈现出多样性和交融性。自 20 世纪 90 年代以来，随着冷战的基本结束，世界的经济、政治、文化进一步呈现出多样性的发展趋势，人们的文化生活正变得多姿多彩，人民的生活世界日趋五彩斑斓。

改革开放 40 多年来，我国综合国力逐年增强，人民的生活奔向小康，社会开放、文明、充满活力，人民群众的主人翁意识显著增强，中国文化充满自信，多种文化并存的景观呈现在世人面前：从性质看，有先进的，也有落后的；有健康的，也有腐朽的；有传统的，也有现代的；有高雅的，也有低俗的。从来源看，有东方文化与西方文化、本土文化与外来文化并存；从影响程度看，有主流文化与亚文化、中心文化与边缘文化并存；从主体看，有官方、大众、精英文化并存。各种类型的文化都已经进入一个全媒体的传播时代，人们随时随地都在接受来自各种渠道、各种媒体的文化影响。这些多元文化在丰富人们的精神文化生活、满足人们的精神文化需求的同时，也在深刻影响着人们的思想意识。比如，人们对于英雄主义、理想主义已不再像 20 世纪 90 年代以前那样向往、热衷，而是乐于接受平民主义、现实主义等。“超级女声”在那段时间广受追捧，互联网上各种“新新人类”“另类人物”“网红”和“流量人物”的轮流上演，都是在表达着一种大众化的审美倾向。在大众文化的影响下，人们的世界观、人生观、价值观正于潜移默化之中发生十分深刻的变化。党的十八大以来，中华优秀传统文化得到广泛弘扬，人民群众自觉践行社会主义核心价值观，社会主义先进文化得到大力发展，人们的精神文化生活得到丰富和满足，从正面深刻影响着人们的思想意识。

多元文化格局形成的根源在于改革开放40多年来我国社会经济生活的多样化。文化的多样化和文化生活的多样化构成了我国社会转型时期特殊的文化景观。社会生活中，既有主导意识形态的马克思主义文化价值观念，又有娱乐文化等多种性质、多种形式的文化价值观念，“整合社会思想的中心价值观念也不再有支配性，偶像失去了光环，权威失去了威严，在市场经济中解放了的‘众神’迎来了狂欢的时代”①。

社会思潮多样性和文化的多样性及文化生活的多样性是相互作用、相互联系的。一方面，多样的文化和文化生活为各种社会思潮的产生提供养料和素材，是多样化社会思潮产生的理论源泉。另一方面，社会思潮的多样化促进文化和文化生活的多样化。社会思潮多样化是文化生活日趋多样化的结果，也是对社会大众的文化利益和文化生活需要日趋多样化的反映。

总之，社会转型是我国社会思潮激荡之源。当代中国社会思潮纷纭激荡，日趋多元、多样，其内生动力源自深刻的社会转型。社会思潮的多元、多样既是深刻而急骤的社会转型导致的结果，也是对我国社会转型这一特殊历史过程的真实反映。因而，社会转型是我国社会思潮日趋多元化的内部驱动力。

第三节　当代中国社会思潮多样化的外驱力：全球化

全球化是当今世界的一种客观趋势，给整个人类社会带来深刻影响。全球化具有意识形态属性，是一种资本主义的意识形态。长期以来，全球化由西方发达资本主义国家推动、主导，把西方资本主义的思想价值观念、政治社会制度、生活行为方式推送到全世界。对外开放是当代中国的必由之路。

---

① 孟繁华．众神狂欢：当代中国的文化冲突问题［M］．北京：今日中国出版社，1997：13.

随着我国对外开放的大门越开越大，大量的西方思潮涌入我国。全球化是当代中国社会思潮日趋多元、多样的外部驱动力。

一、全球化的内涵

全球化（globalization）概念兴起于20世纪70年代，20世纪90年代后盛行于思想理论界，已成为不以人的意志为转移的客观趋势。学者们一般认为，全球化肇始于15世纪的地理大发现。新大陆的发现扩大了人类的交往范围，资本主义生产方式得以进一步推广，生产和消费在全世界范围内进行，完全成了世界性的行为，世界市场也由此得以形成和发展，人类社会的发展也得以逐渐突破地区的、民族的界线，获得了广阔的空间。随着信息技术革命的兴起、以交通革命为基础的交往革命的深刻演绎，全球化进程加速推进。尤其是苏联的解体终结了世界格局两极化，打破了全球市场的分裂状态，世界经济结构加速变革，为全球化的发展提供新的机遇。20世纪90年代以来，网络化、信息化深入发展，全球化成为一种不可阻挡的潮流。现如今，在市场力量、技术力量联合推动下，全球相互联系的广度、深度、强度空前加强，全球化已深刻影响到人类社会生活的方方面面。

大部分专家学者认为，马克思的“世界历史”思想为全球化提供了理论源头。马克思对黑格尔的“世界历史”思想进行了批判借鉴，对被黑格尔颠倒了的“世界历史”进行了再颠倒，以此为基础创立了科学的“世界历史”观。马克思认为，生产力和科学技术的发展是“世界历史”形成的前提条件，社会的生产方式、交往方式和社会分工的转变及其共同作用推动人类历史走向世界历史。资本主义的生产方式在人类历史走向世界历史的进程中起到了关键性的作用。资本主义生产方式使得先进技术得以广泛应用，整个社会的生产力水平得到很大提高。同样，社会生产力水平的提高又相应带动了人们交往水平的提高，从而也极大地拓展了人们交往的领域和范围，原来横亘在民族和国家之间的自然屏障被一一打破。民族与民族之间，国家与国家之间，日益成为一个整体或朝着一体化方向发展。马克思深刻指出：资本主义生产方式“消灭了各国以往自然形成的闭关自守的状态”①。生产方式和交往方式的变革，让人类活动超越民族和地域的局限和障碍，各民族、国家形成全球范围内相互往来、相互依赖的趋势，不管是物质生产还是精神生产，过去那种存在于不同地方和不同民族之间的自给自足和闭关自守状态，都被“相互影响”所代替了②。在马克思的历史观中，世界历史是物质的、具体的，不是精神的、抽象的，他认为“世界历史”是物质生产活动发展的产物。马克思还指出，不同国家、地区和民族之间相互影响的活动范围越是不断扩大，在发展的生产方式、相互交往和社会分工的共同作用下，各民族的原始封闭状态消灭得越是彻底，那么，“历史也就越是成为世界历史”③。马克思这些关于“世界历史”思想的阐述说明，日益完善的生产革命、交往革命和世界市场，不仅第一次开创了世界历史，也第一次开创了全球化发展的历史。

什么是全球化？目前有诸多定义，学者们从不同的视角给出多种阐释。通常意义上的全球化是指全球联系不断增强，民族与民族之间，国与国之间在政治、经济、文化上互相依存发展的状态。全球化不仅仅包括经济上的全球化以及文化交流、社会交往的全球化，还包括社会生活、社会治理、生态环境、意识形态、发展道路、发展方式等方面的内容。具体说来，全球化是一种客观趋势，现代化的信息技术、交通和通信技术的快速发展和各国经济、政治、文化之间相互交往的日益密切，还有人员、资本、劳务、技术等生产要素在全球范围进行流动和配置，世界上的国家和地区都被纳入统一的全球市场体系之中，各国之间的相互依赖程度呈现出日益加深的趋势。全球化是一个客观发展过程。这个过程也是从 19 世纪初期到中期，西方资本主义制度和生产方式逐步确立，资本开始对外扩张并且逐渐统一世界市场的过程。在这个过程中，人们之间的交往不断突破不同文化、制度、地域的屏

① 中共中央马克思恩格斯列宁斯大林著作编译局．马克思恩格斯选集：第 1 卷［M］．北京：人民出版，1995：114.

② 中共中央马克思恩格斯列宁斯大林著作编译局．马克思恩格斯文集：第 2 卷［M］．北京：人民出版社，2009：35.

③ 中共中央马克思恩格斯列宁斯大林著作编译局．马克思恩格斯选集：第 1 卷［M］．北京：人民出版，1995：88.

障，在经济、政治、科技、文化以及社会生活的各个方面进行密切交往、相互融合和相互影响，最后达成一种共识并推进共同行动。

二、全球化的意识形态属性

全球化是当今世界的一种客观趋势和世界上各个国家和民族汇入其中的发展过程，同时还是一种资本主义意识形态全球扩张、渗透的过程，是资本主义意识形态向全球范围内扩大影响力的客观过程和主观战略。全球化始作俑者和主导者是西方资本主义国家。马克思指出，资产阶级为了抢占世界市场和原料来源地，疯狂地对外扩张，客观上拉开了全球化的大幕。资本扩张到哪里，资产阶级就在哪里按照自己的面目来打造一个新世界。资产阶级一手打造出的这个全球化的世界，其实质是在全球范围内发展资本主义，确切地说是资本主义的全球化。因此，全球化的过程不仅是一个经济过程，同时也是资本主义意识形态——包括资产阶级的思想理论、价值观念和政治理念——全球化的政治过程。概言之，全球化的本质从政治方面来说就是资本主义生产生活方式和资产阶级的思想价值观念在资产阶级的推动下向全球发展的过程。因此，全球化的意识形态属性在这一过程中体现出来。

到20世纪末，全球化浪潮经久不息，成为社会发展的主流和趋势。通过全球化，资本主义经济获得了快速发展，资产阶级也因此获得了比过去任何时候都多得多的巨额利益，这对所有的国家都具有极大的诱惑力，就在这种巨额利益的诱惑和驱使下，其他国家和地区也纷纷投身到这股全球化的汹涌浪潮之中。由此可见，全球化蕴含着资本主义向全球扩张的实质。作为全球化始作俑者和主导者的西方发达资本主义国家，主导着全球化，控制着全球化，全球化的游戏规则由发达资本主义国家制定并控制。资产阶级必然要把自己的价值观念、价值取向、价值目标融入全球化所产生的规则中。西方资本主义国家在推动全球化并且使之朝着符合自己利益的方向发展的同时，也力图将自己的政治理论、社会制度、文化思想、价值观念向全球推广，目的是让自己的价值观念成为世界人民的价值观念。

如果我们从评价视角看，就会发现全球化蕴含着发达资本主义国家、垄断资产阶级的利益和要求，是垄断资产阶级的评价结论，被西方资本主义和垄断资产阶级附加上了他们的价值观，因而全球化本身就成为资本主义意识形态的一部分，全球化的一个现实后果就是西方意识形态的全球化，西方意识形态向其他国家尤其是第三世界广泛扩散，表现为形形色色的各种思潮四散传播。美国学者阿里夫·德里克（Arif Dirlik）认为，“全球化本身就具有意识形态性”①，全球化是资产阶级企图通过一切形式的霸权排除其他民族关于发展模式的设想，完全只按照资本主义的所谓现代性幻象而构建出来的“理想世界”，这种构想是“排他性”的，是符合西方价值判断的，是西方意识形态所要求的，是根据垄断资产阶级的利益所构想的。

三、全球化是我国社会思潮多样化的外部驱动力

全球化之所以成为我国社会思潮多样化的外部驱动力，主要原因就在于全球化的意识形态属性。从全球化发展演变的历史过程来观察全球化，就会发现全球化烙上了浓重而鲜明的资本主义意识形态印记。这种受过资本主义影响的全球化意识形态属性主要从三个方面表现出来：经济市场化、政治民主化和文化霸权化。

经济市场化主要是鼓吹全面私有化、市场化。以实现资本主义国家凭借其科学技术优势和先发展优势，对广大发展中国家进行资源掠夺和经济控制。受此影响，全面私有化思潮等在我国就有了滋生、发展的土壤。

政治民主化的主要手段是向广大非资本主义国家输出资本主义意识形态和资产阶级的思想价值观念体系，目的就是要改变这些国家的社会发展方式和方向。资本主义国家的学者有意通过各种途径和渠道大肆宣传资本主义政治观点、社会制度、民主价值观念、生活方式，鼓吹西方的人权、自由、平等，认为西方的意识形态、西方的政治制度、民主模式是世界上最好的，是人类社会意识形态发展的终点，也是实现全球化的唯一途径。在全球化的进程中，中国等发展中国家总是承受着西方社会思潮的涌入、泛滥，这必然给很多国家的意识形态安全带来威胁和挑战。

---

① 阿里夫·德里克，王怡福．全球主义与地域政治［J］．马克思主义与现实，1998（5）：41-48.

以新自由主义思潮的传播为例，全球化的经济市场化和政治民主化的资本主义意识形态属性，推动了新自由主义思潮在中国等发展中国家的发展，乃至泛滥成灾。新自由主义在20世纪70—80年代，逐渐成为西方发达资本主义国家占主导地位的意识形态，随后垄断资产阶级逐渐将这种意识形态推向世界。自从1989年针对拉美国家的"华盛顿共识"出台以来，资本主导的全球化更加深入发展，新自由主义作为西方资本主义的主流意识形态和全球化进程同步扩展，新自由主义与全球化开始汇合。经济全球化的发展过程也代表着新自由主义意识形态向全世界扩散的过程。在此背景下，全球化以新自由主义为航标，向全世界宣扬普及新自由主义。因此可以说，全球化不单是资本主义经济发展模式的全球化，更是新自由主义意识形态的全球化，其实质是全球"新自由主义化"，它体现的是西方资本主义垄断资本的根本利益。① 我国实施改革开放政策，主动融入经济全球化，新自由主义意识形态不可避免地要被输入进来并以新自由主义思潮的形式成为多样化的西方社会思潮之一。我们一定要清醒地认识到，新自由主义是西方发达资本主义国家欺骗和企图控制社会主义国家和其他发展中国家的意识形态工具。

全球化给世界各国带来的挑战和影响不仅仅体现在政治和经济上，还体现在文化上。冷战结束后，西方列强不再单纯依靠野蛮暴力，而是凭借全球化带来的现代化传播手段实施文化扩张，并且这种文化扩张呈现新的特点：它是由非政府组织利用现代化传播媒介推行和扩张的，并且同多种经济手段相结合，从而更具有渗透力和隐蔽性。就文化扩张而言，全球化的发展过程就是西方意识形态在全球加速扩张的过程。这在文化交往中更多地表现为西方资本主义的文化霸权。西方发达资本主义国家利用全球化的进程推行文化帝国主义，实行文化霸权，要求其他国家都套用西方资本主义的文化模式，要求在世界范围内推行西方资本主义的民主自由价值观念，不断将资本主义的生活方式和意识形态向世界各国输送，竭力把西方的文化价值观念、思想意识、政治信仰等强加给其他国家，力图从文化上改变别的国家。文化霸权

① 吴怀友．新自由主义的全球化是客观全球化的异化［J］．理论与现代化，2007，186（5）：41-42.

化的目的就是要使其他国家发生思想混乱，影响其他国家的社会稳定。正如美国学者爱德华·萨伊德（Edward Said）所说的，在全球化过程中，“文化成了一种舞台，上面有各种各样的政治和意识形态势力彼此交锋。”①

长期以来，西方发达资本主义国家在持续推行文化霸权主义，许多发展中国家的意识形态安全受到了严重威胁，或面临严峻挑战。目前，一些代表资本主义文化内容的新自由主义思潮、拜金主义享乐主义思潮、后现代主义思潮、民族分离主义思潮和消费主义思潮等，对其他非资本主义国家的主流意识形态和传统文化带来了严重冲击，也给这些国家民众的思想价值观念和精神信仰带来巨大冲击。可以说，种种巨大冲击正明显地影响着、左右着甚至是掌控着这些国家民众的思想意识、价值观念、道德观念和政治信仰，而且也在悄无声息地改变着人们的价值选择和生活方式，使得发展中国家人民群众的价值观念、道德观念、政治信仰与国家主导的价值观念发生了偏离，甚至产生了明显冲突，从而导致整个社会出现严重的思想混乱，使得发展中国家的意识形态安全受到严重威胁，给发展中国家的意识形态安全带来巨大的挑战。

改革开放是发展中国特色社会主义的必由之路。当代中国通过改革开放，逐渐深度融入了全球化的发展进程。不可否认，融入全球化使得我国与国际社会在经济、政治、文化、社会各领域的联系不仅日益紧密，且相互交融、相互激荡。在这种深入交往中，国际社会中蕴含着西方资本主义生活方式、思想政治观念、道德价值观念的各种社会思潮大量涌入我国，并且与我国的传统文化、各种本土思想交流、交融、交锋，有些外来思潮在我国找到了适合自己发展的土壤，落地生根；有些外来思潮的内容在发展过程中发生转化、流变，使得当代中国呈现多样化社会思潮。因而，全球化成为我国社会思潮多样化的外部驱动力。

全球化时代，多样化社会思潮相互激荡，深刻影响着人民群众的思想道德观念、价值观念、政治信仰和生活方式。我们必须从国家安全的角度，充分认识到我国积极引领社会思潮并且不断加强意识形态建设的紧迫性和重要性，以确保我国意识形态安全。

---

① 爱德华·萨伊德．文化与帝国主义［J］．马克思主义与现实，1999（4）：50-55.

第二章

社会思潮与意识形态安全

社会思潮纷纭激荡必然给国家的意识形态安全带来影响，这种影响发生的机理需要我们去研究、捋清。社会控制的一个主要方面是意识形态控制。一个社会要实现有效的意识形态控制，便要对社会思潮实施有效的引领。这样，一个国家的意识形态安全和社会控制就与社会思潮紧密联系起来。

第一节　社会思潮与意识形态安全的联系

马克思的意识形态理论为我们维护国家意识形态安全提供了理论武器。社会思潮与意识形态具有相通性，这种相通性与意识形态安全紧密相关。在人类历史上，社会思潮总是意识形态领域一种影响社会发展的重要力量，且这种力量易被误导，往往给主流意识形态带来安全风险。当今全球化时代，西方思潮的肆意传播，也给我国等非西方国家带来意识形态的安全风险。

一、“意识形态”之源及马克思意识形态理论

一般认为，“意识形态”这一概念是由拿破仑时代的法国哲学家、政治家特拉西（Destutt de Tracy）首先提出来的。意识形态的法文词“Idéologie”是观念学的意思。特拉西关于意识形态的思想主要见于他的多卷本著作《意识形态的要素》。他把意识形态称为“观念的科学”，指一种新的“科学的”（Scientific）、而不是“形而上学的”（Metaphysical）人类知识。特拉西坚持自由的信条，对宗教采取批判和否定的态度，因此在特拉西的“意识形态”

或“观念的科学”中，包含着以自由、民主为核心的共和主义的政治见解，这与拿破仑的政治理念，特别是与其恢复帝制的意图是相冲突的。雾月政变后，拿破仑指责以特拉西为首的观念学者是秩序、宗教和国家的破坏者。1812年，拿破仑在俄罗斯遭遇失败后，更加强烈地谴责观念学者，声称是这些观念学者颠覆了国家和法治。拿破仑批评特拉西的意识形态理论是一种耽于幻想的、空洞的理论，并把认同“观念的科学”那些人称为“意识形态家”或“空想家”。拿破仑对意识形态理论的批判在欧洲产生了重大影响，使得意识形态是一种虚假观念、意识形态家是一些空想家等成见“成了欧洲人家喻户晓的常识”①。此后，Idéologues这个法语词兼具“意识形态家”和“空想家”的贬义色彩。

黑格尔曾使用法语的“意识形态”一词，主要是用来介绍和批判法国的一些学者的意识形态观，他没有专门研究意识形态。翻译家通常把黑格尔的《精神现象学》中的“die Gestalten des Bewuβtseins”概念翻译成意识形态。黑格尔在这部著作中阐述了“教化”和“异化”理论。他认为“教化就是自然存在的异化”，是一种说服工作。因为说服工作的主要载体是特定形式的话语体系，黑格尔因而指出“语言是异化或教化的现实”②。黑格尔还比较深刻地论述了“教化的虚假性”，认为教化世界是一个颠倒的、不真实的世界。黑格尔说：“人们在这种纯粹教化世界里所体验到的是，无论权力和财富的现实本质，或者它们的规定概念善与恶，或者，善的意识和恶的意识，高贵意识和卑贱意识，统统没有真理性；毋宁是，所有这些环节都相互颠倒，每一环节都是它自己的对方。”③ 黑格尔的这些论述是很深刻的，对我们正确认识意识形态的内涵具有启发性。实际上，黑格尔的理论阐释对马克思创立科学的意识形态理论也有直接的启发性。

费尔巴哈对宗教进行过批判，他认为人的自我异化是宗教产生的根源，

---

① 俞吾金．从意识形态的科学性到科学技术的意识形态性［J］．马克思主义与现实，2007，88（3）：14-17.

② 黑格尔．精神现象学：下卷［M］．贺麟，王玖兴，译．北京：商务印书馆，1979：55.

③ 黑格尔．精神现象学：下卷［M］．贺麟，王玖兴，译．北京：商务印书馆，1979：65.

宗教是最具异化特征的意识形态，他的论述触及了意识形态的起源和本质问题。

学者们一般认为，马克思虽然没有明确定义意识形态，但他在《德意志意识形态》等一系列著作里系统地表达了有关意识形态的思想。在《德意志意识形态》里，马克思最初也是从虚幻的不真实的意义上使用“意识形态”概念来展开“对费尔巴哈、布·鲍威尔和施蒂纳所代表的现代德国哲学以及各式各样先知所代表的德国社会主义的批判”①。尔后，马克思集中把意识形态作为一种虚假意识予以批判，揭露其虚假性：“道德、宗教、形而上学和其他意识态，以及与它们相适应的意识形态便失去独立性的外观”“它们没有历史，没有发展”“在全部意识形态中，人们和他们的关系就像在照相机中一样是倒立成像的”②；意识形态是“人们为自己造出的关于自己本身、关于自己是何物或应当成为何物的种种虚假观念”③。马克思认为，意识形态反映现实世界的方式是神秘的、扭曲的，没有反映民众真实的价值世界和利益世界，因为大家往往有意掩盖现实生活的真相，只突出自己所属阶级和群体的利益和价值取向。正如马克思所说的：“每一个企图代替旧统治阶级地位的新阶级，为了达到自己的目的就不得不把自己的利益说成是社会全体成员的共同利益，抽象地讲，就是赋予自己的思想以普遍性的形式，把它们描绘成唯一合理的、有普遍意义的思想。”④ 在这里，马克思运用唯物史观的原理，论述了“意识形态”虚假性的根源。认为统治阶级的一己私利是唯心史观产生的根源，而“虚假的意识”能够存在则与唯心史观紧密相关。唯心史观是“意识形态”虚假性的根源。统治阶级为了使自己的意识形态获得合法性外衣，会用天花乱坠的语言说教，把一己私利说成天然的、普遍的、

---

① 中共中央马克思恩格斯列宁斯大林著作编译局．马克思恩格斯全集：第 3 卷［M］．北京：人民出版社，1960：11.

② 中共中央马克思恩格斯列宁斯大林著作编译局．马克思恩格斯全集：第 3 卷［M］．北京：人民出版社，1960：29，15.

③ 中共中央马克思恩格斯列宁斯大林著作编译局．马克思恩格斯全集：第 3 卷［M］．北京：人民出版社，1960：15.

④ 中共中央马克思恩格斯列宁斯大林著作编译局．马克思恩格斯全集：第 1 卷［M］．北京：人民出版社，1960：100.

超历史的、永恒的。也就是说，统治阶级总要将隐藏着自己的一己私利或特殊利益的意识形态，说教成全社会的思想观念。因此，“占统治地位的将是愈来愈抽象的思想，即愈来愈具有普遍性形式的思想”。

在这里要重点强调的是，马克思批判了剥削阶级社会中统治阶级意识形态的“虚假性”，但他认为无产阶级在革命过程中形成的自觉意识即“共产主义意识”不具有虚假性。因为在马克思看来，由于无产阶级是大工业本身的产物，是先进生产力的代表，是真正的彻底的革命阶级，他们的革命运动是为绝大多数人谋利益的，它没有任何私利要维护，因而不需要把特殊利益说成是普遍利益，也“不屑于隐瞒自己的观点和意图”①，由此，无产阶级取得政权后其执政党思想体现的意识形态的虚假性“也会完全自行消失”②。这对于我们今天加强社会主义意识形态建设，构建社会主义核心价值体系具有重要意义。

马克思在哲学批判的过程中认识到了意识形态的虚假性问题，并从哲学认识论的角度对其进行了批判分析。然而，正是在这种批判分析中，马克思确立了自己科学的意识形态观。其基本观点有：其一，意识形态是社会上占统治地位阶级的思想体系，具有鲜明的阶级性。马克思认为阶级性是社会意识形态的本质特征。马克思在分析小资产阶级代表人物的思想特性时指出，他们的思想超越不了小资产阶级的社会生活实践这个界限，受到小资产阶级的物质利益和社会地位的局限，他们所能提出的理论、任务和解决一切问题的办法也超越不了这个局限，这些理论和解决办法都是在小资产阶级的客观实际的引导下才得出的。③ 马克思在此做了进一步论述：“一般说来，一个阶级的政治代表和著作代表同他们所代表的阶级之间的关系，都是这样。”④

---

① 中共中央马克思恩格斯列宁斯大林著作编译局．马克思恩格斯全集：第 1 卷［M］．北京：人民出版社，1960：307.

② 中共中央马克思恩格斯列宁斯大林著作编译局．马克思恩格斯全集：第 3 卷［M］．北京：人民出版社，1960：54.

③ 中共中央马克思恩格斯列宁斯大林著作编译局．马克思恩格斯选集：第 1 卷［M］．北京：人民出版社，1995：614.

④ 中共中央马克思恩格斯列宁斯大林著作编译局．马克思恩格斯选集：第 1 卷［M］．北京：人民出版社，1995：614.

马克思在这里指出意识形态并不是“纯粹的”精神现象，而是属于特定阶级的并为其服务的深深打上了阶级烙印的特殊的精神现象。马克思进一步指出意识形态是统治阶级的思想观念体系，是统治阶级的利益和意志的反映。对于这个观点，马克思曾做了非常精彩的阐述：“统治阶级的思想在每一时代都是占统治地位的思想。这就是说，一个阶级在社会上是占统治地位的物质力量，同时也是社会上占统治地位的精神力量。”① “物质决定意识”是马克思主义的一个基本观点。马克思认为，在任何一个国家或社会，占统治地位的物质关系决定了社会上什么样的思想才是占统治地位的思想，这个占统治地位的思想必然是对这个物质关系的观念反映。② 其二，意识形态是建立在特定经济基础之上的观念上层建筑。马克思指出，人们在物质生产力发展的特定历史阶段，在他们自己的社会生产和社会生活中，形成特定的不以他们的意志为转移的生产关系，即社会的经济结构或现实的经济基础，树立在这个基础之上的，就是与之相适应的社会意识形式、政治的法律的上层建筑③。即“在不同的占有形式上，在社会生存条件上，耸立着由各种不同的、表现独特的情感、幻想、思想方式和人生观构成的整个上层建筑”。④ 不同社会的生产方式直接决定了树立其上的是不同的意识形态；不同的经济关系之上有着不同的“观念上层建筑”。马克思认为，意识形态虽然各种各样，但都有一个共同的根源，那就是特定历史条件下的物质生产方式。其三，意识形态具有相对独立性。意识形态与社会的经济发展并不完全同步，因而具有相对独立性。马克思恩格斯在《共产党宣言》中写道：“毫不奇怪，各个世纪的社会意识，尽管形形色色，千差万别，总是在某些共同的形式中运动的，

---

① 中共中央马克思恩格斯列宁斯大林著作编译局．马克思恩格斯选集：第 1 卷［M］．北京：人民出版社，1995：98.

② 中共中央马克思恩格斯列宁斯大林著作编译局．马克思恩格斯选集：第 1 卷［M］．北京：人民出版社，1995：98.

③ 中共中央马克思恩格斯列宁斯大林著作编译局．马克思恩格斯选集：第 2 卷［M］．北京：人民出版社，1995：32.

④ 中共中央马克思恩格斯列宁斯大林著作编译局．马克思恩格斯选集：第 1 卷［M］．北京：人民出版社，1995：611.

这些形式，这些意识形态，只有当阶级对立完全消失的时候才会完全消失。"① 恩格斯以"历史的惰性力"② 来形容这种相对独立性。马克思则在《路易·波拿巴雾月十八日》中用形象的比喻来说明这种"历史的惰性力"："一切已死的先辈们的传统，像梦魇一样纠缠着活人的头脑。"③ 意识形态的相对独立性还表现在其对物质生产方式产生一定的反作用。其四，意识形态具有鲜明的实践性。马克思说，不管在什么时候、什么条件下，意识都只是"被意识到了的存在"，都只能是对社会存在的反映，而这个社会存在就是当时人们的实际生活，即人们的一切社会实践过程。④ 在《关于费尔巴哈的提纲》中，马克思明确指出，人们的一切社会生活，不管是物质方面的生活，还是精神方面的生活，它们有一个共同的本质，即实践。一切思想、理论都是没有神秘可言的，因为所有那些所谓"神秘的东西"都可以从人们的生活实践中得到合乎逻辑的解决。⑤。马克思的这些论述表明了他的社会物质实践决定意识形态的思想。另外，马克思从不讳言自己的理论是为劳苦大众和无产阶级的革命实践服务的。马克思说，共产主义者要坚持实践的唯物主义，推进无产阶级的革命实践，对存在剥削、压迫和不公正的"现存世界"进行革命化，为无产阶级的解放与自由而"实际地反对并改变现存的事物"。⑥ 马克思认为理论是非常重要的"批判的武器"，认为理论一经与群众的革命实践相结合就会产生巨大的物质力量。他说，"批判的武器当然不能代替武器的批判，物质的力量只能用物质的力量来摧毁；但理论一经掌握群众，也

① 中共中央马克思恩格斯列宁斯大林著作编译局．马克思恩格斯选集：第1卷［M］．北京：人民出版社，1995：292-293.

② 中共中央马克思恩格斯列宁斯大林著作编译局．马克思恩格斯选集：第3卷［M］．北京：人民出版社，1995：717.

③ 中共中央马克思恩格斯列宁斯大林著作编译局．马克思恩格斯选集：第1卷［M］．北京：人民出版社，1995：585.

④ 中共中央马克思恩格斯列宁斯大林著作编译局．马克思恩格斯选集：第1卷［M］．北京：人民出版社，1995：72.

⑤ 中共中央马克思恩格斯列宁斯大林著作编译局．马克思恩格斯选集：第1卷［M］．北京：人民出版社，1995：56-57.

⑥ 中共中央马克思恩格斯列宁斯大林著作编译局．马克思恩格斯选集：第1卷［M］．北京：人民出版社，1995：75.

会变成物质力量”①。马克思通过一系列的开创性论著创立了自己的意识形态理论体系。列宁认为，以往一切剥削阶级的意识形态都是“虚假的意识”，只有马克思主义才是真正的“科学的意识形态”②。

二、社会思潮与意识形态安全

意识形态安全，指的是一个国家或社会的主流意识形态安全，实质是指一个国家或社会占统治地位的主流意识形态没有受到威胁而保持相对稳定的一种状态。

（一）社会思潮与社会意识形态的区别及相通性

社会思潮与社会意识形态既有联系，又有区别，它们之间是相通的、相互作用的。正因为是相通的、相互作用的，才要正确引领社会思潮，以防范意识形态安全风险。

1. 社会思潮与社会意识形态的区别

马克思和恩格斯、普列汉诺夫都为创立科学的社会意识理论做出了重大贡献。马克思和恩格斯科学地论证了社会存在与社会意识之间的相互作用与关系。普列汉诺夫科学地分析了社会意识的结构和层次，提出了社会意识在结构上包含低层次的社会心理和高层次的社会意识形式。社会心理是人们在日常生活中形成和积累起来的以感性的东西为主的社会意识，“包括人们的感觉、情绪、愿望、要求、信念、习惯、道德风尚和审美情趣等。”③ 而社会意识形式是高层次、高水平的社会意识，是系统化的经过自觉的逻辑思维活动才形成的社会意识。社会意识形式具体表现为哲学、政治法律思想、道德、宗教、艺术、科学等不同形式。

社会意识形式可分为两类，一类是属于上层建筑的社会意识形式，也就是我们通常所说的社会意识形态；另一类则是不属于上层建筑的社会意识形

① 中共中央马克思恩格斯列宁斯大林著作编译局．马克思恩格斯选集：第 1 卷［M］．北京：人民出版社，1995：9.

② 中共中央马克思恩格斯列宁斯大林著作编译局．列宁选集：第 2 卷［M］．北京：人民出版社，1995：2.

③ 何梓．略论社会思潮的本质和特征［J］．岭南学刊，1999（3）：45-46.

式，通常表现为社会上的一般理论体系。有学者指出："社会思潮既不同于社会心理又不同于社会意识形式，而是既具有社会心理的成分，又具有思想体系的成分"①。这个观点是正确的。作为社会思潮的"潮头"的思想体系或理论体系，是社会思潮的"灵魂"，它的科学性、进步性、成熟程度决定了社会思潮是正确的还是错误的，是进步的还是退步的，是有生命力的还是没有生命力的。

社会思潮和社会意识形态都有较浓的理性色彩，且都是对一定社会群体的要求和利益的反映。但社会思潮与社会意识形态不同，应把二者区分开来。二者的区别主要体现在三个方面：

第一，理性程度不同。社会意识形态是系统而完善的理论体系，它不带有社会心理的要素和思想运动因素。社会意识形态不可能是由群众的思想意识自发发展形成的，而是由思想家、政治家等自觉地从社会的客观生活实际中概括、提炼，并通过严密的逻辑思维和理论创造才形成发展起来的系统化的反映形式。由此推知，社会意识形态是高水平的、理性程度很高的社会意识。就算那些以情感和形象来表现的社会意识形态，如宗教和艺术，也是以理性形态出现的，其内核仍然是理性的。陈新汉教授指出："社会思潮介于社会心理和社会意识形态之间，其潮流存在于社会心理之中，而其潮头则伸入于社会意识形态之中。"② 不同类型的社会思潮，它们潮头中的思想理论体系的严密性、自洽性、科学性等方面的水平也是很不一样的，比如，有些社会思潮虽有明确的理论观点，但没有自洽性，逻辑性和系统性也不强；有些社会思潮虽然已经形成了自己的理论体系，但是不严密，没成熟，经不起逻辑推理和实践的验证，没有现实的说服力；有些社会思潮的理论体系则逻辑性比较强，科学化水平比较高，理论结构也比较完善。因此，相比较而言，社会意识形态比社会思潮更具有理性色彩，揭示着更深层次的价值关系。

第二，反映对象不同。先说说社会舆论，社会舆论是一定区域或范围内就某一具体社会事件所引发的民众社会评价活动，其反映对象是一个个具体

---

① 姜志强，孙运彩．论社会思潮的发展规律［J］．齐齐哈尔大学学报（哲学社会科学版），2005（4）：13-15.

② 陈新汉．论社会思潮的民众评价机制［J］．攀登，2003（3）：32-37.

的社会事件。这些事件可能是偶发的大事，也可能是具有新奇性或特殊性的普通小事件；社会思潮是社会民众针对那些带有普遍性的社会事件和社会基本问题所进行的社会评价活动，其反映对象是引起民众广泛关注的带有普遍性的社会事件和基本问题，包括社会基本矛盾运动和时代课题等；社会意识形态属于社会的思想上层建筑，是对整个社会存在的反映，重点包括社会的经济基础、生产力与生产关系，特别是人与人之间的经济利益关系、政治关系，还有社会的经济、政治、文化等基本制度，它是对整个社会存在所进行的社会评价活动。

第三，稳定程度不同。作为思想上层建筑，“社会意识形态是反映社会存在的自觉的理论化的观念形式”①，是系统化的比较完善的思想理论体系，是对社会存在经过长时期的反映过程才逐渐形成的。它一旦形成，就具有一定的历史继承性，因而在社会历史进程中，社会意识形态具有相对稳定性。而社会思潮作为民众评价活动，那些带有普遍性的社会事件和基本问题是其生成的特定环境，事件的发展和问题的变化会带来这个特定环境的发展变化，社会思潮就会随着特定环境的改变而发生变化、转换，因而社会思潮像潮水一般流动，具有“潮水”般的流动性，也像潮水一般时涨时落，具有“潮水”般的涨落性。三者相比较，社会意识形态的稳定性最高。

2. 社会思潮与社会意识形态的相通性

首先，就发展方向来说，社会思潮总是从低级向高级、由下向上发展，并逐渐从严谨、理性，走向成熟，并力争上升为社会的意识形态。不过，这不是那么容易实现的。一般情况下，要想发展成长为社会的意识形态，必须把自己的“潮头”渗透到社会的哲学、政治法律思想中去，渗透到社会大众的思想道德价值观念中去，渗透到社会的文学艺术创作中去，渗透到社会大众的信仰中去，逐渐让自身的理论体系或思想观念被社会大众所接受，这样才有可能发展成长为社会的意识形态。就整个社会的意识形态来说，有反映并维护统治阶级的利益、服务于维护社会的经济政治秩序、得到统治阶级的大力倡导和支持的意识形态，这样的意识形态就是社会上占统治地位的主流

① 陈新汉．论社会思潮的民众评价机制［J］．攀登，2003（3）：32-37.

意识形态；也有些社会意识形态反映已经腐朽没落的阶级或社会集团的利益和意志，企图继续维护那些已经被历史的前进车轮所抛弃的社会制度或社会秩序，这样的意识形态一般是落后的、消极的；还有些社会意识形态反映着所在时代正成长着的新生力量的利益和愿望，反映着社会上出现的新生事物，体现了一些人新的希望、新的追求，但这些新的要求和意志尚未得到统治阶级的明确支持。后面两种意识形态在通常情况下被我们称为非主流意识形态。由此可见，就算有些社会思潮发展成长为了社会的意识形态，也并不是都能再继续向上发展、实现成为主流意识形态的目标。要想最终达到成长为主流意识形态的目标，必须让自己能够代表社会的先进生产力，代表大多数社会成员的利益和意志，顺应历史发展趋势，得到社会成员的广泛认同和支持。虽然大部分社会思潮最终不能上升为社会的主流意识形态，但其总会通过不同方式、途径冲击、影响主流意识形态，消解主流意识形态的合法性基础，动摇主流意识形态的主导地位，企图替代主流意识形态，给维护意识形态安全带来压力。

其次，社会思潮是社会意识形态与社会心理之间相互作用的中介。在社会意识的结构层次中，社会思潮表现为社会意识的活动形态，在社会心理和社会意识形态这两个层面上活动着，充当着社会意识形态和社会心理之间的中介。社会思潮能够把社会心理中自发的散乱的评价意见凝聚、提炼出来，再经过螺旋式上升的理论思维过程，逐渐把它们发展成为自觉的、系统的社会意识形态；社会意识形态则通过社会思潮这个中介反作用于社会心理。一种社会意识形态要转化为人们的自觉实践活动，最有效的途径就是使其核心的价值观念体系融入社会思潮，再通过社会思潮这一中介沉淀于广泛的社会心理之中。对于任何一种意识形态，支持它的社会力量总是力图把它向社会扩散和传播，力求扩大它的影响范围和社会心理基础。而要达到这个目的，需要通过社会思潮把该种意识形态的观念体系散播、沉淀、熔铸到社会心理中去。比如，一个社会的主流意识形态，承担着维护政权、凝聚民心、整合社会、规范社会生活、指引人们的思想和行为的任务。要使主流意识形态被绝大多数社会成员所认识、所理解、所认同，并确确实实影响到他们的思想和行为，影响到社会各方面的实践，从而对整个社会发展起到长期的全面的支持作用，这不是仅仅凭借某些物质的手段或组织措施就能实现的。还必须将主流意识形态的核心内容，特别是其倡导主张的核心价值观念、社会基本制度、道德观念体系、经济政治文化生活方式等通过各种方式和途径或融入或转化为社会思潮，并通过社会思潮的广泛渗透，把它们深度融入广大民众的社会心理，内化为广大群众的情感、要求、愿望、信念、动机和审美情趣等。若能如此，人们的思想和行为就会在潜移默化中受到影响和规范，人们“会以为这些情感和观点就是他的行为的真实动机和出发点”①。可以这么讲，要是没有社会思潮这个中间环节，社会心理要上升为意识形态，社会意识形态要沉淀到人们的社会心理中去并影响和规范人们的实践行为，都是相当困难的。正是由于社会思潮在社会意识的结构层次中的这种特殊地位和作用，才使得新的社会意识形态的形成离不开社会思潮的作用，现存社会意识形态的巩固也离不开社会思潮的作用。正是从这个意义上，我们说有效引领社会思潮关乎主流意识形态的稳定，关乎意识形态安全。

另外，社会思潮与社会意识形态直接相互作用。社会思潮为社会意识形态的形成和发展提供了思想材料，同样，社会意识形态通过理论体系影响和制约社会思潮的运动。这种相互作用性，说明社会思潮的运动、发展与意识形态安全紧密相关。

（二）社会思潮是影响社会发展的巨大力量

社会思潮是一种民众评价活动。“评价活动就是主体对于主客体之间的价值关系进行反映的认识活动。”② 社会评价活动又分为“有机”方式的权威评价活动和“无机”方式的民众评价活动。社会思潮是民众通过“无机”的方式来表达自己的意志和意见，因而具有自发性和盲目性，容易被误导和被操纵。

民众评价活动及其结果也是具有相当“权威”的。民众评价活动的权威是就它在社会生活中的影响力和作用而言的。民众评价活动通过“良心”机

---

① 中共中央马克思恩格斯列宁斯大林著作编译局．马克思恩格斯选集：第 1 卷［M］．北京：人民出版社，1995：611.

② 陈新汉，徐玲．民众评价活动中的误导、悖论和言论自由［J］．理论学刊，2007，162（8）：75-81，129.

制和“强制力量”机制体现其权威性。① 良心是沉淀在每个人心中评判是非善恶的标准，是民众评价活动的心理积淀。良心通过不安和谴责的形式作用于个体而体现其权威性。黑格尔说：“无论哪个时代，公共舆论总是一支巨大的力量。”② 马克思也指出，社会舆论是一种“普遍的、隐蔽的和强制的力量”③。社会舆论是民众评价活动的一般形式。可见，民众评价活动通过“强制力量”机制发挥其权威性。民众评价活动作为一种“强制力量”，指向社会群体内的个体、社会群体内的权威机构，同时也指向社会群体外的权威机构和个体，从而使其权威性发挥作用，促使一些带有普遍性的社会问题得到解决。社会思潮是民众评价活动的一种现实形式，自然具有相当的“权威”。梁启超就认为，社会思潮“愈运动则愈扩大，久之则成为一种权威”④。带有这种“权威”的社会思潮的运动、发展必然影响到特定社会的意识形态安全。

“强制力量”机制包括“意见制裁”和“交往制裁”⑤ 两种机制。民众评价活动通过这两种机制使其强制力量作用于群体内的个体。关于意见制裁，美国社会学家 E・A・罗斯（Edward Alsworth Ross）认为，人之所以能成为“人”而存在，是因为人的内心有一种自我反省的力量，经常用一些有约束力的观念来拷问自己、审视自己。对于那些粗俗的人来说，他们可能不太在意社会污名和他人的指责，但对于那些有教养、讲究声誉和在意名声的人来说，却要尽可能避免邻居或他人给自己以轻蔑的、不屑的评价。“对大多数人来说，社会的谴责和赞许就是生活的主宰。”⑥ 遭受交往制裁，冒犯者便失去社会关怀，失去社会帮助，不得不面对公开斥责、冷落、公然的蔑视、随便的戏谑，甚至必须面对这样的社会共同感情的表露，诸如街头闲汉的辱哭、暴民的轰赶、群众的哼声、听众的嘘声或饭桌上的冷若冰霜。“这

---

① 陈新汉．民众评价论［M］．上海：上海人民出版社，2004：303.
② 黑格尔．法哲学原理［M］．范扬，张企泰，译．北京：商务印书馆，1982：332.
③ 中共中央马克思恩格斯列宁斯大林著作编译局．马克思恩格斯全集：第 1 卷［M］．北京：人民出版社，1956：237.
④ 梁启超．清代学术概论［M］．北京：中国书籍出版社，2006：3.
⑤ E. A. 罗斯．社会控制［M］．秦志勇，毛永政，译．北京：华夏出版社，1989：68.
⑥ E. A. 罗斯．社会控制［M］．秦志勇，毛永政，译．北京：华夏出版社，1989：69.

样，个人同社会土壤联系的根茎一个又一个地被铲除了，束缚被一点点拉紧，直到交往被完全切断，坏死的社会成员从社会机体中跌落下来。"① 笔者认为这种强制力量正是所谓的"众口铄金，积毁销骨"的力量、"千夫所指，无疾而亡"的力量、"民心所向"的力量、"相与呼应汹涌，如潮然"的力量。民众评价活动就是通过社会舆论等现实形式作用于社会群体内外的权威机构和个体，在舆论、思潮所施加的种种压力之下，权威机构和其他个人会重视民众的倾向和要求，慎重决策，规范自己的行为方式、工作方式，从而促使一些带有普遍性的社会问题得到解决。

社会思潮作为民众评价活动的一种现实形式，自然也带有这种"普遍的、隐蔽的和强制的力量"②。作为思想的潮流，社会思潮总能反映特定社会群体的利益和要求，总是得到特定群体的呼应与支持。在那些汹涌而来的社会思潮背后，我们总会看到一支声势浩大的群众队伍。在社会发展过程中，社会思潮是一种能动的、具有很大号召力和影响力的、对社会秩序发挥着重要影响的精神力量。并且，一旦它掌握了群众，这种精神力量就会转化为影响社会发展并给人们以直接冲击的物质力量。

在特定的历史时期，社会上往往不只存在一种社会思潮，而是多种社会思潮并存，有进步的，也有落后的；有积极的，也有消极的；有正确的，也有错误的。在阶级社会，由于阶级之间的对抗性以及生产力与生产关系之间的对抗性，作为社会存在反映的社会思潮也表现出一定程度的对抗性，由此也就有了革命的社会思潮与反动的社会思潮的区分。

从性质上看，社会思潮有正确的，也有错误的。它们对社会发展进程的作用也是不同的，有些促进社会发展，而有些则阻碍社会发展。革命的、进步的社会思潮往往代表着先进生产力的发展方向，代表着广大人民群众的根本利益，其在社会发展的作用体现为顺应历史发展潮流，增强社会凝聚力，推动社会生产力向前发展，推动社会全面进步，促进人类社会走向自由解放。而反动、腐朽落后的社会思潮则在社会发展过程中，起着相反的作用，

---

① E. A. 罗斯. 社会控制［M］. 秦志勇，毛永政，译. 北京：华夏出版社，1989：70.

② 中共中央马克思恩格斯列宁斯大林著作编译局. 马克思恩格斯全集：第1卷［M］. 北京：人民出版社，1956：237.

往往是社会发展进程中的乱源和绊脚石，给整个社会正常有序的发展带来巨大风险。它们往往逆历史潮流而动，开历史的倒车，扰乱人们的思想，破坏社会安定，阻碍社会生产力的发展，妨碍人类社会走向文明进步。如西方资产阶级民主革命过程中的复辟思潮，如掀起社会动乱的资产阶级自由化思潮等。这些社会思潮，不仅不是社会发展的动力，反而是破坏社会正常秩序、阻碍社会前进和正常发展的“地雷”。

上述起着不同作用的社会思潮经常处在相互碰撞、相互冲击、相互斗争、相互交流的过程之中。它们之间的这种相互作用在一定程度上影响着社会历史的进程，从而使得它们成为在某种程度上左右社会发展的力量。在反法西斯抵抗运动中牺牲的法国著名历史学家马克·布洛赫就曾指出：“社会思潮的波动，技术的更新，社会经济结构的变化，是左右人类命运的潜在因素”。① 马克·布洛赫超越了特定的社会和国家，从左右人类历史命运的高度来认识和把握社会思潮的巨大作用，这对于我们今天认识并重视社会思潮在社会发展中的作用具有深刻的启迪意义。

就像闪电永远走在雷鸣之前一样，进步思潮往往是社会变革的先导、社会发展的动力。社会基本问题的复杂化和利益冲突的尖锐化构成社会变革的特定社会环境，也就是社会变革的前因。社会变革发生之前，复杂化的社会基本问题和尖锐化的利益冲突就已反映在当时的社会思潮之中。这样的社会思潮具有巨大的能量，影响着、感染着、激励着越来越多的群众，凝聚起越来越多的社会力量，从而进一步推动社会变革的发生。马克思于 1843 年在《“德法年鉴”的书信》中指出：“新思潮的优点就恰恰在于我们不想教条式地预料未来，而只是希望在批判旧世界中发现新世界。”② 社会思潮一旦形成，就具有强烈的能动性、相当的影响力和“权威”性。它唤醒群众，让人们认清形势、辨明方向、找准道路，并自发或自觉地组织起来，为变革现实采取行动。历史上有很多这样的事例，比如，17—18 世纪欧洲资产阶级的启

① 马克·布洛赫．历史学家的技艺［M］．张和声，程郁，译．上海：上海社会科学院出版社，1992：78.

② 中共中央马克思恩格斯列宁斯大林著作编译局．马克思恩格斯全集：第 1 卷［M］．北京：人民出版社，1956：416.

蒙运动以及20世纪初我国“五四运动”中涌现出来的新思潮都曾经起过这样的作用。

综观历史，古往今来的一切社会变革，都深深地打上了各种社会思潮的烙印。回溯历史，可以清晰地看到任何社会革命的发动、任何政权的取得，必定先有某种思想体系为其奠基，必定先有某种社会思潮推动社会舆论的高涨，为其营造颇具声势的政治气候和社会氛围。如果没有人文主义思潮摇旗呐喊，推动西欧中世纪晚期文艺复兴、宗教改革和启蒙运动，就没有近代资产阶级革命的兴起；如果没有民族自决、民族独立、国家主权等反殖民主义思潮的风起云涌及其对民众的激励和鼓舞，亚非殖民地国家就难以走上独立发展之路。

（三）社会思潮易被误导而引发意识形态安全风险

社会思潮的自发性、盲目性源自民众评价活动的“无机”方式。其自身的自发性、盲目性易被民众领袖和权威机构误导、操纵，由此引发意识形态安全风险。

社会思潮易被误导的根本原因在于社会思潮自身的自发性和盲目性，而社会思潮的自发性和盲目性又根源于民众评价活动的“无机”方式。民众评价活动是人们以“无机”的方式表达他们的意见和意志，具有自发性和盲目性特点，从而使得民众评价活动容易被民众领袖和权威机构所误导。这种被误导的民众评价活动并不能真正代表或反映社会群体主体的利益和需要。社会思潮作为民众评价活动的一种现实形式，也必然带有盲目性和自发性。社会思潮因其自身的这种自发性和盲目性，使得它也受到民众领袖和权威机构的误导。

前文在分析社会思潮的传播机制时，论述了群体压力和趋同心理促使群体中的个体接受特定社会思潮的问题。同样，德国社会学家、传播学家伊丽莎白·内尔纽曼（Elizabeth Noelle-Neumann）提出类似的沉默的螺旋理论。1973年，在针对德国大选进行一系列的舆论调查后，伊丽莎白·内尔纽曼发表了《重归大众传媒的强力观》，指出大众传播在影响大众意见方面依然产生强大的效果。伊丽莎白·内尔纽曼发现，当个人的意见和态度与其所属社会群体的意见、态度、观念发生背离或不一致时，个人会产生孤独感和恐惧感，会害怕被孤立，被社会制裁。于是，为了与周围环境保持和谐，便会放弃自己原有的意见、态度和看法，逐渐变得沉默，最后转变支持方向，与优势意见或态度一致。这是一个不断把一种优势意见强化抬高、确立为一种主要意见的螺旋式的过程。① 沉默的螺旋理论同样适用于社会思潮的形成、发展过程，它有助于我们进一步理解社会思潮运动过程中的盲目性问题。正是这种盲目性，社会思潮才容易被误导、被操纵。

社会思潮的自发性和盲目性本身就蕴含着风险，更何况社会思潮作为一种影响社会发展的巨大力量，在性质上有革命与反动之分、先进与落后之别。社会思潮被误导，就会放大它给社会发展带来的风险。下面主要分析社会思潮被误导的两种情形。

1. 社会思潮被民众领袖误导而危及主流意识形态安全

这里的民众领袖是指民众群体里的民众精英和某些学派的思想家。这些民众精英和思想家往往在特定的社会群体中具有较高的威望，是社会思潮形成过程中某种程度上的理性的自觉的因素。一般说来，民众精英和思想家能够比较全面、比较深刻地反映特定社会群体主体的利益和需要，并进行理论上的分析和概括。但是，民众精英和思想家的评价意见并不一定是正确的，也就是说，以他们的评价意见为核心形成的思想理论体系不一定总是正确的。因为认识活动是一个主体和客体之间的矛盾运动过程，是一个不断追求主客体之间实现具体的历史的统一的过程。民众精英和思想家成为民众评价活动中的理性的自觉的因素是有条件限制的，而不是自然而然的或无条件的。从主观条件来看，民众精英和思想家要具备正确认识社会群体主体的利益和需要的能力，并且要有进行认识的努力；从客观条件来看，社会群体主体自身的利益和需要必须在评价活动中呈现出来。之所以要具备这一客观条件，那是因为事物的本质还没有在物质运动的过程中完全呈现出来时，对事物本质全面而深刻的把握就不可能。当条件不完全具备时，民众精英和思想家就不能正确地反映所属社会群体主体的利益和需要，因而就不能认为他们

① 伊丽莎白·内尔·纽曼. 沉默的螺旋：舆论：我们的社会皮肤［M］//张国良. 20世纪传播学经典文本. 上海：复旦大学出版社，2003：535-546.

的评价意见或结论是正确的。但问题是，这种没有正确反映特定社会群体主体的利益和需要的评价意见或结论在思想家的理论包装下，其感性认识却以理性认识的形式呈现出来，其盲目性却以自觉性的形式呈现出来，对社会生活层面的广大民众具有很强的迷惑性。民众精英和思想家具有较高的威望，普通民众总相信他们的评价意见或结论是正确的，总认为他们的理论是正确的，总认为他们的评价意见或结论代表了自己的利益和需要。这样，广大民众忽略了主流意识形态所倡导的思想价值观念，信奉主流意识形态的群众日益减少，主流意识形态的群众基础被削弱，主流意识形态的号召力、影响力也随之减弱，这些必然严重危害主流意识形态的安全。并且，在实践中，自发性和盲目性使社会思潮的危害有可能从潜在转化为现实，作为民众评价活动的现实形式的社会思潮就存在着盲从权威、走向歧途的危险。这种危险时有发生。在现实生活中，由于民众精英和思想家的误导，往往使一些社会思潮在运动过程中发生偏向，从而给社会正常、有序的发展带来潜在的危害及风险。

2. 社会思潮被权威机构误导而危及主流意识形态安全

社会思潮往往裹挟着巨大的社会能量，任何社会的统治阶级都会重视它，并通过权威机构采取措施对它进行干预或操纵。1922 年美国久负盛名的新闻记者、专栏作家沃尔特·李普曼在其名著《舆论》中提出了一个著名观点，即“舆论是可以操纵的”①。李普曼把世界分为两块：现实世界和舆论世界。他认为“新闻、宣传可以创造出舆论世界，也可以通过歪曲事实等手法操纵舆论世界”②。李普曼对此感到悲观，认为舆论世界或“世界图画”的歪曲与操纵是不可避免的。社会舆论和社会思潮都是群体意识活动，都属于民众评价活动的现实形式。并且社会舆论是承载社会思潮的广泛的社会心理的载体，为社会思潮的思想体系的形成提供原料和素材。社会舆论容易被操纵，社会思潮也同样容易被操纵。

权威机构一般采用外在和内在两种方式对社会思潮的发生、发展以至其

① 徐向红．现代舆论学［M］．北京：中国国际广播出版社，1991：98.

② 陈月生．国外政府利用新闻舆论影响民意的渠道、手段和方式研究综述［J］．社科纵横，2007（6）：128-133.

整个运动过程进行干预或操纵。外在方式是指通过特定的机构运用物质手段倡导或抑制某一种社会思潮。这种方式的效果是有限的。内在的方式是指权威机构把一定的评价意见或结论通过大众媒介或各种组织灌输到公众的意见互动过程中，也就是灌输到社会思潮的形成和发展的过程中，使思想家的理论思维和理论创造受到所宣传的权威评价意见的影响，使社会群体主体中的众多个体的社会心理受到影响，并形成倾向较为一致的评价意见。这种方式之所以称为内在的方式，是因为外在的权威机构的评价结论和意见一旦进入公众意见互动的传播中介中，就会以内在的方式发生作用、产生影响。正是在这种作用和影响下，众多个体才自觉或不自觉地接受权威机构的评价意见和结论，在一种集体无意识中接受权威机构所宣传的思想体系和理论观点，从而形成与权威机构的评价结论相一致或较为一致的民众评价意见或结论。

权威机构对社会思潮的内在方式的干预产生两种起相反作用的实践模式：引导和误导。权威机构的评价意见或结论在形式上体现自觉性，但在内容上则不一定体现自觉性。针对权威评价活动的内容是否体现自觉性的问题，我们可以从权威机构中“官员”的两重性与权威机构自身的两重性视角进行分析。作为权威评价活动主体的权威机构是由承担具体职级和岗位的一个个“官员”组成。“官员”具有两重性：一方面，“官员”被安排在权威机构的具体职位上，代表着该权威机构或组织，是具体职位的人格化。因此，具体的人是抽象的。另一方面，“官员”又是具有具体利益和需要的具体的人。因此，抽象的人又是具体的。在具体职位的人格化中，作为抽象的人，“官员”应该没有与所属社会群体主体不同的或相违背的个人私利，应该以所属社会群体主体的意志为自己的需要意志。这时的“官员”应该毫不利己、专门利人。而作为具体的人，“官员”是具有具体利益和需要、按照理性行为最大化假设从事经济活动的人。“官员”的两重性决定了权威机构自身也具有两重性。① 权威机构既作为所属社会群体主体的利益、需要和意志的体现而存在，也作为具有自己的具体利益、需要和意志的所属社会群体内的一个具体群体而存在。也就是说具体的权威机构又是抽象的，而抽象的

① 陈新汉．权威评价论［M］．上海：上海人民出版社，2006：351-384.

权威机构又是具体的。作为抽象的权威机构，它的评价活动要求体现所属社会群体的利益、需要和意志，而作为具体的权威机构，它的评价活动必然体现所属群体内的一个具体群体的利益、需要和意志。权威评价活动中的“这种两重性决定了‘官员’和权威机构在行使权力过程中的‘公’与‘私’之间的矛盾”①。若“官员”和权威机构站在“公”的立场，其评价活动意志或结论在内容上就能真正体现自觉性；若“官员”和权威机构站在“私”的立场上，则其评价意见或结论没有代表所属群体主体的利益、需要，在内容上不能真正体现出自觉性。

正确的权威评价活动既在形式上体现自觉性，又在内容上体现自觉性。也就是说，正确的权威评价活动是形式上的自觉性与内容上的自觉性的统一。社会思潮在正确的权威评价活动的干预和影响下，与这种形式和内容相统一的自觉性相结合，就能使自身的盲目性上升为自觉性。这就是权威评价活动对社会思潮的引导。有些权威评价活动尽管在形式上体现出自觉性，但其内容并不能从根本上体现自觉性。然而，这些权威评价活动通过宣传等环节对社会思潮进行操纵，使民众精英和思想家以及特定群体内的众多个体在意见互动的过程中相信其评价意见或结论，并最终形成与权威评价意见或结论相一致或基本一致的民众评价意见或结论。这样，特定社会思潮与这种没有真正体现出自觉性的权威评价活动相结合，表面上看，其盲目性似乎上升为自觉性，而实际情况却是其盲目性被掩盖了，不过是其盲目性以自觉性的形式呈现出来而已。这就是权威评价活动对社会思潮的误导。特定社会思潮因其自发性、盲目性而被操纵、被误导，从根本上背离了社会群体主体的利益和需要，背离了主流意识形态所倡导的思想价值观念和政策主张，从而危害主流意识形态的安全，也使社会思潮在实际运动过程中发生偏向，对社会产生放大了的危害，从而也就对社会的有序发展带来风险。

社会思潮是一种运动状态的社会意识活动，具有很强的能动性。在来势汹汹的社会思潮面前，人们往往顺着社会思潮去思想和行动。当某些社会思潮铺天盖地、汹涌而来、不断高涨时，当它们所制造的社会声势增大到一定

① 陈新汉. 权威评价论［M］. 上海：上海人民出版社，2006：351.

程度时，当它们所营造的社会氛围浓厚到一定程度时，不管是达官贵人，还是芸芸众生，都会受其感染、浸润其中。这些社会思潮的高潮有可能是被误导、被操纵的结果，这些社会思潮有可能是错误的。广大群众一旦普遍认可那些错误的社会思潮所宣扬的错误的思想意识和价值观念，他们就会不再相信主流意识形态的话语，并怀疑主流意识形态的合法性，从而抛弃、诋毁甚至攻击原来的主流意识形态。主流意识形态的主导地位被动摇，安全也就失去了保障。到那时，这种错误的社会思潮蕴含着巨大的能量，其能量的释放给人们带来强烈的心灵震撼、激烈的情绪冲动，从而使人们快速采取社会行动。并且，在这种顺我者昌、逆我者亡的社会思潮面前，人们的行动更具盲目性。这样的社会思潮就会给社会有序发展带来巨大危害，成为“社会既定秩序中某些失衡环节的破坏力量”①。这种“破坏力量”往往给社会发展带来不确定性，也就是说，给社会有序发展带来风险。

（四）西方社会思潮的肆意传播带来意识形态安全风险

西方社会思潮大部分本来就是西方资本主义世界的社会意识形态，有的甚至是主流意识形态，比如新自由主义。这些西方社会思潮得以传入我国并能够生存、发展，主要是有适合它们生存、发展的“气候”和“土壤”。具有资本主义意识形态属性的全球化以及我国逐渐打开对外开放的大门，为它们提供了“气候”条件。另外，伴随着经济体制改革，我国在政治体制等方面进行的全面深化改革以及扩大对外开放，也为西方社会思潮在我国的传播和生存发展提供了“土壤”条件。有些“网络大V”“意见人士”不失时机地把西方社会思潮与我国发展进程中一系列重大事件以及相关的社会问题联系起来，引起社会公众的关注和共鸣，从而成为我国社会民众评价活动的一部分。关于西方社会思潮得以生存和发展的“气候”和“土壤”，前文在阐述我国社会思潮多样化的内外驱动力时已有涉及，在此不再赘述。

在第一章关于全球化是我国社会思潮多样化的外驱力的论述中，阐述了全球化的意识形态属性。全球化最初就是一种资本主义的意识形态，反映了资产阶级的利益需要，反映了资本主义生产方式、生活方式向全球扩张的需

---

① 陈新汉．民众评价论［M］．上海：上海人民出版社，2004：285.

要，是资产阶级向全球推销其政治思想、社会制度、价值观念的一种手段。全球化体现了一种西方中心主义的霸权心态，在其背后，隐藏着西方文化霸权和意识形态霸权的本质。

在全球化过程中，资本主义与社会主义之间、西方世界与非西方世界之间，各种文化相互交流，各种社会思潮相互激荡，虽然在一定程度上对增进各个国家的相互了解非常有利，但总体上给非西方国家，尤其是给社会主义国家带来巨大的意识形态安全压力。由于在这种交流互动的结构关系中，西方把持着经济霸权、科技优势和话语霸权而一直处在优势位置，并处于中心地位和主导地位。社会主义和非西方世界则一直处在劣势位置，处于一种被动地位和边缘地位。

在全球化时代，西方资本主义意识形态的传输、西方价值观念的灌输不再是赤裸裸的，而是更具隐秘性、欺骗性。在各民族文化相互融合与渗透中，资本主义通过高科技手段，综合运用网络、传媒、话语体系等形式，巧妙包装，把自身的意识形态融入各种社会思潮中，潜移默化地推行意识形态霸权。

比如，二战后，各种蕴含着西方自由主义意识形态的思潮不断涌入东方的社会主义国家，一方面给社会主义国家民众带来了新思想、新理论和新知识，同时也给马克思主义在社会主义国家的指导地位和主导性、权威性带来冲击和瓦解，给这些社会主义国家维护意识形态安全带来严峻挑战。特别是美国为了谋求全球霸权，暗中策划实施针对社会主义国家和第三世界的“和平演变”“没有硝烟的战争”或“软战争”。以美国为首的西方社会通过其主导的全球传播网络，对社会主义国家和非西方世界在社会生活的各个层面进行传播、辐射和渗透，无孔不入地宣传西方资本主义的政治思想、普世价值、生活方式，同时大肆渲染“社会主义失败论”“意识形态终结论”“中国威胁论”，从各个方面打压、遏制社会主义意识形态，在社会转型、价值认同和规范整合等方面给社会主义国家和第三世界带来更多曲折和困难。

全球化时代，西方社会思潮的肆意传播，使得社会主义意识形态和资本主义意识形态之间的主宰性与从属性的斗争将更加激烈。多样化社会思潮相互激荡，必将加剧不同民族间的思想文化激荡，必将深刻冲击人们的思想观念和价值选择，最终冲击非西方国家社会的意识形态安全。因而不能让西方社会思潮肆意传播，而应加以辨析、批判和正确引导，自觉维护自身意识形态安全。

第二节 社会思潮与社会的意识形态控制

任何社会冲突的发生、发展都有其深刻的利益根源。社会思潮客观地反映着特定社会群体的利益和意志，由此我们可以透过社会思潮之间的冲突来考察不同社会群体之间的利益冲突，这就为人们寻求社会控制的途径提供了方向性启示。有效引领社会思潮、维护主流意识形态安全是实现社会意识形态控制的前提。

一、社会思潮相互激荡是对社会冲突的现实写照

社会控制理论是与社会冲突理论紧密联系在一起的。有学者认为，社会冲突是由于不同的社会主体之间存在着不同的需要、相对立的价值观念、不一致的利益诉求，而发生的相互反对、相互对立的社会现象，并认为这种现象在社会发展进程中是很普遍的。① 社会主体包括个体主体和社会群体主体，他们之间存在多种多样的互动方式，有社会竞争、社会合作、社会冲突等。社会冲突只是主体间的一种互动方式。社会冲突展示了各社会主体之间的一种社会关系，是特定个体或集团的能动性行为。李琼在其博士论文中认为："只要各种社会主体之间存在着需要、利益和价值观念的差别、分歧和对立，或早或迟，都会产生冲突。"② 可以说，只要存在利益差别，冲突就难以避免。运用马克思主义关于矛盾的理论来分析，冲突是一种矛盾斗争，矛盾双方的对立和对抗是其实质。从人们现实生活的视角来看，社会冲突是指各种社会主体，为了争抢利益，争夺权力和地位，从而采取一切手段打击、削弱甚至消灭对方的剧烈斗争行为。在阶级严重对立的社会，这种社会冲突更普

---

① 毕天云．论社会冲突的根源［J］．云南师范大学学报，2000（5）：5-8.

② 李琼．冲突的构成及其边界［D］．上海：上海大学，2005：16.

遍、更剧烈。

一些冲突理论家探讨了社会冲突产生的根源。达伦道夫（Dahrendorf）认为冲突的起源在于争夺权力和权威等稀缺资源。他说，世界上只有两个阶级，一个是能够参与权力分配的阶级，也就是所谓的统治阶级，一个是不能够参与权力分配的阶级，即所谓的被统治阶级。统治阶级或统治群体的利益在于想方设法维持现有的社会结构体系，以便承续享有的权利和权威。被统治阶级的利益则在于采取一切能够采取的手段去改变、颠覆现有的限制他们拥有权力的社会结构，以便获得本应属于他们的权力。因此这两个阶级之间的冲突无法避免。冲突论的代表人物科塞认为引发冲突的原因有多种，但从根本上看，冲突产生的社会基础是权力、财富等资源占有不均以及价值观念不同。在这种基础上，民众间产生了不合法感和不平等感，于是，不满与反抗的意识就成为冲突的起源。这种意识使现存社会制度的认可度降低，社会冲突则日益突出。马克思的阶级斗争理论揭示了在阶级利益尖锐对立的社会，阶级斗争是社会冲突的普遍形式，并且是社会发展的主要动力。阶级斗争理论认为阶级社会中的资源分配和利益分配普遍存在着不平等，于是被统治群体被动员组织起来，通过阶级斗争反对统治阶级的剥削和压迫，变革社会结构。在生产关系中，只要存在地位不同、利益根本对立的不同阶级，那么社会冲突就不可避免，这就是社会冲突的根源。总而言之，不平等是社会冲突的最终根源。

以上冲突理论家的论述有助于我们正确认识社会冲突与利益之间的密切联系。可以说，社会冲突的本质就是利益冲突。利益包含一切有价值的社会资源。“利益冲突是人类社会一切冲突的最终根源，也是所有冲突的实质所在。”① 任何一个存在着利益差别和利益对立的社会都不可能彻底消除社会冲突。社会冲突会不断地削弱社会凝聚力，影响社会民众的团结，发挥着离散社会的功能。所以社会冲突总是社会控制考察的对象。

社会意识反映社会存在。社会冲突必然要在社会意识中体现出来，社会

① 张玉堂．利益论：关于利益冲突与协调问题的研究［M］．武汉：武汉大学出版社，2001：1.

思潮正是反映特定阶级、阶层或其他社会群体利益诉求的社会意识活动，因而从这个角度上看，社会的利益冲突和价值观念冲突都会在社会思潮中得到一定程度的体现。正是从社会意识反映社会存在这个一般性、普遍性规律出发，我们说社会思潮反映社会冲突。但具体说来，社会冲突主要是社会中不同社会群体之间的利益冲突，因而，社会冲突更明显地由代表不同社会群体利益的社会思潮之间的冲突反映出来。从这个意义上说，不同社会思潮之间的冲突是对社会冲突的现实反映，主要是对不同社会群体之间的利益冲突的反映。

特定社会的任何重大事件或重大变革，如社会体制的根本转变、利益格局的深刻调整、社会结构的剧烈变动等，都会由当时的社会思潮反映出来。这些重大社会事件或社会变革所引发的各社会群体之间的利益冲突，都会由当时的不同社会思潮之间的冲突反映出来。所以，社会思潮之间相互冲突是对那些关涉众多社会群体的切身利益，带有根本性、广泛性的社会冲突的反映。社会思潮之间的相互冲击、碰撞对应了社会各群体之间尖锐的利益冲突。特定社会思潮的产生、发展、消亡的运动过程对应了特定社会冲突的发生、发展、化解的过程。所以说，社会思潮之间的互相冲击、碰撞、激荡正是社会冲突的现实写照。

作为一种复杂的社会意识，社会思潮必然要客观反映社会存在，同时对社会存在具有能动的反作用。这种能动的反作用主要表现在：社会思潮对社会心理产生非常大的直接影响，从而在很大程度上影响人们的思想和行为，并最终影响整个社会的发展过程。在现实生活中，我们可以通过加强对社会思潮的引领来加强社会思潮的这种能动的反作用，促进社会和谐有序发展。若是能够有效引导社会思潮，从而引导人们的思想和行为，也就可以把社会冲突控制在社会可承受的一定范围内，不至于因社会冲突尖锐到失控而给社会发展带来严重危险。

作为对社会现实的反映，社会思潮往往被人们称为社会的“晴雨表”和“风向仪”。透过社会思潮的波澜起伏、潮起潮落，人们可以及时把握住时代精神的变化，把握社会经济生活和政治生活的矛盾运动，把握社会热点问题，了解社会各阶级、阶层的心态，从中捕捉关于社会矛盾、社会课题以及社会发展的趋势和走向的信息。在社会思潮浪高流激的地方往往隐含着尖锐的社会矛盾。这就要求全社会对社会思潮给予相当的重视和关注，尤其是社会当局更应该重视这些问题，并进行调查研究，找到症结所在，及时决策，采取恰当的措施，化解矛盾，消解酝酿中的社会冲突。

二、正确引领社会思潮，维护意识形态安全是实现社会控制的有效途径

“社会控制”一词是于1901年美国社会学家罗斯在其著作《社会控制》中首次使用的。罗斯认为，19世纪末20世纪初的美国经历了迅速的城市化过程，大规模的移民浪潮破坏了美国原有的“自然秩序”，杂乱的移民使原来某些初级群体和社会解体。罗斯认为，对于这些各种各样的移民来说，城市是一个完全陌生的环境，由于这些移民之间存在激烈的思想价值观念和道德规范的冲突，所以他们的脑海中没有社区意识，原来那些出于人性的自然秩序约束不了他们的自私行为，也改变不了他们的冷漠心态。于是，越轨和犯罪经常发生，社会秩序被完全破坏。因此罗斯认为，“如果不打算让我们的社会秩序像纸牌搭成的房屋一样倒塌，社会就必须控制他们”①。罗斯的意思是，要重新建立良好的社会秩序并得到持续维持，必须构建一种新的有力的社会治理机制，即社会控制。罗斯认为社会控制是一种有意识的、有目的的社会统治。他认为社会控制的工具包括舆论、社会评价、法律、信仰、社会暗示、宗教、个人理想、礼仪、艺术等。起初，社会控制只应用于预防及处置社会上的犯罪和越轨行为，在后来的实践中，人们逐渐应用社会控制理论来研究社会冲突、化解社会冲突。今天，这种应用已经拓展到结合运用反馈机制来检测社会系统是否健康运行、是否偏离预定目标。现在，社会控制已成为协调各种复杂社会关系以保持社会相对和谐有序发展的重要手段和途径。② 广义的社会控制是指社会控制主体依据社会规范对社会成员的行为进行管制和指导，对各种社会关系进行调节和协调的过程。狭义的社会控制是指对各种越轨行为，尤其是犯罪行为的制约与惩罚。本课题主要采用广义

---

① E. A. 罗斯．社会控制［M］．秦志勇，毛永政，译．北京：华夏出版社，1989：32.

② 童星．社会管理学概论［M］．南京：南京大学出版社，1991：215-216.

的社会控制概念。

社会控制的手段包括法律控制和文化控制。美国的法社会学家庞德在其著作《通过法律的社会控制》比较系统地阐述了他的法社会控制理论。他的法社会控制理论特别强调运用法律来加强对社会的控制，要加强法律建设和保证实施，坚持走法治道路，用法治的手段来遏制人本性中的贪婪、私欲等劣根性。法社会控制理论反对暴力统治，对暴力统治进行了谴责和批判。庞德也极力反对“法律即权力”的观点，强调要建立完善的法律体系来约束权力。庞德还提出通过法律保护社会利益。在此不再对社会的法律控制展开论述，因为就我们的论题而言，社会控制的文化控制手段才是论述的重点。

罗斯认为，社会控制主要包括三方面的内容：对情感的控制，对意志的控制，对判断的控制。对判断的控制包括运用启发、社会评价等形式控制社会成员的判断力。对情感的控制，对意志的控制，对判断的控制可以说就是一种文化控制。文化控制的对象主要是社会个体的情感、意志、判断等社会心理因素。文化控制的主要手段包括社会舆论、社会思潮、宗教信仰、伦理道德和意识形态。而意识形态控制只有通过社会心理与社会意识形态的中介——社会思潮才能更好地发挥作用。在人类社会的发展进程中，信仰对社会个体的行为有广泛的制约作用。社会的统治阶级总会面向整个社会宣扬自己有关信仰的权威评价结论，从而对社会大众的信仰产生影响。社会中道德是以善恶、是非、荣辱等观念来评价社会行为、调整人际关系的社会规范和价值准则。道德对社会个体行为的控制力源于道德规范的习惯性和社会性。道德规范都是由社会评价来认定的，社会个体无法改变或左右社会对其行为的评价，这是道德控制的力量源泉。社会的统治集团会形成关于道德的权威评价，用以影响社会成员的信仰，实现社会的信仰控制。社会舆论是指社会成员对社会生活中的某些事物表达出带倾向性的议论、意见和看法。社会舆论对社会成员的价值取向和行为方式产生巨大的影响。罗斯认为：“在大多数情况下，法律必须等待‘明显行为’才能予以制裁，相反的是，舆论能运用逐渐增强的压力制裁预期中的越轨行为。”① 关于社会舆论的作用，美国

① E. A. 罗斯. 社会控制 [M]. 秦志勇，毛永政，译. 北京：华夏出版社，1989：72.

著名的社会学家罗伯特·K·默顿（Robert King Merton）也有与罗斯相似的论述："社会舆论形成后有一种'场域'作用，会使身处其中的社会个体自觉或不自觉地服从社会舆论的导向与控制。"① 社会舆论带有自发性和盲目性，为了不让群众在社会舆论的作用下做出非理性的社会行为，就需要采取措施引导社会舆论。所以，引导社会舆论是实现社会控制的常见手段。

社会思潮是反映着特定社会群体利益和要求的民众评价活动，对社会生活产生广泛影响。社会思潮是"一种权威"，是一种强制力量，对广大民众的社会心理产生重大影响，从而影响他们的社会行为。汹涌而来的社会思潮往往裹挟着巨大的社会能量，身处其中的人们往往只能"随波逐流"。社会思潮天然具有自发性和盲目性，这种裹挟着巨大的社会能量的社会思潮一旦被误导，就会对社会产生放大了的危害，并会冲击主流意识形态，危及意识形态安全，给社会的有序健康发展带来风险。特定社会中的统治阶级、执政党都非常重视社会思潮所带来的社会风险问题，所以他们总要采取种种措施，对社会思潮进行引领，加强意识形态控制，维护意识形态安全，以规避可能的社会风险。国家的统治阶级、执政党及其权威机构通过宣传环节，充分利用大众传播媒介，把自己的权威评价意见和结论贯彻到社会思潮的形成和发展的全过程，从而实现对社会思潮的引导。通过正确的引领，可避免社会思潮在相互碰撞、激荡的过程中给主流意识形态带来严重冲击。因而，加强对多样化社会思潮的引领，强化社会意识形态控制，着力维护意识形态安全是实现社会风险控制的重要手段或途径。

什么是意识形态控制？意识形态是文化的内在核心。为维护既得利益，为维持有利于其统治的社会秩序，社会中的统治阶级和集团总是要千方百计地对社会大众进行思想诱导，向他们灌输有利于传递其权威和合法性的社会意识形态，使他们处在一定的意识形态氛围中。通过对大众传播媒介的渗透，对信息发布的选择，对社会事件做出带倾向性的价值判断，统治集团就这样利用其掌握的统治机器不断向社会成员灌输特定的社会意识形态。长时

① 罗伯特·K. 默顿. 社会理论和社会结构［M］. 唐少杰，齐心，译. 南京：译林出版社，2006：270.

间、大规模的意识形态灌输会对社会成员的社会心理产生重要影响，从而在潜移默化中对社会成员的思想和行为产生导向作用，使他们形成符合统治阶级要求的思想观念、价值取向和思维模式，在极端情况下还会产生“催眠效果”，造成社会成员的“集体无意识”。这就是意识形态控制。

列宁曾形象地指出：“所有一切压迫阶级，为了维持自己的统治，都需要两种社会职能：一种是刽子手的职能，另一种是牧师的职能。刽子手的任务是镇压被压迫者的反抗和暴乱。牧师的使命是安慰被压迫者，给他们描绘一幅在保存阶级统治的条件下减少苦难和牺牲的前景，从而使他们顺从这种统治，使他们放弃革命行动，打消他们的革命热情，破坏他们的革命决心。”① 在这里，刽子手的职能是指暴力控制，牧师的职能是指意识形态控制。阿尔都塞则认为阶级社会存在两种国家机器：压迫性国家机器和意识形态国家机器。他认为，意识形态国家机器在社会再生产过程中不仅要求将劳动力的劳动技能再生产出来，还要求将劳动者对占统治地位的意识形态的顺从态度再生产出来。② 意识形态具有给政治行为提供“合法性”依据的功能。意识形态通过合法性论证影响社会大众的思想观念和价值取向，使他们认同既定的社会经济、政治、文化系统和社会秩序，从而自觉自愿地接受、服从统治阶级的控制和管理。正如马克斯·韦伯所指出的：“任何统治都企图唤起并维持对它的‘合法性’的信仰。”③

哲学家们把社会意识分为高层次的社会意识形式和低层次的社会心理。社会思潮是社会意识的活动形态，在社会心理和社会意识形态之间上下活动，是社会心理和社会意识形态相互作用的中介。加强社会意识形态控制必然要通过社会思潮这个中介才能更好地发挥作用。一切社会意识形态要想被广泛扩散和传播，要想被群众所认知认同、予以支持，必须通过社会思潮这个中介把自己的主要思想理念、主张和意见沉淀到社会心理中去。特别是对

---

① 中共中央马克思恩格斯列宁斯大林著作编译局．列宁选集：第 2 卷［M］．北京：人民出版社，1995：478.

② 马尔科姆·沃特斯．现代社会学理论［M］．杨善华，等译．北京：华夏出版社，2000：129-130.

③ 马克斯·韦伯．经济与社会：上卷［M］．林荣远，译．北京：商务印书馆，1997：239.

于社会的主导意识形态来说，也一样必须把自己所倡导的思想价值观念、社会理想、发展模式、社会基本制度等，通过各种适宜的传播渠道渗透或融合到社会思潮中去，并逐渐转化为社会思潮的一部分，然后通过社会思潮与社会心理的相互作用，融入并沉淀到人们的社会心理中，内化为人们的处世态度、审美情趣、价值观念、理想信念、基本信仰等。通过这样的互动机制，在潜移默化、润物无声的过程中，人们的思想和行为受到了意识形态的支配和影响。因此，要成功实现社会的意识形态控制，需要对社会思潮进行有力引领，维护意识形态安全。正确引领社会思潮是通过意识形态控制实现社会控制的有效途径。

乌尔里希·贝克（Ulrich Beck）和安东尼·吉登斯（Anthony Giddens）等风险理论家主要是从现代化和全球化视角，通过反思现代性来阐述风险社会理论。他们看到了工业化过度生产所带来的副作用，并考虑了大规模的环境污染、科学与技术的滥用将给人类社会的发展带来的风险，以及风险社会中生态的、核的、化学的和基因的风险。他们很少论述思想观念冲突、价值观念冲突给社会发展带来的风险问题。必须指出的是，风险不仅仅存在于生产领域、生态领域和科技应用领域，思想领域、价值观念领域、意识形态领域的冲突和矛盾同样给社会的有序发展带来风险。20 世纪末期的东欧剧变、苏联的崩溃，其原因虽是复杂多样的，但不能不说思想领域、意识形态领域的失控是其中一个重要原因。苏联在解体前，各种带有颠覆性的社会思潮长期泛滥，原来起主导作用的马克思主义意识形态日渐式微，并最终失去其主导作用。各种非马克思主义的思想理论占领了意识形态领域的主阵地，使得人们的信仰和价值观发生了混乱，执政党在这样的社会氛围中难以自觉、自醒，在不知不觉中丢弃了自己的奋斗纲领，丧失了理想和信念，脱离了群众，最终被群众抛弃。在全球化日益加深、两种社会制度的斗争更加复杂化的今天，更要重视意识形态控制的问题，更加需要对社会思潮进行正确引领，保障意识形态安全。引领社会思潮、维护主流意识形态安全依然是通过意识形态控制实现社会控制的重要手段和途径。也可以说，有效引领社会思潮、维护主流意识形态安全是实现社会意识形态控制的基础和前提。

第三章

我国意识形态安全面临的挑战及社会共识的凝聚

任何社会的统治阶级或执政党为了实现社会整合，总要以反映自己利益和意志的主流意识形态影响和引领社会思潮，达到维护主流意识形态安全的目的。社会思潮多样化背景下，我国的意识形态安全面临着严峻挑战。一定要增强风险意识和忧患意识，在建设中国特色社会主义的伟大实践中，通过正确引领多样化社会思潮，最大限度凝聚社会共识，确保我国的主流意识形态处于安全状态。

第一节　社会整合视域的社会思潮与意识形态安全

一个实现社会整合的前提是该社会形成了社会共识。而社会共识只有在该社会的主流意识形态处于安全状态的条件下才能凝聚起来。一个社会的主流意识形态是该社会统治阶级的权威评价，是统治阶级的利益和意志的反映。为了防止社会失序、社会分化，形成社会共识，实现社会整合，任何国家的统治阶级或执政党，总要努力管控、引领其他社会思潮，维护主流意识形态的安全，不让多样、多元的思想意识、价值观念冲垮、搞乱社会的主导价值观和人民的信仰。引领社会思潮是维护意识形态安全实现社会整合的必然选择。

一、社会失序和社会整合的内涵

（一）社会失序

社会秩序是社会存在和发展的必要条件。社会秩序与自由、民主、公正等具有同等意义的价值，在特定意义上，甚至是更基本的社会价值。正如亨廷顿所说："首要的问题不是自由，而是重建一个合法的公共秩序。很显然，人类可以无自由而有秩序，但不能无秩序而有自由。"①

在正确理解社会失序之前，我们先认识一下"失范"这个常用的社会学术语。《简明不列颠百科全书》对"失范"做了比较全面的解释："失范指没有行为规范或标准，或即使有也不甚明确，或互相抵触的社会结构或个人品行。"② 该书还分析了"失范"产生的原因：一是因为社会规范不一致、相互矛盾，让民众不知所措、无所适从；二是因为这个社会压根儿就没有给民众提供社会规范。《辞海》对"失范"做了相似的解释："没有行为规范和标准，或虽有行为规范和标准但不够明确甚或互相矛盾的社会结构或个人品质。"③ 顾名思义，"失范"就是缺失规范。

社会失序也叫社会失范（social disorder），一般是指在社会生活中，没有用来约束人们的思想和行为的规范，也就是缺失相应的规范，或者是有规范，但这个规范没有效力，使得社会本身处于混乱无序状态。社会失序就是指整个社会缺少某种正常交往秩序，社会呈现出动荡、不稳定状态。埃米尔·涂尔干（Émile Durkheim）在研究失范型自杀的基础上，用"社会失范"来描述当社会规范无效时，或者社会规范之间相互冲突时，或者压根儿就没有社会规范时，一个社会所呈现的混乱动荡、无序不稳定的情形。高度失范的社会有解体、崩溃的危险。

我国学者郑杭生、李强等认为，社会失序是指这样一种社会生活状态：既有的行为模式和价值观念被怀疑、否定，而新的行为模式和价值观念尚未

① 亨廷顿．变动社会的政治秩序［M］．上海：上海译文出版社，1989：8.

② 中国大百科全书出版社，《简明不列颠百科全书》编辑部．简明不列颠百科全书：第7卷［M］．北京：中国大百科全书出版社，1986：237.

③《辞海》编辑委员会．辞海［M］．上海：上海辞书出版社，1989：201.

确立或被认可，社会规范事实上缺失，社会成员缺乏明确的社会规范约束。① 社会运动存在两种状态，即有序状态和失序状态。有序状态是一种稳定状态，失序状态是一种混乱状态。社会失序的原因有三种：一是社会缺失行为规范或标准；二是规范或标准不明确；三是规范或标准以及社会结构或人们的社会行为相互抵触、矛盾。只要三者有其一，社会就有可能发生失序的危险。社会失序最常见的情形是部分社会成员或社会团体不能接受现存的社会结构和利益格局，不认同现存的社会关系，不愿遵从现存的社会规范，从而做出各种反叛社会的行为。在社会学中反叛社会的行为主要指越轨行为（Deviance Behavior）和聚合行为（Collective Behavior），如罢工、罢课、罢市、游行示威、堵塞交通、破坏、骚乱、动乱和暴乱等，这时的社会就处于失序状态。

（二）社会整合

社会整合（Social Integration）是一个与社会分化、社会解体、社会解组相对应的范畴。社会整合要解决的问题是如何在一种竞争的社会系统中维持秩序，使来自不同阶级和阶层的人们，超越客观存在的某些差别，确立共同利益和共同目标，形成共同的价值取向，让他们处在一个整合的状态，而不是让他们陷入隔离状态。美国学者安东尼·M·奥勒姆（Anthony M. Orum）认为，社会整合是“借以调整和协调系统内部的各套结构，防止任何严重的紧张关系和不一致对系统的瓦解的过程”②。他进一步阐述了社会整合的功能，即社会整合“既能够使社会维持其作为社会系统的完整性，又能够使社会进入更高级的适应能力”③。

在埃米尔·涂尔干的理论体系中，社会整合是指在一个社会共同体中，各个社会群体、各个社会组织及个人，以及社会的其他各组成部分，在相互

① 郑杭生，李强．社会运行导论：有中国特色的社会学基本理论的一种探索［M］. 北京：中国人民大学出版社，1993：447-448.

② 安东尼·M. 奥勒姆．政治社会学导论［M］. 董云虎，李云龙，译．杭州：浙江人民出版社，1989：114.

③ 安东尼·M. 奥勒姆．政治社会学导论［M］. 董云虎，李云龙，译．杭州：浙江人民出版社，1989：1135.

认可、相互赞同的基础上，达到团结一致的状态。在涂尔干看来，社会整合就是社会团结，也就是他所理解的社会秩序。具体说来，社会团结是把社会中各部分、各领域、各层次的要素汇聚联合起来，建立起共同的思想价值观念、理想信念、道德和信仰、情感和精神、制度规范等，在此基础上，社会中的个人或群体之间形成相互结合、相互吸引的状态。涂尔干认为社会团结的基础是社会的“集体意识（collective consciousness）”（也有学者译为“集体良心”），认为社会团结有两种形式：机械团结和有机团结。在前资本主义社会，个人与个人之间在思想价值观念和情感信仰等方面不存在什么大的差别，个体之间没有出现分化，共同体的集体意识就是社会成员的个体意识，社会秩序呈现高度的同一性或相似性。涂尔干认为，前资本主义社会之所以具有凝聚力，是因为社会的所有个体意识具有一致性或相似性。“在这种条件下，所有群体成员不仅因为个人的相似而相互吸引，而且因为他们具有了集体类型的生活条件，换句话说，他们已经相互结合成了社会。”① 这样一种以同一性为特征的社会团结就是涂尔干所谓的“机械团结”。在“机械团结”的社会里，共同体的集体意识完全依靠强制性规范、传统和权威来维持。进入市民社会，个人与个人之间的差别增大，机械团结的集体意识力量日益弱化，人与人之间直接的对人的依赖关系转变为间接的对物的依赖关系。劳动分工和职业的分化，使社会机体形成一种“有机团结”，这种“有机团结”以“个人的相互差别为基础”②。然而，市民社会“有关物权的规范，以及通过物权形式确立的人际关系构成了一个确定的系统，这个系统不但不把社会各种不同的部分联系起来，反而把它们隔离开来，并为它们划定明确的界限”③。也就是说，通过法律来规范人们对物的占有关系只能实现社会的消极团结。“这种团结并没有把各种要素联合起来，形成行动一致的

① 埃米尔·涂尔干．社会分工论［M］．渠东，译．北京：生活·读书·新知三联书店，2000：67.

② 埃米尔·涂尔干．社会分工论［M］．渠东，译．北京：生活·读书·新知三联书店，2000：91.

③ 埃米尔·涂尔干．社会分工论［M］．渠东，译．北京：生活·读书·新知三联书店，2000：81.

实体，也没有采取步调一致的行动，它对于社会机体的统一性从未作出任何贡献。”① 由此可见，并不能通过这种消极团结实现维持社会稳定的目标，只有积极团结才能真正发挥维持社会稳定的功能。所以，要维持社会稳定，必须把这种消极团结转变为积极团结。在市民社会，个人拥有相当于社会的独立和自由。社会积极团结的实现要靠共同体成员主动协作、自愿合作并形成社会共识，而不是靠强制性规范。在这里，笔者主要是从社会的积极团结的视角来理解和运用社会整合的概念。

因此，在本文中，社会整合是指：将一个社会中不同的因素和部分在共同的思想价值观念、道德规范、制度规范、理想信仰等基础上结合为一个统一、协调、整体的过程。社会整合的目标就是要提高整个社会的一体化程度，促使整个社会凝聚为一个有机的整体。

二、引领社会思潮维护意识形态安全：美国的手段与苏联的教训

社会思潮是民众评价活动及其结论，蕴含着特定阶级、阶层、社会群体的利益、意志和要求，体现着特定阶级、阶层、社会群体的价值观念。社会思潮的多样化意味着民众的利益、意志和要求的多样化、多元化，意味着价值观念的多样化、多元化。多样化的社会思潮必然从不同层面给统治阶级的统治秩序以不同程度的冲击。统治阶级为了稳固自己的统治、巩固自身的利益，总要想方设法加强主流意识形态的建设和宣传教育，加强对其他社会思潮的管控和引领，维护意识形态安全，达到防止社会分化、实现社会整合的目的。下面以美国和苏联为例进行简要阐述。

（一）美国管控引领社会思潮、维护意识形态安全的主要手段

目前，美国是世界上唯一的超级大国，与其他国家相比，作为当今世界第一大经济体，其经济实力傲视全球，不可小觑；同样美国也拥有超强的军事实力。此外，美国的科技优势明显，尤其是在网络技术方面更是独霸一方。凭借经济、军事、科技的绝对优势，美国在世界范围内的意识形态竞争

① 埃米尔·涂尔干．社会分工论［M］．渠东，译．北京：生活·读书·新知三联书店，2000：78.

中，始终处在绝对的优势地位。冷战结束后，世界格局变成了美国一超独霸，本应放松或减弱对意识形态的掌控，但实际上，美国对国内外意识形态的掌控，对社会思潮的管控反而加强了。美国的管控引领社会思潮、维护美国意识形态安全的主要手段如下：

第一，严密掌控媒体。社会思潮的传播离不开媒体，政治思想、价值观念、生活方式的传播、宣传等都离不开媒体。因而，掌控媒体是应对社会思潮的挑战、维护意识形态的重要手段。美国一直高度重视利用新闻媒体加强对内宣传，进行思想控制，对外则充分利用各种媒体宣扬、灌输资产阶级的价值观念、吹嘘美国社会制度的优越性、大肆散播资产阶级的政治思想，尤其是善于借助媒体制造议题、引导舆论、欺骗大众。

美国曾经利用媒体有效地诱导了青少年的反叛思潮，也非常有效地逐渐平息了当时的青少年反文化运动。20 世纪 60 年代，美国社会曾经兴起一场声势浩大的青少年反文化运动，运动的主体是美国青少年，运动的实质是人们的抗议运动。人们也称这场运动为“嬉皮士运动”或“美国的文化革命”。既包含政治方面的“革命”，如校园民主运动、黑人民权运动、妇女解放运动、反战和平运动、环境保护运动、同性恋权利维护运动等，也包含文化方面的“革命”，如性解放、吸毒、摇滚乐、嬉皮文化及复兴神秘主义、自我主义等。面对美国青少年的这种反对社会主流文化和主导价值观的反叛思潮，为了使社会有机体不至于在这种矛盾、冲突中分裂、瓦解、崩溃，为了使青少年和社会重新达成一致、形成共识，美国政府严密掌控媒体，利用媒体优势对青少年的反文化运动进行压制，对这股反对社会主流文化和主导价值观的反叛思潮进行诱导，散布政治谎言对青少年进行欺骗隐瞒。美国政府通过掌控媒体、利用媒体有效诱导了青少年的反叛思潮，媒体在压制、诱导的过程中发挥了重要作用。邓卓明认为，这其中的主要手段和办法就是充分发挥影视等媒体的社会化和文化调适的功能，将民众的注意力集中引向特定的方面，而故意忽略其他方面，在影视媒体上大量塑造英雄人物，如“美国队长”等，而刻意回避那些普罗大众和芸芸众生真实的情感和生活，让民众生活在精神的幻象之中①。

为了掠夺世界的财富，为了贯彻、推行全球霸权政策，美国政府充分利用媒体加强对民众的意识形态控制，有意识地利用媒体向民众灌输“美国的世界警察身份”，让美国的老百姓认为解决世界的一切纷争、难题都离不开美国的干预。这样，美国政府在进行对外干预时，甚至是对外采取军事行动时，更容易赢得公众的理解和支持。各类媒体在美国政府施加的压力下（自然，这种压力是美国普通老百姓看不到的），大量被编造出来的、充斥谎言的新闻铺天盖地涌入公众的眼帘、渗入公众的脑海，巧妙地在公众心中成为自然而真实的认知和信息。

一直以来，美国政府严密控制着广播电台，如“美国之音”“自由亚洲广播电台”“自由欧洲广播电台”等。同样，美国政府或其代理人还控制了很多重要的报纸、杂志、电视频道、出版机构，尤其是互联网新媒体。美国凭借这些媒体制造议题，引导世界舆论，输出代表美国资产阶级利益的社会思潮，掌握世界话语霸权。在进行对外广播宣传中，这些被美国政府掌控的媒体都处于核心地位。美国政府每年都要在媒体上投入大量的金钱。有关研究资料指出，在20世纪70年代美国政府每年在“美国之音”身上的花费就已达六七千万美元并逐年增加，到1988年时已经超过了三亿美元。② 根据美国官方数据，单单2011年这一个财政年度中，美国政府用在广告宣传上面的财政资金多达7.5亿美元。正因为各类媒体得到了美国政府的大力支持，美国对中国的广播时段和频率大幅度增加，新设了大量政治性、意识形态性非常明显的栏目。这些栏目专门针对中国开展虚假宣传，恶意诽谤中国政府“不讲人道”“不讲民主”“搞专制独裁”等。对其他社会主义国家也是如此。美国这样做，就是为了突破社会主义国家建立起来的意识形态保护圈，搞乱这些国家民众的思想、价值观念，摧毁这些国家人们的信仰体系，颠覆这些国家的主流意识形态。

美国政府凭借掌控媒体进行大力宣传，对内换取美国民众对政府项目、

---

① 邓卓明．社会思潮专题研究［M］．北京：中国社会科学出版社，2012：155.

② 刘延亚．警惕没有硝烟的世界大战：反“和平演变”问题研究［M］．天津：天津社会科学院出版社，1991：86.

行为的同意和支持，对外主要以进行意识形态颠覆、和平演变为主要目的宣传。这些宣传、渗透往往是有意为之，通常由专业的传媒公司制作和拍摄，运用先进传播技术，融入时代的流行元素，采取先进的表达方式。这些手段实施起来总是“更加自然和贴近人群”，对民众的影响也往往是潜移默化、不露痕迹的。这正是美国政府在宣传政策上最巧妙的地方。美国政府一直在积极寻求多方面的途径去利用媒体引领社会思潮，传播有利于美国、西方资本主义社会的社会思潮，利用媒体引导大众舆论，其中有些手段是光明正大的，有些则是充满算计并不光彩的。

第二，充分利用宗教进行思想控制和干涉他国内政。在西方社会，政治活动和宗教活动历来就有着千丝万缕的关系。基督教等宗教教义对于维持西方社会的社会秩序、维护统治阶级的利益、统一社会大众的思想道德观念都是很有帮助的。宗教作为一种意识形态，具有系统的价值评价体系。社会思潮的多样化，实际上是价值观念的多样化，社会思潮相互激荡实际上是人们的价值观念、价值选择相互冲突，难以统一。那么，充分利用宗教的教化功能，就能够起到引领社会思潮的作用。因而，宗教在维护意识形态安全的过程中具有非常重要的作用。正因为如此，美国政府充分利用宗教来对人们进行思想控制，最终实现对人们进行意识形态控制的目的。也正因为这样，宗教成为美国等西方资本主义国家的调节器，在社会心理和文化基础方面为美国的意识形态安全提供了有利的条件和环境。

第三，注重对国民的意识形态教育。当前，有些人总认为美国是完全思想自由的，没有所谓的意识形态方面的教育，因而反感我国的意识形态教育，认为我国在钳制思想自由。其实，这种认为美国没有思想教育的认识是完全错误的。事实上，美国对国民开展的思想教育、意识形态教育是无孔不入的，只是做得非常隐蔽而已，或者说，是比我们做得更加潜移默化、润物无声。实际上，美国一直非常重视对全体美国人开展国民归属感教育，历来特别重视组织开展有关意识形态的教育活动。好比美国大片所宣扬的美国英雄、美国精神就是这方面的教育形式。在我国被称为思想政治理论课，在西方则被称为国民教育课或心理辅导课等，形式多样、名目繁多。美国国民教育的根本目的是对公民进行意识形态的灌输，培养符合资本主义社会制度和社会规范的人。资本主义及其优越性的教育、反共产主义教育、公民权利和义务的教育、国民精神教育等四个方面的教育成为美国思想政治教育的主要内容。

事实上，美国一贯极力鼓吹其主流政治思想文化，一向不遗余力地排斥、抨击、诋毁与资产阶级利益不相符的思想文化。美国的思想家、政治人物历来非常注重鼓吹资产阶级的价值观，鼓吹资本主义的优越性，鼓吹美国精神，这些一直是统治阶级极力宣扬的主流意识形态。美国是防范共产主义思想传播最卖力的国家之一。第二次世界大战后，很长一段时间，美国政府禁止共产党人在国防、宣传部门任职、工作，立法规定隐瞒身份是非法的，一经发现，常被处以重罚甚至被判处徒刑；同时，共产党人是不能做教师的，学校也不允许给学生教授马克思主义和共产主义社会理想的。1960 年以后，这种情况发生了些许变化，小学、中学、大学都可以讲共产主义、社会主义的相关知识，还可以对马克思主义开展研究，但这么做的目的并不是要宣传马克思主义，而是要把马克思主义作为攻击的对象和批判的靶子，为的是“破解”共产主义必然胜利的“神话”，用所谓的研究成果解构马克思主义，为的是歪曲、修正马克思主义，想方设法把马克思主义庸俗化，使之成为对资本主义社会、资产阶级统治无害的社会思潮。

2013 年 3 月 22 日，美国教育部下属机构国家教育统计中心在其网站的儿童专区“每日语录”一栏，用英文引用了毛泽东关于学习的名言“对自己，‘学而不厌’；对人家，‘诲人不倦’”，有网民非常喜欢这句语录，就在社交网站分享，这件事被迅速传开，结果就有些美国的参议员跳出来指责国家教育统计中心，要求中心解释“为什么要引用‘共产主义者’的话?”迫于压力，网站删除了语录，先是改成了“今日无警句”，后又换成林肯的名言。即便这样，那些议员依然不依不饶，大做文章，严厉斥责。美国教育部不得不暂停这一栏目，并对数据库中的内容进行核查。

把一句教育、激励学生的名言给学生们看，是再正常不过的一件事，却仅仅因为这句名言出自中国的领导人，就让美国的议员们大动干戈，引发如此轩然大波，从中不难看出美国对意识形态的控制是多么的严厉。事实上，在西方，在美国，知识和学校从来都不是价值中立的，美国的政府、教育界一直把国民教育体系当作现代意识形态建设和传播的最重要机制。美国的意识形态教育渗透到整个国民教育的全过程，真的是“从娃娃抓起”。小学生上课前唱国歌、背誓词是常见的场景。中学、大学、军校的校训都带有意识形态教育的意味。比如，西点军校的校训是“责任、荣誉、国家”。2014年初，美国教育机构对俗称“美国高考”的学术能力评估测试（SAT）的考试大纲进行了修改，把《独立宣言》、美国宪法等内容加入阅读考题中，其目的就是期望通过考试系统性地塑造学生的信仰，确立资本主义社会的主流意识形态。

由此可见，美国的思想政治教育与维护资本主义社会的秩序和资产阶级的统治地位密切关联。在国民教育过程中，巧妙地倡导体现资产阶级利益的主流意识形态，让美国国民形成统治阶级想要的政治意识，让国民认同并拥护美国的政治制度，从根本上巩固资本主义制度。为此，美国的一些资产阶级精英人士认为，国民教育事关美国政治制度和核心价值观的未来。因此，他们呼吁，要把如何给青少年传输美国文化中的核心价值观作为最关键和最紧要的问题加以解决。

第四，大肆攻击社会主义意识形态。美国历来仇视、记恨社会主义国家，对共产主义思想一直尽一切攻击、诋毁之能事，反共产主义意识形态就是美国意识形态的主要方面。美国对苏联成功实施了“和平演变”战略，苏联在意识形态保卫战上节节败退，逐步放弃了马克思列宁主义在意识形态领域的主导权，最终导致了苏联的解体。打败苏联后，美国集中精力对社会主义中国进行意识形态攻击，借助新自由主义思潮等肆意攻击、诋毁中国的社会主义制度，尤其是对中国的政治制度、经济制度的攻击尤为卖力。随着中国实施改革开放政策，中国逐步发展起来、强起来，美国就炮制出了“中国威胁论”思潮。这是以美国为首的西方国家对我国发起的意识形态攻击。因为我国的发展壮大在一定程度上影响了美国的全球霸权，遭到了美国的记恨。美国故意散播“中国威胁论”思潮，企图破坏我国良好的外交形势，搞坏我国的周边环境，从而迟滞甚至扼杀我国的崛起，其心险恶，不能不察。

改革开放40多年来，我国经济、社会高速发展，创造了世界公认的发展奇迹，以美国为首的西方国家为遏制中国而炮制的“中国威胁论”宣告破产。然而，西方并没有放弃对我国的意识形态攻击、没有放弃遏制我国发展的企图。随着我国发展进入新常态，经济增长开始放缓，美国等西方国家随之又炮制出“中国崩溃论”，恶意唱空中国。宣扬中国“亚洲巨人正在经济灾难边缘上摇摇欲坠”“硬着陆几乎不可避免”。产生这种谬论的原因，除了学术上不够严谨或为逐利制造舆论外，主要的原因在于意识形态上的偏见。在西方，有一些人不愿意看到社会主义国家发展得越来越好，一些政治势力企图将资本主义的社会制度、经济发展模式强加于他国，对不同于西方资本主义国家的社会制度、经济社会发展模式要么视之为威胁，要么希望它崩溃，其根本目的都是为了谋取自身的战略利益。

美国一直积极对外输出资本主义意识形态，对社会主义国家开展意识形态渗透活动。美国善于将资本主义的政治理论、价值观念、生活方式包装、融入某些社会思潮中，通过传播这些思潮而进行意识形态输出。美国很重视在与社会主义国家开展文化、学术交流时进行意识形态的渗透和输出，有意让参加文化、学术交流的人员或访问人员接触特定的思潮、理论学说或政治的、经济的主张，让他们在不知不觉间传播西方的“民主、自由和人权”等意识形态。尼克松就曾赤裸裸地要求美方的一切交流人员自觉做西方思想价值观念的载体，巧妙地传播“民主、自由和人权”。

概言之，美国政府掌控意识形态的方法和手段是多样化的，有些是隐秘的，有些是公开的。美国对于不同的社会思潮，对内或引导，或利用，或打压批判；对外，则充分利用社会思潮做载体，搞意识形态渗透和意识形态颠覆阴谋，攻击社会主义意识形态，诋毁社会主义国家人民的事业，在维护美国意识形态安全的同时，还在国际上竭力维护美国的意识形态霸权。

（二）苏联应对异质社会思潮挑战、维护意识形态安全的历程及教训

从历史和现实两个维度梳理苏联社会主义意识形态建设历程，总结苏联维护国家意识形态安全的深刻教训，科学把握社会主义意识形态建设的规律，对我们进一步有针对性地加强社会主义意识形态建设，科学有效应对多样化社会思潮的挑战，维护我国的意识形态安全，从而胜利推进中国特色社会主义事业具有重要的借鉴意义。

1. 苏联社会主义意识形态建设的嬗变历程

列宁领导俄国人民建立起第一个社会主义国家苏联，为了巩固无产阶级政权，苏联开启了社会主义意识形态建设进程。但实践的过程充满曲折，既有一些值得借鉴的宝贵经验，也有许多必须认真总结、认真吸取的深刻教训。

苏联的社会主义意识形态建设一共经历了列宁、斯大林、赫鲁晓夫、勃列日涅夫、戈尔巴乔夫五个时代，分别对应社会主义意识形态建设的初创阶段、大一统阶段、“解冻”阶段、再强化阶段、终结阶段。苏联社会主义意识形态建设的每一个阶段，都有其特殊性、复杂性，从事这方面研究的人员应该从浩繁的历史材料中抽丝剥茧，发现规律与真理。

列宁继承并发展了马克思有关意识形态的理论，赋予意识形态肯定的意义，重视并积极探索社会主义意识形态建设，创新性提出了“科学的意识形态”和“社会主义意识形态”两个概念，把意识形态归纳并融入马克思主义中，确立了社会主义意识形态理论。当时，列宁领导的新生的苏维埃政权面临恢复发展经济和粉碎国内外反动势力封锁与围攻的艰巨任务。首先，列宁认为社会主义意识形态以马克思主义的核心理论和基本原理为主要内容，具有显著的教育效果和很强的说服力，能够让干部群众坚定社会主义的理想和意志，能够给广大干部群众以正确的思想指引，能够营造有利于社会主义建设的舆论氛围，能够给人民群众赋予无穷无尽的精神力量。其次，列宁认为，要加强组织开展社会主义意识形态的宣传教育，让它成为社会主义国家的强大意识形态武器，通过广泛有效的宣传思想工作，使广大干部群众懂得我们建设并捍卫社会主义的合理性，用以在思想上指导干部和群众。最后，列宁强调了意识形态的阶级性和斗争性，认为必须维护社会主义意识形态安全，这对于巩固苏维埃政权至关重要，要确保社会主义意识形态在两种制度的斗争中占有绝对优势。列宁要求积极探索有效的教育方法，强调要主动给无产阶级“灌输”社会主义意识，认为“应当积极从政治上教育工人阶级，发展工人阶级的政治意识"①。这就是著名的"灌输"理论。所以，在列宁时代，苏联加强了社会主义意识形态建设，效果非常好。人民群众接受、认可了"科学的意识形态"，认识到了建设社会主义的合理性，坚定了社会主义的信心，增强了捍卫苏维埃政权的信念和意志，著名的"灌输"理论在维护苏联国家意识形态安全过程中发挥了举足轻重的作用。

斯大林时代，苏联放弃了"新经济政策"，逐渐建立了以单一公有制、高度集中的计划经济、用行政手段管理国民经济为特征的"斯大林模式"。这种发展模式需要大一统的意识形态去适应，去给群众以理论的说服和精神的支撑。另外，当时世界范围内无产阶级与资产阶级的斗争、社会主义制度与资本主义制度之间的斗争非常尖锐复杂，同时，苏联作为最大的社会主义国家，还要领导世界社会主义运动。为此，苏联十分重视社会主义意识形态建设，加强对意识形态的控制和对广大群众的教育引导，同时积极抵御资本主义的思想文化、西方社会思潮的侵蚀。斯大林多次在党的会议上和报告中宣示"要忠实于马克思、恩格斯、列宁的伟大旗帜"。在斯大林时代，苏联加强了社会主义意识形态的引导力和控制力，坚持、维护了马克思主义在意识形态领域的领导地位，这是非常正确的。但是，斯大林那种把意识形态批判扩大发展为党内政治斗争的做法，影响了干部群众对于社会主义意识形态的实质与科学性的认识和理解。为了把广大干部群众的思想意识统一到社会主义轨道上来，斯大林组织发动了三次大规模意识形态批判活动。组织开展第三次大批判的原因主要是"使斯大林式政治经济制度凝固化，并且向战后新生的社会主义国家强行移植、推广"②。马克思主义是开放的、发展着的科学理论。斯大林发起的这种批判活动在某种程度上不利于各国共产党对于马克思主义的继承和创新。不过，总体上来看，斯大林时代的苏联尽管在建设社会主义意识形态上面出现了一些问题，但还是始终坚持了马克思主义在社会意识领域的指导地位，基本保证了正确的发展方向，后人应该肯定这

① 王存福．苏东社会主义国家意识形态安全的历史考察及其启示［J］．社会主义研究，2011，195（1）：31-35.

② 王存福．苏东社会主义国家意识形态安全的历史考察及其启示［J］．社会主义研究，2011，195（1）：31-35.

一点。

赫鲁晓夫时代，苏联的意识形态工作的显著特征是“解冻”。“解冻”一说来自1954年5月爱伦堡发表的中篇小说《解冻》，以文学的叙事形式隐喻斯大林时代的结束。赫鲁晓夫时代，苏联的意识形态工作基本上可分为“两松两紧”四个阶段。赫鲁晓夫上台之初，在意识形态工作上面采取了相对宽松的政策，与斯大林时代的高压政策甚至残酷斗争形成鲜明对比，国内意识形态领域出现了不同的声音，尤其是1953年6月10日《真理报》发表《共产党是苏联人民的领导力量》一文批判个人崇拜后，文化艺术界更加活跃起来。但实际上，不仅苏共领导层对“解冻”这个提法深有顾虑，赫鲁晓夫本人也是顾虑重重，所以在不同时段也采取强化意识形态控制的手段和政策。不管是“松”还是“紧”，都与苏联当时面临的国际政治形势、苏联的国内政治生活紧密相关。当需要批判、清算斯大林搞个人崇拜的错误时，就采用“松”的政策，当需要维护赫鲁晓夫的政治路线时，需要压制国内非主流意识形态时，就采用“紧”的政策，强调党性、强调原则。赫鲁晓夫对意识形态的“解冻”虽有解放思想、繁荣了苏联文艺的积极意义，但也从负面深刻影响了苏联的国内政治和国际共产主义运动，给苏共自身和国际共产主义运动埋下了分裂的种子。后来中共与苏共发生意识形态大论战直至关系破裂，西方国家共产党与苏共出现裂隙，都与赫鲁晓夫的“解冻”有着很大的关系。赫鲁晓夫的“解冻”，也导致以揭露苏联问题、反映苏联社会阴暗面的思潮泛滥成灾，造成苏联人民的思想混乱和信仰动摇。不过，总体上看，赫鲁晓夫对意识形态工作“解冻”是有前提和底线的，“解冻”不能危及苏共的统治地位，总体上维护了马克思主义在意识形态领域的指导地位，在一定程度上这也是值得肯定的。

勃列日涅夫上台后，为了打压有所抬头的个人崇拜和特权思想，为了稳定国内政治局势，同时也为了应对西方资本主义国家对社会主义国家实施的“和平演变”战略，采取了进一步加强意识形态控制的措施，强调要继续走列宁主义路线，恢复中央集权体制，新设苏共中央宣传鼓动部、中央文化和旅游部、克格勃第五局等一批意识形态工作机构。在理论发展、理论创新上面，提出了“发达的社会主义”理论，勃列日涅夫认为“成熟的发达社会主义阶段，是从资本主义走向共产主义道路上一个相当长的阶段”，表示“发达的社会主义社会是通往共产主义道路上的一个合乎规律的阶段”。在这个时期，苏联政府大力宣传了“发达的社会主义”理论，虽然从形式上看意识形态工作得到了进一步加强，但实际上效果不佳，因为勃列日涅夫时代的意识形态工作话语日趋单调、保守、僵化。同时，为了配合其对外扩张，勃列日涅夫提出了“有限主权论”和“社会主义大家庭”理论，借此干涉别国内政。勃列日涅夫时代，当资本主义与社会主义在意识形态上的矛盾斗争尖锐化时，强化意识形态控制、维护意识形态安全是可取的，但借此搞霸权主义，干涉别国内政，就不足取了。

戈尔巴乔夫当选苏共总书记时是被苏联人民寄予厚望的。这个时期，苏联的国内外环境越来越复杂。国际上，西方资本主义国家加快推进“和平演变”策略，加强对苏联的意识形态渗透，大肆诋毁、攻击苏联社会主义意识形态，苏联的意识形态安全面临更严峻的挑战。国内，苏联的经济社会建设陷入困境，社会主义意识形态的说服力、吸引力开始弱化。为了改变经济社会发展停滞不前的问题，戈尔巴乔夫上台之初就围绕经济体制提出了一系列改革政策，并一再声明，政治上、经济上都不搞西方的那一套。然而，由于对改革的方方面面认识不足、准备不足，当这些改革政策未见成效时，戈尔巴乔夫意图通过理论创新、推进政治体制改革，打开新局面，在意识形态上做出了颠覆性动作，也颠覆了苏联的社会主义意识形态。戈尔巴乔夫在他的《改革与新思维》中，宣称“全人类利益高于一切”，提出用“人道的、民主的”社会主义逐步代替马克思主义，抛弃了社会主义原则，不再坚持马克思主义在思想上的指导地位。另外，戈尔巴乔夫鼓吹“公开性”和“多元化”，打开了意识形态闸门，放弃了对新闻舆论广播出版的管控和引导，资产阶级自由化思潮甚嚣尘上，各种反苏共、反马克思主义、反社会主义的西方社会思潮乘虚而入，搞乱苏联人民的思想和信仰。各种反动势力也乘机肆意攻击苏共和社会主义制度，肆意否定马克思主义的科学性和指导地位。1991 年，苏联解体，这一悲剧宣告苏联社会主义意识形态建设彻底失败。今日反思，可惜可叹！

2. 苏联在维护意识形态安全方面的深刻教训

苏联解体的直接原因之一就是社会主义意识形态建设最终失败，意识形态安全没有得到有效维护，苏共丧失了对意识形态工作的话语权和领导权，这方面的教训值得我们深入反思和认真总结。

其一，绝不可放弃马克思主义在意识形态领域的指导地位。意识形态最本质的属性就是它的阶级性。特定的意识形态总是建立在特定的经济基础之上并为特定的阶级服务的。社会主义意识形态是建立在生产资料公有制的经济基础之上并为无产阶级和广大人民群众服务的。因此，社会主义国家要始终加强社会主义意识形态建设，围绕意识形态安全积极开展宣传思想教育工作。最重要的措施就是始终坚持马克思主义的指导地位，这也是最根本的措施，因为马克思主义是社会主义意识形态的灵魂。苏联解体的一个深刻教训就是苏共主要领导人，特别是戈尔巴乔夫，逐渐放弃了马克思列宁主义在意识形态领域的领导地位，推行所谓的指导思想多元化。这样，资产阶级自由化思潮在当时的苏联社会泛滥成灾，马克思主义的话语日渐式微，不加引导的多元化思想搞乱了苏共和人民的思想、动摇了党员干部和人民群众的信仰，人们开始怀疑苏共执政的合法性，怀疑社会主义道路的正当性和可行性，怀疑共产主义目标的崇高性。苏联社会主义意识形态就这样崩溃了。苏联解体的惨痛教训警示我们，一定要坚定马克思主义在意识形态领域的指导地位，坚持正确的社会主义意识形态建设方向，牢牢把握意识形态工作的主动权、领导权、话语权，坚持用社会主义核心价值体系引领纷纭激荡的社会思潮，进一步采取有效措施增强马克思主义在意识形态领域的说服力、影响力、领导力，确保我国的社会主义意识形态安全。

其二，不能僵化理解、教条式对待马克思主义。苏联犯了严重的教条主义错误，把马克思主义神圣化、封闭化，教条式地贯彻马克思主义，把社会主义意识形态教育变成了空乏简单的说教，没有对马克思主义经典作家的理论产生、形成的历史条件做具体分析、阐释，也没有从实际出发，根据苏联社会主义建设的实际情况的变化去创新发展马克思主义的理论体系。在实际工作中，苏联形成了一套教条式的意识形态政策和管理办法，教条式地给现实生活和思想理论贴政治标签，用行政命令和强制手段解决学术问题和思想问题，无视当时资本主义世界的发展变化和出现的新情况，把苏联的社会主义发展模式固化，教条式地指导国际共产主义运动和其他国家的社会主义建设。这种教条主义态度，导致思想领域的僵化，抑制了苏共的理论创新精神，苏共的意识形态建设与时代脱钩，与国情脱钩，一些长期积累下来的问题和矛盾得不到解决，人民的不满情绪不断累积，马克思主义的现实批判力、思想引领力、精神凝聚力被严重削弱，最终导致马克思主义丧失了在意识形态领域的指导地位。我们必须吸取这一深刻教训，持续推动马克思主义理论创新，推动马克思主义中国化。

其三，决不可放弃对新闻舆论工具的监管和引导。充分利用各种新闻舆论工具为自身服务，尽可能掌控广播、电视、报刊、网络等大众媒介，引导思想舆论，营造自己需要的舆论氛围，对于一个政党夺取政权、巩固政权都至关重要。苏联社会主义意识形态的崩溃，苏共政权的崩溃瓦解，与苏共放弃对新闻舆论工具的管控和引导有着直接关系。先有赫鲁晓夫的“解冻”，后有戈尔巴乔夫鼓吹的“公开性”，实行所谓的新闻自由，任何团体、组织及年满 18 周岁的个人，都可不受审查随意创办报刊等新闻舆论媒体，实际上是主动放弃了对新闻舆论工具的领导权、监督权、管理权，结果导致新闻舆论、艺术创作大多以揭露苏联的黑暗面或以歪曲、诋毁苏联的历史人物和苏共的领导人为主要内容。苏共原来的各级机关刊物都纷纷改头换面，把刊头的“机关报”字样删掉，不但不再坚持党性原则，还与其他媒体一道，成为各种反苏反社会主义的社会思潮的载体。意识形态领域充斥着反马克思主义、非马克思主义的思潮，苏联人民出现了普遍性的信仰危机。这一深刻教训启示我们，在不断推进党和国家各项事业的进程中，要始终加强对新闻舆论工具的监管和引导，牢牢把握新闻舆论的正确政治方向。

其四，不可放松对西方“和平演变”战略的警惕。以美国为首的西方资本主义国家一直以来不遗余力地推进“和平演变”战略，对社会主义国家采用“意识形态渗透”，推动“颜色革命”，意图通过颠覆社会主义国家的主流意识形态来颠覆共产党的政权。苏共领导人赫鲁晓夫，尤其是戈尔巴乔夫放松了对西方资本主义世界推进“和平演变”战略的警惕也是苏联解体的一个重要原因。英美等资本主义国家设立、组建、集中大量的广播电台、电视台、报刊、网站、论坛铺天盖地地攻击、诋毁马克思列宁主义，无限夸大苏联共产党的错误，尽一切手段丑化苏联领导人，挑拨民族矛盾，散布民族仇恨，大肆传播资本主义的思想价值观念和生活方式，各种蕴含着资产阶级价值取向、生活方式、代表资产阶级利益的西方思潮成为意识形态渗透和颜色革命的工具。同时，英美等国通过广泛接触政策，拉拢、收买政府官员和青少年，培养资产阶级的代理人。赫鲁晓夫的“解冻”政策、戈尔巴乔夫的“公开性”和指导思想多元化主张，给英美胜利实施“和平演变”战略提供绝好的机会和条件。在苏联解体后，西方把“和平演变”战略的矛头主要对准我国，集中力量攻击我国的社会主义意识形态，诋毁我国政治经济制度，炮制所谓的“中国威胁论”“中国崩溃论”，传播新自由主义、历史虚无主义等思潮。关于美国对我国进行意识形态渗透和意识形态颠覆的主要手段，前文的美国“大肆攻击社会主义意识形态”部分已有论述，在此不再一一赘述。

基于此，我们一定要吸取苏联的教训，时刻关注意识形态领域的斗争，做好万全准备，维护好我国的意识形态安全。在当今时代，多极化、全球化、信息化、网络化深入发展，西方资本主义世界经济增长乏力、社会矛盾逐渐暴露，而我国经济持续中高速增长，综合国力不断增强，对世界经济增长的贡献越来越大，社会和谐稳定，越来越接近实现中华民族的伟大复兴。这一切必然遭到反华势力的记恨，各种反华势力心有不甘、躁动不安，必定费尽心思，到处煽风点火，借用新的托辞，采用新的伎俩，通过新的途径，继续对我国进行一轮又一轮的意识形态渗透和颠覆活动。对此，我们一定要保持高度警惕。我们要在坚决开展意识形态斗争的同时，保持战略定力，“不忘初心，继续前进”①。始终坚持马克思主义在意识形态领域的指导地位，坚定中国特色社会主义“四个自信”。习近平总书记指出，对于我们的党来说，与其他观念的动摇比起来，动摇理想信念是最为危险的动摇，与其他方面的滑坡比起来，理想信念上面的滑坡是最为危险的滑坡。习近平总书记认为，从历史的视角来审视，任何一个政党的败亡，往往都是从丧失理想

① 习近平. 习近平谈治国理政：第 2 卷［M］. 北京：外文出版社，2017：33.

信念开始的。① 我们一定要坚定理想信念不动摇，时刻牢记习近平总书记的话。只要我们坚定“四个自信”，坚定理想信念不动摇，就一定能够开辟新天地、创造新奇迹，不断把中国特色社会主义伟大事业推向前进，“中国崩溃论”也必将成为历史的笑柄。

总之，美国控制意识形态、推行意识形态霸权的行为，苏联解体的深刻教训以及我国反“和平演变”和进行意识形态斗争的实践，充分证明了引领社会思潮以维护意识形态安全的重要性。一个国家的主流意识形态处于安全状态，才能实现社会整合。一个没有主流意识形态的现代社会，必是一个分化的社会、一个没有凝聚力的社会。对于统治阶级来说，一旦其主流意识形态被消解，失去了主流地位，那么，其政权也会随之土崩瓦解。

第二节　社会思潮多样化背景下我国意识形态安全面临的挑战

纷纭激荡的多样化社会思潮确实给我国的意识形态安全带来挑战，但不能因为带来挑战就闭关锁国、盲目排外。当今的世界是个开放的世界，当今的时代是个开放的时代。闭关锁国、盲目排外只会让我们脱离世界发展的潮流，只会让我们变得贫穷落后、愚昧无知。对于社会思潮给我国意识形态安全带来的影响，我们要正确认识，要有正确的态度，不是所有的社会思潮都是反马克思主义的，社会思潮的影响有负面的，也有正面的，对此，要辩证分析。

一、社会思潮在一定程度上给我国社会主义意识形态建设带来的积极影响

第一，有利于马克思主义理论体系的丰富、完善、发展。社会思潮是一种民众评价的现实形式，阶级性是其主要特性之一。特定的社会思潮都蕴含着特定阶级、阶层、社会群体的价值观念，代表着特定阶级、阶层与社会群

① 习近平. 习近平谈治国理政：第2卷［M］. 北京：外文出版社，2017：34.

体的利益、愿望和要求。任何一种社会思潮，都希望自己所代表的阶级、阶层和社会群体的利益、愿望和要求得到统治阶级的认可，也希望得到社会大众的理解和支持，因而总要去抢占社会的思想舆论阵地，影响社会大众的思想认识，推动执政者实施符合自身要求的社会政策。从这个意义上说，任何社会思潮都或多或少带有一点政治倾向性。正如列宁所说的那样："任何时候也不可能有非阶级的或超阶级的思想体系。"① 因此，我们不能轻视任何社会思潮的能量和影响。社会思潮总是与特定的利益挂钩的。马克思深刻指出："思想一旦离开利益，就一定会使自己出丑。"② 通过辨析这些社会思潮代表哪些社会群体的利益，分析这种利益是合理的还是不合理的，了解这些社会群体的"量"的情况，把握这些社会思潮在社会心理层面的沉淀情况，尤其要认真分析这些社会思潮针对所涉及的社会问题而提出的主张或解决问题的方案。这样就可以为丰富、完善、发展马克思主义理论体系提供有意义的素材和理论启发，有助于马克思主义者更好地解决特定的社会问题、增强治理社会的能力。

第二，有利于马克思主义者保持创新意识，与时俱进，不断创新马克思主义。在与国内外各种社会思潮的交流、交融、交锋过程中，马克思主义能够更好地创新自身，更好地发展自身。马克思主义对待国内外一切社会思潮的态度是批判、借鉴，发扬科学、求真的精神，坚持在批判、扬弃的过程中创新自己，发展真理。社会思潮是时代思潮，具有鲜明的时代性。社会思潮的产生有其深刻的时代环境，蕴含着需要解决的时代课题，反映着尖锐化、复杂化的现实矛盾，紧扣着广大民众普遍关注的社会事件或基本问题，在一定程度上反映特定社会群体的诉求，也从各自的立场出发，为时代课题的解决做了一些有益的探索、提出了一些有益的见解。有些西方社会思潮对资本主义制度、资本主义的生活方式、价值道德观念进行了批判与抨击，也有些西方社会思潮剖析了资本主义国家的社会问题和矛盾，从维护垄断资产阶级

① 中共中央马克思恩格斯列宁斯大林著作编译局．列宁选集：第 1 卷［M］. 北京：人民出版社，1995：327.

② 中共中央马克思恩格斯列宁斯大林著作编译局．马克思恩格斯全集：第 2 卷［M］. 北京：人民出版社，1957：103.

的统治出发，提出了解决资本主义世界各种社会问题和矛盾的思路和方法，为我们正确认识当代资本主义世界提供了有益的思想材料。这些有助于马克思主义者更好地掌握群众的生活方式、思维方式的变化，让马克思主义者更好地了解人民群众的所思所感所求，从而创新理论思考，做出科学决策；以上诸积极因素有助于强化马克思主义者的创新意识，让马克思主义者保持创新思维和创新动力，能够从多元的思想意识中获取灵感，批判吸收其他思想体系中的有益成分，从而创新、发展马克思主义。批判性地借鉴、吸收西方社会思潮的有益内容，有助于我们拓展国际视野，面向世界发展马克思主义，充满自信地建设面向世界的社会主义意识形态。

第三，思想交锋与斗争促进马克思主义发展。马克思主义发展史是一部与各种非马克思主义思想、反马克思主义思想进行交锋和斗争的历史。真理越辩越明。混乱的思想意识一旦明了，真理也就被群众掌握了。与各种社会思潮进行交锋和斗争，实际上成为马克思主义发展进步的一种动力。毛泽东就曾深刻指出，不管是在过去，还是在现在，或者在将来，只有在斗争中才能推动马克思主义的持续发展；正确的、真善美的事物总是在同错误的、假丑恶的东西的比较中、斗争中发展起来的。① 科学社会主义是在与封建的、资产阶级的、小资产阶级的社会主义、民主社会主义、普鲁东主义、巴枯宁主义、拉萨尔主义、伯恩斯坦主义、考茨基主义、托洛茨基主义的无数次斗争中发展成为一个庞大、科学、完整的理论体系。② 中国特色社会主义理论体系，我们党始终坚持把马克思主义基本原理与我国的革命、社会主义建设与改革开放的实际情况相统一，在同“左”倾错误思想及资产阶级自由化等系列错误思潮进行激烈交锋和坚决斗争的过程中发展起来、成熟起来、完善起来的，并始终与时俱进，取得一个又一个马克思主义中国化的伟大成果。在意识形态斗争的场域，有多样化社会思潮作为陪衬，更能显示马克思主义的科学性，更容易让人民群众看到它所闪耀的真理光芒。

第四，唤醒广大群众尤其是党和政府的忧患意识。当代中国，社会思潮

---

① 中共中央文献研究室．毛泽东文集：第 7 卷［M］. 北京：人民出版社，1999：230.

② 梅荣政．用马克思主义引领社会思潮［M］. 武汉：武汉大学出版社，2008：4.

纷纭激荡，相互碰撞，这种现象是对社会冲突的现实写照。社会思潮是一种运动着的思想潮流，有着广泛的社会心理基础，是社会生活的“晴雨表”。当前，我国正处在改革发展的关键时期，全面深化改革已经来到深水区，社会转型的广度、深度前所未有，一些深层次的社会矛盾开始显现，人民群众对于一些带有普遍性的社会事件和基本问题都敢于表达自己的评价意见。同样，当今世界范围内，意识形态斗争从未停歇，变得异常的激烈复杂，以美国为首的西方发达资本主义国家从没放弃针对我国的“和平演变”战略，其西化、分化我国，推动“颜色革命”的企图从未停歇。这些情况都隐含在形形色色的社会思潮中。通过正确审视、辩证分析这些社会思潮，能够让党和政府对我国改革发展的进程保持清醒的认识，从而科学谋划、决策，保证中国特色社会主义事业行稳致远，实现我们的“伟大梦想”；能够让党和政府对西方的“和平演变”战略保持高度警惕，从而积极主动地推进社会主义意识形态建设，优化社会主义意识形态的宣传教育方式和途径，增强主流意识形态凝聚共识的功能及其吸引力、说服力、感召力，切实维护好我国的意识形态安全。

二、多样化社会思潮给我国意识形态安全带来的挑战

（一）消解主流认同，给社会主义意识形态带来合法性危机

“合法性”是从英文“Legitimacy”翻译过来的，在这里，“法”并不是指某一法律或法规，从政治学意义上来考察，“合法性”即民众的普遍认同。有无“合法性”的问题，指的是广大民众对于当前的社会制度、社会的主流思想是否认同并支持、拥护的问题。这种认同、支持、拥护体现了广大民众真实的内心情感和价值选择。意识形态的合法性有着特别深刻的内涵，它是指民众对于特定意识形态的认同，具体说来，是指这种意识形态所构建的思想理论体系完整、自洽，并能够自我发展与完善，在大多数民众看来，它能够科学地阐释现实世界，能够帮助他们准确认识社会实际，并能指导他们的社会实践，它所蕴含的社会理想、价值观和基本原则体现社会正义，体现广大民众的利益，从而得到了广大民众的支持和拥护。马克斯·韦伯（Max

Weber）指出："任何统治都企图唤起并维持对它的'合法性'的信仰。"①只有夯实主流意识形态合法性的社会基础才能真正确保一个国家的意识形态安全。

既然社会主义社会是对资本主义社会的超越和发展，那么，社会主义意识形态必然是对资本主义意识形态的超越和发展②。这是历史唯物主义所揭示的原理。我国的社会主义意识形态坚持马克思主义的基本原理，能够科学地阐释现实世界，与时俱进，开拓创新，不断与中国实际相结合，形成了中国特色社会主义理论体系。党的一系列理论创新成果，指导着中国特色社会主义事业继续前进，体现了我国正确的发展方向，维护着党和人民群众的根本利益，为广大人民群众所认同，赢得了广大人民群众的支持和拥护，自然具有高度的合法性。

但是，我们要居安思危，要有合法性危机意识。在这个社会思潮多元、多样、纷纭激荡的时代背景下，在不同社会的意识形态激烈斗争的国际环境中，我们的主流意识形态即社会主义意识形态仍旧面临认同被消解、合法性基础被动摇的挑战。

当前，国际上的意识形态"西强东弱"的格局还没有得到根本性改变。尤其是自东欧剧变、苏联解体以来，又有一些国家相继发生"颜色革命"，资本主义意识形态得到了进一步扩展，社会主义意识形态的合法性压力进一步显现。凭借经济、科技、军事等方面的优势，资本主义意识形态正通过融入各类社会思潮对社会主义国家进行强势渗透，制造话题，抢占思想舆论阵地，企图侵蚀我国社会主义意识形态的合法性基础，逐步消解其合法性。由于资本主义意识形态的强势渗透，极力宣扬资本主义制度、文化、生活方式、价值观念，部分群众被其表象所迷惑、欺骗，产生对资本主义意识形态的好感、信任感、支持感，并开始质疑马克思主义而产生信仰危机，造成思想混乱，从而动摇中国特色社会主义共同理想和共产主义信念。这就必然削弱社会主义意识形态的说服力、感召力、凝聚力，也必然削弱社会主义意识

---

① 马克斯·韦伯．经济与社会：上卷［M］．林荣远，译．北京：商务印书馆，1998：239.

② 李春明．意识形态的合法性问题［J］．山东社会科学，2004（9）：48-51.

形态的辩护功能，并就会逐渐消解人民群众对于社会主义意识形态的认同，从而动摇社会主义意识形态合法性的社会基础，进而动摇社会主义意识形态的主导地位，给我国社会主义意识形态带来合法性危机，严重危害我国的意识形态安全。

另外，我国正在进行着深刻的社会转型，这种转型主要体现在经济、社会、思想等领域的一系列深刻变革和调整。同时，我国的发展正深度融入全球化进程。前文讲过，社会转型和全球化是我国社会思潮日趋多元、多样的内外部驱动力。从现实情况看，社会思潮紧贴我国改革开放的实际，紧贴社会重大事件和人民群众普遍关心的社会问题，给人民群众提供纷纷纭纭、各种各样的见解、建议和方案。并且，这些社会思潮的传播方式多样、灵活，话语新颖，有很强的吸引力。所以，我们要充分认识到，用传统的方式维护社会主义意识形态权威的方法已经不像以前那么灵验了。如何在新形势下持续增强社会主义意识形态的理论体系的科学性、完善性、严密性，持续增强理论的说服力、价值观念的感召力、共同理想的凝聚力，如何采取有效措施筑牢社会主义意识形态合法性的群众基础，最大限度赢得广大人民群众对于社会主义意识形态的普遍认同、支持和拥护，将是我们维护我国意识形态安全所面临的主要挑战。

（二）社会主义意识形态面临的挑战

社会存在决定社会意识，社会意识反映社会存在。主流意识形态着眼于社会存在的发展变化而做出自我适应、自我调整是维护其自身安全的重要保障和手段。一个社会的主流意识形态必须增强自我适应社会客观实际变化的能力，要能够及时随着社会的经济体制、政治气候、生产方式、内外部环境、统治阶级的历史任务等而不断做出适应性变化，不断调整自己的内容、形式、载体、话语体系等，这是维持该主流意识形态安全的重要保障。对此，国内外学者都有相关论述，我国学者沈湘平认为，意识形态要想称得上成功，应该具有不断自我创新的品质，对外部世界条件变化的解释体现出适应性和包容性，因而得到社会成员长期的认可并保持对它的忠诚。① 美国学

---

① 沈湘平．合法性与意识形态建设［J］．天津社会科学，2002（1）：37-41.

者莫里斯·博恩斯坦（Morris Bornstein）也说：“任何一种经济体制都有一整套与之相适应的意识形态作为其文化支撑，相应的任何经济体制的变革也必然伴随着意识形态的适应性调整或整体性转换。”① 可见，增强主流意识形态的自我适应、自我调整、自我发展的能力和水平，是巩固和维护主流意识形态安全的重要方式和手段。

当前，我国正发生着深刻的社会转型并深入融入全球化进程，中国特色社会主义事业正阔步向前，国际上的意识形态斗争日趋激烈复杂。社会思潮是时代思潮，随着我国这个大环境的到来，多元、多样的社会思潮应时而生。有些社会思潮是应我国对外开放和西方对我国实施“和平演变”战略这个“时”而产生的或进入我国的。对外开放为西方文化、思潮涌入我国带来了便利。同时，在以美国为首的西方资本主义国家抓紧对我国实施“和平演变”战略、“颜色革命”图谋的时代背景下，一些敌对的、反马克思主义的社会思潮产生了，或者从西方输入到我国来了，比如，资产阶级自由化思潮、宣扬资产阶级民主自由的“普世价值论”、西方“宪政”思潮、新自由主义等。它们的肆意传播必然对人民群众的思想产生不良影响，在社会意识领域中造成复杂、混乱的局面。人民要求社会主义意识形态及时、主动地适应这种新形势、新局面，在斗争策略、方式和方法上做出有力、有效的调整，赢得这场与资本主义意识形态斗争的胜利。

有些社会思潮是应我国在改革、发展进程中出现一些新问题这个“时”而产生的。有些社会思潮直接与群众普遍关注的社会重大事件和时代课题紧密关联，如与民生问题、环境污染问题、公平正义问题、腐败问题、贫富差距问题等相关联，针对这些事件和社会问题它们做出迅速回应，打着为民请命的旗号，提出的建议、主张，很容易获得大多数民众的认同和支持，也就很容易抢占舆论阵地并引导舆论走向。现在最主要的问题是，我们不是没有宣传社会主义意识形态的阵地，不是没有做宣传等意识形态建设工作，而是不能做到像一些社会思潮一样应时而变，迅速做出自我适应、自我调整，抢先一步用社会主义意识形态内容的科学性、形式的新颖性、话语的生动性、

① 莫里斯·博恩斯坦．比较经济体制［M］．北京：中国财政经济出版社，1998：10.

手段的多样性来紧紧抓住群众的“眼球”、深入群众的“心”。从这个意义上来说，我国社会主义意识形态增强自我适应、自我调整的能力和水平也面临新的挑战。

当前，我国社会主义意识形态与西方文化、各种社会思潮的接触和交流越来越频繁，各种文化相互交融的趋势也日益明显。西方文化凭借全球化浪潮的推动以及信息传播技术的优势，在全球范围内大规模扩张、渗透，很多其他文化类型面临被“西化”的危机。在与各种文化特别是西方文化的交流、竞争过程中要做到牢牢把握主动权，做到保持独立性、整体性、特色性，做到保持我国社会主义意识形态的科学性、权威性，必须不断增强社会适应能力、应变能力和自我调整能力。

社会思潮的多元、多样，意味着社会价值观念和思想意识的多元、多样，社会思潮纷纭激荡，意味着社会价值观念也一样纷纭激荡、相互冲击，必在社会意识领域造成非常复杂的局面。理论来自实践，理论用于指导实践。我国社会主义意识形态只有持续紧贴全面深化改革的实践、紧贴推进中国特色社会主义事业的伟大实践、紧贴我国各族人民努力奋斗实现中国梦的实践、紧贴国际形势发展变化的实际，增强自我适应、自我调整的能力和水平，才能实现自身安全。

（三）重塑主流方向，给保持社会主义意识形态的主流地位带来挑战

对于任何一个国家、执政党和社会来说，都有他们自己所尊崇、倡导、支持的主流意识形态和体现该主流意识形态的核心价值观，这是他们得以存在并得以发展的精神特质。我国也不例外。社会主义中国、长期执政的中国共产党的精神特质就是占主导地位的社会主义意识形态。而社会主义核心价值观是这种精神特质的价值内核。我国的社会主义意识形态一旦失去了主导地位，马克思主义一旦失去在意识形态领域的指导地位，人民民主专政的社会主义中国及其执政党中国共产党也会失去原有的精神特质，必然危及党和人民的中国特色社会主义伟大事业。苏联为什么解体？其关键原因就是社会主义意识形态在苏联失去了主流地位，马克思主义在苏联失去了指导地位。正如习近平总书记所指出的那样：“世界社会主义实践的曲折历程告诉我们，马克思主义政党一旦放弃马克思主义信仰、社会主义和共产主义信念，就会

土崩瓦解。”①

改革开放之前，我国的意识形态领域基本上是铁板一块，西方思潮难以输入我国，资本主义意识形态难以渗透。改革开放后，在我国社会转型和全球化这两个内外驱动力的作用下，各种各样的社会思潮如雨后春笋般出现，特别是西方社会思潮大量涌入。这些社会思潮性质多样，它们中有正确的先进的，有错误的落后的，也有中性的，甚至敌对的。“先进的和落后的相互交织，社会思潮纷纭激荡。”② 那些正确先进的社会思潮一般能正确反映民众的利益和要求，蕴含的思想价值观念与主流意识形态所倡导的基本一致或相似，二者同向共进。那些错误落后的、甚至敌对的社会思潮则与主流的社会主义意识形态严重对立、激烈冲突，它们企图颠覆社会主义意识形态并取而代之，重塑我国的意识形态主流方向。

那些错误的、敌对的社会思潮极尽攻击、诋毁马克思主义、毛泽东思想和中国特色社会主义理论之能事，只着力于批判我国发展进程中出现的新矛盾、新问题，而对我们取得的成就避而不谈，也很少提出具有建设性的意见。它们挑唆民众质疑、反对我们的主流意识形态，甚至煽动民众采取激烈的行动。西方资本主义国家借助一些西方思潮通过多种传播途径散布资本主义意识形态，极力宣扬西方资本主义世界的思想价值观念和行为方式。看看美国新闻出版署在2000年给美国之音广播电台制定的宣传提纲就可略知这些西方思潮的主要内容。该提纲规定：全力宣传西方世界的思想价值观念和生活方式；把社会主义宣传为没有人权的专制主义；宣传社会主义是对世界和平带来威胁的侵略势力，企图发动战争吞并其他国家和民族；尽可能挑起社会主义国家的民族矛盾和宗教矛盾；集中宣传共产党的错误和他们碰到的困难；宣传资本主义等同于时代精神、自由民主。③ 其中，新自由主义思潮在一些国家成功重塑意识形态主流方向，使得这些国家相继变质、变色。近些年来，新自由主义思潮也在我国造成了一定程度的思想混乱，迷惑了一批群

---

① 习近平. 习近平谈治国理政：第2卷［M］. 北京：外文出版社，2017：326.

② 习近平. 习近平谈治国理政：第2卷［M］. 北京：外文出版社，2017：328.

③ 宋宏伟. 关于当代社会主义和资本主义的关系［J］. 中国党政干部论坛，2001(10)：30-31.

众，也企图重塑我国意识形态的主流方向。我们必须高度警觉。

菲德尔·卡斯特罗（Fidel Castro）曾说，今天的这个世界，比历史上以往任何一个时期都更要意识形态化，今天的国际社会更显意识形态化，偏偏就是在当今世界、当今国际社会，有些人总是企图把垄断资产阶级的、帝国主义的思想意识强加给其他的国家和民族，他们这么干的目的，就是企图把与帝国主义思想不同的其他国家和民族的思想“从政治地图上抹掉”。①

三、引领社会思潮维护我国社会主义意识形态安全的现实意义

积极应对意识形态领域的新形势和新挑战，有效引领社会思潮，维护我国社会主义意识形态安全具有极端重要性。意识形态安全是国家安全的重要部分，这是学术界普遍认可的观点。要想我国的社会主义制度不变质、社会主义国家不变色，需要一个重要的前提条件，这个前提条件就是我国的社会主义意识形态一直是安全的，或处在安全状态。实际上，无论是过去还是现在，意识形态工作一直占有重要地位。在“意识形态工作”概念出现之前，我党一直沿用“政治工作”或“思想政治工作”的概念。早在 1981 年，根据国内外形势的发展变化，党中央在总结经验教训的基础上，就非常明确地提出了“思想政治工作是经济工作和其他一切工作的生命线”的理论。在当今时代，全球化网络化深入发展，社会主义意识形态与资本主义意识形态之间的斗争日趋激烈、复杂，我国社会正发生深刻转型，维护社会主义意识形态安全的重要性更加凸显。所以，习近平总书记再次强调指出：“经济建设是党的中心工作，意识形态工作是党的一项极端重要的工作。”②

和谐是社会主义的本质特征。保持和谐有序的社会秩序是实现伟大中国梦的保障。但我国转型期的经济体制深刻变革、社会结构深刻变动、利益格局深刻调整、思想观念深刻变化使得社会分化加深、社会冲突加剧，给社会发展带来失序的风险。而作为当前我国深刻而急骤的社会转型的结果和反映的多元化社会思潮会进一步加深社会的分化，进一步加剧社会冲突，并且，

---

① 菲德尔·卡斯特罗．全球化与现代资本主义［M］．王枚，等译．北京：社会科学文献出版社，2000：144.

② 习近平．习近平谈治国理政［M］．北京：外文出版社，2014：153.

社会思潮是一种带有自发性和盲目性、易被误导的精神力量，如果不对多元化的社会思潮进行有力的引导，让其泛滥，必然给我们的发展进程带来更多更大的风险。建设中国特色社会主义、实现中华民族伟大复兴中国梦的伟大实践需要实现有效的社会控制，正确引导多元化的社会思潮，加强社会整合，最大限度形成社会共识，使整个社会运行处于和谐有序状态，使社会各方面良性运行，和谐、协调发展。“特定时期和历史发展阶段的社会控制体系应与当时的社会发展需要相适应。”① 实现我国的发展目标需要与中国特色社会主义事业相适应的社会控制模式。随着传统社会向现代社会的转变，社会控制的目标也发生了转变，即由以前追求静态的稳定转变为今天追求动态的有序稳定。社会控制的理想境界是既保障了社会和谐有序，又让社会活力十足，实现可持续发展。为了达到这个理想境界，社会控制需要从单一型向复合型转变，软硬两种手段互为补充，协调统一，需要更加充分地运用文化控制手段。意识形态是文化的核心，用社会的主流意识形态正确引导社会思潮是最重要的文化控制的手段和途径。在决胜全面建成小康社会、夺取新时代中国特色社会主义伟大胜利、全党和全国人民为实现中华民族伟大复兴的中国梦而不懈奋斗的新阶段，要求我们采取有力措施、正确引领相互激荡的多样化社会思潮，坚决维护我国社会主义意识形态的安全，最大限度形成社会共识。

第三节　实现“中国梦”与凝聚社会共识

习近平总书记一直强调，人心是最大的政治，共识是奋进的动力。当前，党正带领全国各族人民“为实现中华民族伟大复兴的中国梦不懈奋

---

① 周明侠. 构建和谐社会的社会控制模式转型与社会控制手段选择［M］. 求索，2006（12）：137-139.

斗"①。要胜利实现"国家富强、民族振兴、人民幸福"② 的"伟大梦想"，必须走中国道路，必须弘扬中国精神，必须凝聚中国力量，必须巩固全党全国各族人民团结奋斗的共同思想基础。不必讳言，中国道路就是中国特色社会主义道路。中国精神就是我们的民族精神和与时俱进的时代精神。中国力量就是全国人民大团结的磅礴力量。共同思想基础主要是马克思主义、共产主义信仰和中国特色社会主义共同理想等。这些都是中国特色社会主义意识形态的核心内容。因此，实现"中国梦"，必须正确引领多元、多样的社会思潮，维护好我国的意识形态安全，凝聚起高度的社会共识，即全社会的利益共识、思想共识、价值共识、道德共识，为实现伟大的"中国梦"创造社会和谐有序、社会整合的优越条件。

一、凝聚利益共识

我国正在经历着一场前所未有的社会转型。社会转型的内容是社会变迁与社会革命，实质是社会利益格局的解构与重构，是一个在各利益主体之间调整利益关系、优化利益格局的过程，而这种利益关系的调整不可避免地会带来利益的分化乃至冲突和矛盾。改革开放 40 多年来的实践表明，社会转型中的结构变动和同步进行的体制变革，触动和碰撞了人们的经济、政治利益，增加了产生社会冲突的可能性；在深化改革的过程中，社会资源分配方式的重大调整和利益格局的深刻变革产生众多的形形色色的利益群体，他们相互之间的利益关系盘根错节、界限模糊，相互之间的利益矛盾和利益冲突错综复杂。正如孙立平研究员所认为的那样，我国正进入一个"利益博弈时代"③。

利益的多元化往往导致社会分化和社会冲突。社会冲突的本质是利益冲突。利益多元化和利益冲突具有离散社会的功能，这种离散功能会损害社会

① 习近平．决胜全面建成小康社会 夺取新时代中国特色社会主义伟大胜利：在中国共产党第十九次全国代表大会上的报告［M］．北京：人民出版社，2017：1.

② 习近平．习近平谈治国理政［M］．北京：外文出版社，2014：39.

③ 孙立平．博弈：断裂社会的利益冲突与和谐［M］．北京：社会科学文献出版社，2006：13.

系统的统一，降低整个社会系统的向心力和凝聚力，导致社会失序，甚至社会的动荡、解体。可见，形成利益共识、实现利益整合是人类社会和谐有序发展的前提。

不同社会思潮反映着不同社会群体主体的利益、愿望和要求。社会思潮风云激荡，相互交锋，表明社会上存在着各种错综复杂的利益关系和利益冲突。当代中国多元化的社会思潮正体现着不同阶层、不同社会群体的利益和需要，正体现着不同利益主体之间错综复杂的利益关系，也正体现着日益凸显、日益尖锐的利益矛盾和利益冲突。

社会意识决定于社会存在又反作用于社会存在。社会思潮的多元化意味着社会生活中人们的利益意识的分化，意味着人们的利益诉求的分化。人民群众如果受到这些代表不同利益诉求的多元化社会思潮的长期浸染、影响，他们的利益意识、利益诉求就会进一步分化，并对主流意识形态所主张的共同利益、根本利益产生怀疑，不再认同主流意识形态，主流意识形态也就会失去主流地位。由此可见，“利益博弈时代”的社会思潮对一个社会的主流意识形态的冲击力更加强大，更容易消解人民对于共同利益的认同，动摇主流意识形态的合法性基础。这样的社会也就无法实现原定的发展目标。由此，要凝聚利益共识，实现社会的利益整合，就要正确引领多样化的社会思潮，维护主流意识形态的安全。

凝聚利益共识的关键是要使全体社会成员认识到他们的共同利益。正确引领这些相互激荡的社会思潮，可以使全体社会成员认识到他们的最高、最根本的共同利益之所在。共同利益从而成为一条纽带，把全体社会成员联结起来，维系起来。这样，通过正确引领多样化社会思潮，全体社会成员就可能最大限度达成利益共识。就我国而言，利益共识就蕴含在社会主义意识形态中。那就要对人民群众加强社会主义意识形态的阐释和宣传教育工作，构建引领社会思潮的长效机制，切实维护好社会主义意识形态的安全，让人民群众认识到中国特色社会主义事业，尤其是以“国家富强、民族振兴、人民幸福”为本质内容的中华民族伟大复兴的“中国梦”体现着中华民族和中国人民的整体利益，是全国各族人民的根本利益、共同利益之所在。2012 年 11 月 29 日，习近平总书记在参观《复兴之路》展览时深刻指出：“实现中华民族伟大复兴，就是中华民族近代以来最伟大的梦想。这个梦想，凝聚了几代中国人的夙愿，体现了中华民族和中国人民的整体利益，是每一个中华儿女的共同期盼。”①“中国梦”把国家的追求、民族的向往、人民的期盼融为一体，“意味着中华民族团结奋斗的最大公约数”②。当中国特色社会主义事业、“中国梦”成为整个社会的利益共识，中国人民就会凝聚起推进中国特色社会主义伟大事业、万众一心实现中华民族伟大复兴中国梦的磅礴力量。人民也会更加认同社会主义国家意识形态的主流地位，我国意识形态的安全状态就会更加稳固。

二、凝聚思想共识

思想：是指客观存在反映在人的意识中经过思维活动而形成的观点及观念体系。此思想特指一个社会的主流思想观念，或主流意识形态。

思想共识：得到广泛认同的思想理论。一个社会中得到广泛认同的指导思想。

实现中国梦，需要全体中国人民凝聚起为之奋斗的思想共识。这个思想共识最根本的就是坚持马克思主义的指导地位。习近平总书记在庆祝中国共产党成立95周年大会上的讲话指出：“坚持不忘初心、继续前进，就要坚持马克思主义的指导地位。”③ 习近平总书记进一步指出：“马克思主义在中国的发展，为党和人民事业发展提供了既一脉相承又与时俱进的科学理论指导，为增进全党全国各族人民团结统一提供了坚实思想基础。”④ 马克思主义是中国共产党的精神旗帜，是立党立国的根本指导思想，理所当然要成为全党全国人民共同奋斗的思想基础。过去，中国共产党之所以能够成功带领全国各族人民完成一个又一个其他任何政治力量不可能完成的艰巨任务，就在于始终坚持了马克思主义指导思想。今后，中国共产党在带领中国人民为实现中国梦的奋斗之路上，依然要高举马克思主义指导思想这面旗帜。正如

① 习近平. 习近平谈治国理政［M］. 北京：外文出版社，2014：36.
② 习近平. 习近平谈治国理政［M］. 北京：外文出版社，2014：161.
③ 习近平. 习近平谈治国理政：第2卷［M］. 北京：外文出版社，2017：33.
④ 习近平. 习近平谈治国理政：第2卷［M］. 北京：外文出版社，2017：33.

习近平总书记所说的那样，只要人民有了坚定的马克思主义、共产主义信仰，中华民族就有希望，中国就有力量。社会主义共同理想是中国共产党和中国人民同心同德迈向前进的信念支撑。要加强中国特色社会主义共同理想宣传教育，让全党和全国人民不断增强中国特色社会主义道路自信、理论自信、制度自信、文化自信，“让理想信念的明灯永远在全国各族人民心中闪亮”①。把全国各族人民团结和凝聚起来，精神的力量是无穷的。实现中国梦，需要大力弘扬中国精神。为此，习近平总书记特地指出：“实现中华民族伟大复兴的中国梦，物质财富要极大丰富，精神财富也要极大丰富。”②建设社会主义意识形态就是丰富我们的精神财富。要按照习近平总书记的指导，继续锲而不舍地建设社会主义核心价值体系，持之以恒抓社会主义精神文明建设，一以贯之维护我国的意识形态安全，为实现我们的“伟大梦想”提供强大的精神力量。

为了胜利实现中华民族伟大复兴的中国梦，必须正确引领多元、多样的社会思潮，坚持社会主义意识形态的主流地位，采取有效措施保障社会主义意识形态安全，坚决杜绝出现思想混乱状况，加强马克思主义指导思想、中国特色社会主义共同理想和中国精神的宣传教育，增进人民群众的认同，凝聚实现“中国梦”的思想共识，不断夯实全国各族人民团结一致、万众一心向前进的思想基础。

三、凝聚价值共识

社会公众没有价值共识是导致社会失序的一个重要原因。社会公众没有价值共识，意味着他们的价值观念是分化的、冲突的。价值观念分化属于社会分化中的深层次分化，价值观念冲突是社会冲突中带有根本性的社会冲突。涂尔干认为，由于社会成员之间没有共同的生活目标和价值标准，缺少行为的指南和约束，从而社会变得高度失范，这样的社会就有解体的危险。③

---

① 习近平. 习近平谈治国理政：第 2 卷 [M]. 北京：外文出版社，2017：324.

② 习近平. 习近平谈治国理政：第 2 卷 [M]. 北京：外文出版社，2017：323.

③ 伊恩·罗伯逊. 社会学：上 [M]. 黄育馥，译. 北京：商务印书馆，1991：246-247.

马克斯·舍勒（Max Scheler）认为：现存生活秩序衰亡的原因在于价值的颠覆。[①] 我国的一些社会学专家认为，社会失序是这么一种社会生活状态：一个社会既有的行为模式和价值观念被普遍怀疑、否定或被严重破坏，逐渐失去对社会成员的约束力，而新的行为模式与价值观念又尚未被人们普遍接受，对社会成员不具有约束力，形成社会规范的事实“真空”、阙如。[②] 实际上就是说，社会失序就是一种没有价值共识的社会生活状态。只有凝聚价值共识，才能把价值观念分化限制在一定范围内，才能把价值观念冲突控制在一定程度内，避免出现严重的社会冲突，否则，社会失序将不可避免。

价值共识是社会和谐有序发展的前提条件，也是一个社会、一个国家实现既定发展目标的必要条件。一般说来，要通过宣传教育，让社会成员普遍认识、接受、认同主导价值观，让主导价值观成为所有社会成员的价值共识。主导价值观是主流意识形态的灵魂，蕴含在主流意识形态之中，为主流意识形态所倡导。特定社会的主导价值观总体现该社会的统治阶级及其政党的意志，体现他们的价值标准和价值取向，是该社会中有关价值关系的最高权威评价。一般说来，主导价值观总会给社会成员确立不证自明的终极价值，一旦主导价值观的主导地位被动摇，甚至失去主导地位，人们必然对终极价值产生怀疑，造成社会意义系统的崩溃，导致社会成员普遍的信仰危机。美国学者丹尼尔·贝尔（Daniel Bell）认为，任何社会都要设法建立一个意义系统，人们就是通过这个意义系统来显示自己与世界的联系。社会失去其意义系统就会造成一种茫然困惑的局面。意义系统的崩溃必然造成信仰危机，而信仰危机的出现，不仅使社会成员遭受精神家园迷失的痛苦，而且使社会成员对社会现实的不满程度急剧增加，导致社会行为失范，进一步导致社会失序。

主流意识形态作为统治阶级的思想体系，通过宣传、教育等手段并借助

---

① 马克斯·舍勒著．资本主义的未来［M］．罗悌伦，译．北京：生活·读书·新知三联书店，1998：2-3.

② 郑杭生，李强，等．社会运行导论：有中国特色的社会学基本理论的一种探索［M］．北京：中国人民大学出版社，1993：447-448.

“赏罚二柄”① 机制的作用，确立并维护社会的主导价值观，引导社会成员形成价值共识。主导价值观稳定与否决定了整个社会的价值观体系能否稳定。当一个社会的主导价值观受到冲击而出现重大变动时，社会生活各方面的价值观冲突就会变得日益剧烈，由此引起的社会冲突也会变得日益复杂、尖锐。这样，社会的和谐稳定必然受到严重冲击，社会发展也就面临巨大风险。

不同社会思潮体现着不同社会群体所信奉的价值观念，体现着不同社会群体在社会生活中的价值取向和价值评判标准。社会思潮相互激荡、碰撞，实际上就是社会生活中价值观冲突的反映。社会思潮的多元化，表明社会价值观念的多元化，表明人们的价值取向的多元化。多样化社会思潮对主流意识形态的冲击，实际上也是多元化的价值观念对主导价值观的冲击。

实现中华民族伟大复兴的中国梦，需要全社会、全国各族人民凝聚价值共识。作为社会主义意识形态的重要内容和价值内核，社会主义核心价值观理应成为这个价值共识。包含“富强、民主、文明、和谐、自由、平等、公正、法治、爱国、敬业、诚信、友善”② 的社会主义核心价值观，“把涉及国家、社会、公民的价值要求融为一体，既体现了社会主义本质要求，继承了中华民族优秀传统文化，也吸收了世界文明的有益成果，体现了时代精神。”③ 社会主义核心价值观具有强大感召力，能够发挥凝魂聚气的作用，能够为实现中国梦提供深厚的价值支撑。习近平总书记指出：“社会主义核心价值观是当代中国精神的集中体现，凝结着全体人民共同的价值追求。”④ 树立并践行社会主义核心价值观，能够有效整合社会意识，保障社会系统正常运转，是维护社会秩序的重要途径，能够为实现中国梦创造和谐有序、长治久安的社会环境。

---

① 韩非子认为“明主之所道制其臣者，二柄而已矣。二柄者，刑、德也。”本文指有权威的一方通过“赏”和“罚”两种手段使另一方服从自己的意志。

② 习近平. 习近平谈治国理政［M］. 北京：外文出版社，2014：169.

③ 习近平. 习近平谈治国理政［M］. 北京：外文出版社，2014：169.

④ 习近平 . 决胜全面建成小康社会 夺取新时代中国特色社会主义伟大胜利：在中国共产党第十九次全国代表大会上的报告［EB/OL］. 新华网，2017-10-27.

因此，要着力引领社会思潮，维护社会主义意识形态安全，做好阐释、宣传教育工作，让社会主义核心价值观成为全党和全国各族人民团结一致奋进前行的价值共识。

四、凝聚道德共识

道德是调整人们之间和人与社会之间关系的重要社会规范。道德整合是社会整合的一个极其重要的方面。道德整合是指对多元化道德观念进行整合而把社会凝结成一个统一的整体的过程。这是一个通过道德意识的矛盾斗争、道德观念的碰撞融合、道德伦理的破与立而实现道德更新、完善、发展与进步的过程，是一个对那些旧的、过时的道德进行否定或批判，充实和强化新确立的道德体系的过程。道德整合是社会的内凝剂。

涂尔干有关社会的道德整合的思想对于正处于社会转型期的我们有重要的启发和借鉴作用。涂尔干把社会整合称为“社会团结”，并把社会团结分为传统社会的机械团结和现代社会的有机团结。涂尔干所处的时代正是农业社会向现代工业社会转型的时期，随着市场经济的快速发展，社会分工越来越细化，个人主义盛行，社会稳定的纽带逐渐丧失，贫富差距日益严重，社会矛盾十分尖锐。涂尔干正是在这样的一种时代背景下分析了社会失序的内在原因。他从道德社会学的视角，分析了道德的功能遭到削弱后对社会秩序的影响，从而强调了道德的社会整合作用。

涂尔干认为把分散的个体联结为社会的力量不是卢梭所说的理性契约，不是孔德所说的国家强制，也不是斯宾塞所说的基于个人利益满足的自由竞争，而是一种被称为“集体意识”或“集体良心”的“社会成员平均具有的信仰和感情的总和”①。他认为集体意识是得到社会成员广泛认同的道德规范体系，是它把社会整合成为统一体。涂尔干认为，在现代社会，那种“建立在个人相似性的基础上的”② 机械团结不可能实现了，取而代之的是

---

① 埃米尔·涂尔干．社会分工论［M］．渠东，译．北京：生活·读书·新知三联书店，2000：42.

② 埃米尔·涂尔干．社会分工论［M］．渠东，译．北京：生活·读书·新知三联书店，2000：91.

一种以不同产业群体间的职业道德为基础的有机团结。可见，道德具有整合社会的巨大功能，在社会治理中要重视发挥道德的这一功能。正如涂尔干所言："道德就是能够把我们自身和我们与社会联系起来的所有纽带，它能够将一群乌合之众变成一个具有凝聚力的团体。"① 因此，一个社会如果没有普遍化的道德规范就不可能实现社会整合，只有各社会成员之间，各群体之间形成了道德共识，人们结成为一个道德联合体，该社会才能生存和发展，才能实现高度整合。因此，如果要为一个陷入危机或濒于解体的社会寻找解脱之路，那么，最有效的办法就是帮助它重整处于混乱状态的道德规范，形成道德共识，实现社会的道德整合。

社会转型所造成的道德观念多元化趋势给社会的和谐有序发展带来挑战，因为"一度曾是构造单一的（homogeneous）社会，现在都必须承认一个以多种多样的道德直觉和道德理解为特征的世界。这种全球性的道德多元化反映在所有大规模的社会中。它使得一度曾占统治地位的、毫无疑问的价值观念成了问题"②。一个道德观念日趋多元化的社会要和谐有序发展，就必须确立绝大多数社会成员都能接受和认同的核心道德观念体系，形成社会的道德共识，实现道德整合。这种社会道德共识是多元化社会所必需的一种"可普遍化的和可公度的道德"③，它应是统一的、开放的、自洽的，并得到社会成员的广泛认同；这种道德共识应该适应社会生活的多样性和道德文化、传统的差异性，适应现代社会道德观念多元化的现实。由此可见，整合和凝聚多元化的道德观念，形成道德共识，实现道德整合，是一个社会和谐有序发展的伦理选择。

实现中华民族伟大复兴的中国梦，需要全社会凝聚起高度的道德共识。可以说，精神的力量是无穷的，道德的力量也是无穷的。习近平总书记深刻指出：要"鼓励全社会积善成德、明德惟馨，为实现中华民族伟大复兴的中

① 埃米尔·涂尔干．社会分工论［M］．渠东，译．北京：生活·读书·新知三联书店，2000：356.

② 恩格尔哈特．生命伦理学的基础［M］．范瑞平，译．长沙：湖南科技出版社，1996：1.

③ 万俊人．寻求普世伦理［M］．北京：商务印书馆，2001：30.

国梦凝聚起强大的精神力量和有力的道德支撑”①。同样，我国人民的道德共识也蕴含在我国的社会主义意识形态之中，并为我党所倡导。它以社会主义荣辱观为基本内容，并广泛包含我党倡导的社会公德、职业道德、家庭美德等。社会主义荣辱观和社会公德、职业道德、家庭美德是我党关于生活中道德观念的权威评价结论，让人们明辨是非、善恶、美丑、荣辱的界限，旗帜鲜明地指出在社会主义市场经济条件下，应当坚持什么、应当倡导什么，让人民自觉反对和抵制那些假丑恶的行为，为全体社会成员树立了基本的道德价值观。凝聚全党和全国人民的道德共识为中国梦的实现提供丰润的道德滋养。

要让社会主义荣辱观得到人民群众的认同并践行，成为全社会的道德共识，发挥重要的道德引导功能，需要加强引领当前的多样化社会思潮，维护我国社会主义意识形态的安全。因为，社会思潮作为民众评价活动的现实形式，本身就蕴含着大量有关道德生活和道德规范的评价内容，也就是说，社会思潮本身就蕴含着道德观念。不同的社会思潮往往蕴含着不同的道德观念，社会思潮的多元化实际上就是社会生活中道德观念的多元化。社会思潮之间的碰撞、激荡，实际上体现了社会生活中不同道德观念之间的矛盾和斗争。社会思潮之间相互冲击往往导致社会生活中道德观念的混乱，不利于道德共识的形成。另外，在我国的现实生活中，一些社会思潮企图冲击、挑战、动摇社会主义意识形态的主导地位，实际上就是一些道德观念企图冲击、挑战、动摇以社会主义荣辱观为主要内容的社会主义道德体系的主导地位，这容易导致道德观念混乱，不利于最大限度形成道德共识。引领多样化的社会思潮，也就是引领多元化的道德观念，也就是引领广大民众形成道德共识。因此，要为实现“中国梦”凝聚道德共识，就需要正确引领社会思潮。

① 习近平. 习近平谈治国理政［M］. 北京：外文出版社，2014：158.

第四章

意识形态博弈视域的西方思潮

我们应该看到，国内外的社会思潮在对社会问题、社会矛盾的解决上做出了一些值得借鉴的努力和思考。马克思主义发展史表明，与各种各样的西方社会思潮交流、交融、交锋在一定程度上促进了马克思主义的发展。但就我们的课题而言，在这里主要研究西方的敌对思潮、反马克思主义的思潮对我国意识形态安全带来的挑战和危害。当前，一些腐朽、敌对的反马克思主义的西方社会思潮通过多种路径渗透社会主义意识形态，给我国的意识形态安全带来挑战。对于这样的一些西方社会思潮，我们要坚持马克思主义的基本立场、观点和方法，对其进行认真的剖析，保持清醒的认识和必要的警惕。

第一节　西方以社会思潮为载体进行意识形态渗透的路径

改革开放以来，一些敌对的反马克思主义的西方社会思潮配合着当今世界两种社会制度在意识形态领域的斗争，成为西方敌对势力对我国实施意识形态渗透的主要载体，给我们的中国特色社会主义事业和整个社会的和谐有序发展带来巨大风险。通过接触交流、媒体霸权和国际性组织等方式，西方敌对势力以某些西方社会思潮为载体渗透和冲击社会主义意识形态。构建社会主义和谐社会、夺取新时代中国特色社会主义伟大胜利、为实现中华民族伟大复兴的“中国梦”，要求我们正确鉴别、批判和引领西方社会思潮。

一、某些西方社会思潮是西方敌对势力实施意识形态渗透的主要载体

从评价论的视角来看，当代西方社会思潮，尤其是那些政治性社会思潮，代表着垄断资产阶级的利益和要求，带有鲜明的价值指向性。西方社会思潮的价值理念主要蕴含在西方资本主义世界的政治法律思想中，具体包括天赋人权、代议制民主、分权制衡、多党制、私有化、市场化、自由化、个人主义等。所有这些价值理念集中体现了垄断资产阶级和西方资本主义社会的价值立场、价值观念、价值态度和价值取向。对于当代资本主义社会来说，三权分立、多党制等政治思想早已不是普通的社会思潮，而是占主导地位的社会意识形态，它们是代表垄断资产阶级利益的，本质上是为垄断资产阶级利益服务的资本主义社会的权威评价，是资本主义社会的主流意识形态。而对于被这些思想渗透的社会主义国家或其他第三世界国家来说，它们作为初入者、外来者，还没有占据主导地位，但其在传播、在发展，并造成一定的社会声势，对这些国家的人们的思想和社会的发展带来一定程度的影响，故而被称作这样或那样的社会思潮，其性质是受到其影响的那部分群众的社会民众评价活动。

社会思潮与社会意识形态是相互作用的。一种社会思潮从其产生时起，总要力图向社会扩散和传播，力图扩大它的影响范围和社会心理基础。作为社会意识的活动形态，社会思潮在社会心理和社会意识形态两个层次上活动，向上力争发展成为社会的意识形态，并进一步挑战原有的占主导地位的意识形态，力图取而代之。在全球化、网络化时代，西方社会思潮已经成为西方敌对势力对我国实施意识形态渗透的主要载体。西方国家向我国输出西方社会思潮，并通过多种手段使其发展壮大、大肆蔓延的目的，就是要用作为资产阶级意识形态的主要载体的西方社会思潮来侵蚀和冲击社会主义意识形态，动摇马克思主义的指导地位，从而用资产阶级的那一套理论体系取而代之。因此，对于西方社会思潮在我国的传播和发展，我们一定要保持一份警觉。

二、西方以某些社会思潮为载体渗透和冲击社会主义意识形态的主要方式

西方敌对势力通过散播蕴含着资本主义主流意识形态的社会思潮进行意识形态渗透的主要方式有三种。

一是通过接触交流搞渗透。在人员接触和交流的过程中，向包括中国在内的社会主义国家的人们尤其是青少年灌输代表西方利益和意志的自由、民主、人权等价值观念，传播三权分立、代议制民主、轮流执政等政治法律思想，推介资本主义的社会生活方式，被诱导而接受了这些思想的人在国内继续传播它们，从而形成了这样或那样的政治性、意识形态性很强的西方社会思潮，它们从不同方面给社会主义意识形态带来严重的冲击。就这样，西方敌对势力通过人员往来和交流在社会主义阵营培植起演变的“内应力量”。西方发达资本主义国家非常看重同社会主义国家进行文化交流及人员往来。为此，他们制订了多种计划，筹建了多类所谓的培训交流中心。在接触交流中搞渗透，进而影响社会主义国家的意识形态安全。

我们在看到国际交流对于我们扩大对外开放，促进教育、科技、文化事业发展的意义的同时，也必须看到西方国家借此进行意识形态渗透的一面，并要始终保持警惕。事实上，西方国家一直借我国发展科学技术的需要，向我国输出西式“民主、自由”等价值观念。接触或接受了这些西方价值观念、政治法律思想、社会制度模式及资本主义生活方式的人在国内进一步传播，从而引发一股蕴含着资产阶级意识形态的西方社会思潮，在一定程度上混乱了人们的思想意识，动摇了人们的社会主义理想信念，给社会主义意识形态的主导地位构成严峻挑战。

二是通过媒体霸权和文化霸权进行渗透。现代大众传媒的出现为代表垄断资产阶级利益的西方主流意识形态的传播提供了现代化的手段。书籍、报刊、广播、电影、电视、录音、录像，特别是因特网与微电子技术、卫星传送技术、光纤通信技术、光存储技术的出现，使思想文化的传播异常快捷，人们主要从这些现代传媒接受各种信息。一些西方发达资本主义国家凭借其经济优势和技术优势而拥有“媒体霸权”，对社会主义国家实施以“媒体霸权促演变”的策略。当代西方发达资本主义国家始终将大众传播媒介作为意

识形态掌控的主要工具，向我国及其他社会主义国家或第三世界国家倾销蕴含着西方主流意识形态的社会思潮，进行意识形态渗透。

“媒体霸权”促成了西方国家的文化霸权。有学者把文化霸权称为“文化暴力”。文化是一系列的象征领域，它包括宗教、文学、艺术、经验科学和形式科学（逻辑学、数学）等，这些都是为直接暴力和结构性暴力进行辩护、使之具有合法性的方面。① “文化暴力”是指媒体借助发达国家的经济实力和技术优势，在强制性基础上建立起来的一种话语霸权，其目的旨在把自己的理念、见解强加于他人，其特点则是把与特定历史阶段相联系的独特的自我经验上升为具有普遍意义的经验而全面推广，以谋求“影响和引导”世界的未来方向。比如，西方传媒尤其是美国的传媒把资产阶级的民主、自由、人权等价值理念渲染为普世价值，并强迫其他国家和民族都得认同。这样，文化暴力逐渐取代经济和政治的直接控制，成为西方垄断资本主义集团在当代对第三世界国家实现控制的新的统治方式。就像美国学者杰姆逊所说的：“现在第一世界掌握着文化输出的主动权，可以通过传媒把自身的价值观和意识形态，强制性地灌输给第三世界。”② 这表明，一些第一世界国家一直凭借媒体霸权向第三世界国家输出资产阶级的思想价值观念，进行意识形态渗透。“而处于弱势和边缘地位的第三世界则只能被动接受，他们的文化传统面临威胁，文化价值观和意识形态受到不断的渗透。”③ 文化霸权的背后掩盖着各民族国家之间文化权利不平等的实质。目前，互联网上的英语内容约占90%，美国等西方国家垄断了传播于世界各地约90%的新闻。西方发达资本主义国家凭借其经济实力和技术优势，通过这些大众传媒以爆炸的方式倾销其思想文化产品，把融合了西方主流意识形态的各种思潮到处散播，把自身的价值观、政治思想和社会制度模式编码在整个文化机器中，强制性地灌输给社会主义国家和其他第三世界国家，从而实现对这些国家文化

---

① 孙晶．文化霸权主义理论研究［M］．北京：社会科学文献出版社，2004：80-81.

② 冯达成．全球化时代我国意识形态面临的挑战与对策［J］．广西社会科学，2002（3）：40-43.

③ 冯达成．全球化时代我国意识形态面临的挑战与对策［J］．广西社会科学，2002（3）：40-43.

和精神的控制，“影响和引导”世界的未来方向。

三是通过相应的国内组织或国际组织进行渗透。西方发达资本主义国家专门设立了一些组织、机构，配备充足的人力、物力和财力，有组织有计划地对中国等社会主义国家散播蕴含西方主流意识形态的各种思潮，进行组织性的意识形态渗透。

部分西方国家会通过它们利用经济援助来达到影响和控制发展中国家的目的，通过它们在资本输出过程中向社会主义国家和其他发展中国家传播以西方意识形态为主要内容的各种思潮，灌输西方的个人主义、自由主义的价值理念，宣扬西方的民主模式，以经济援助为诱饵来威逼发展中国家认同西方社会的价值观念、社会制度和社会生活方式，要求发展中国家遵守由他们主导的游戏规则，最终使之程度不同地依附、受制于他们。例如，“9. 11”事件后，美国就提出了“改造中东”的战略构想，其基本目标就是在经济援助过程中，宣扬、灌输西方意识形态，促进中东民主化、推广美国式价值观和生活方式。

三、正确鉴别、批判和引领西方社会思潮

马克思指出：“如果从观念上来考察，那么一定的意识形式的解体足以使整个时代覆灭。”① 在马克思的这句话里，“意识形式”实际上就是指意识形态。马克思的话应该让我们对西方思潮的肆意传播保持警惕和清醒。如果马克思主义的指导地位被动摇，社会主义意识形态受到严重冲击而解体，那么，安定团结的政治局面将不复存在，社会主义和谐社会更不可能建成，代表全国人民根本利益的社会主义共同理想将不可能实现，我们的中国特色社会主义事业将遭受严重挫折，我们将面对使我们的“整个时代覆灭”的巨大风险。

在西方思潮侵蚀和冲击下，我国的价值领域曾出现了一些不容忽视的现象和问题，一些人的价值观念、价值取向、价值标准严重错乱。这就会出现

---

① 中共中央马克思恩格斯列宁斯大林著作编译局．马克思恩格斯全集：第 46 卷（下）［M］. 北京：人民出版社，1979：35.

两种严重情况：一是有些人被西方思潮冲散了原有的信仰和价值取向，人生道路失去了方向，内心世界充满迷茫，没有了精神依归，从而变成了“价值真空”的人；二是由于西方思潮的大量涌入，带入了多元复杂的思想价值观念，与我国的传统价值观念及其他不同时代的价值观念搅和在一起，造成思想价值观念纷纷扰扰的状态，导致一些人在价值判断和价值选择上无所适从，从而使得一些人变成了“价值错位”的人。最终的结局就像陈亚杰所说的：“价值真空、价值多样、价值错位和价值悬置，综合起来，又导致了‘价值虚无’的状况。”① 一个社会的价值体系出现混乱是极其危险的。

西方社会思潮已是西方国家进行国际政治斗争的重要武器，是其国家软实力的一部分。比如新自由主义思潮，宣扬垄断资产阶级的意识形态、民主模式、经济政治模式、价值观念和生活方式，它实际上已成为西方敌对势力对我国及其他社会主义国家进行意识形态渗透、推行“和平演变”战略、颠覆社会主义国家的思想武器。民族分裂主义思潮也是西方敌对势力破坏我国边疆地区和谐稳定发展、民族大团结和中华民族伟大复兴的主要思想危害。这些政治性、意识形态性很强的西方思潮是西方国家的思想武器、文化武器，我们切不可小视这种软实力的破坏作用，必须加强对西方社会思潮的鉴别、批判和引领。

在全球化、网络化时代，在改革开放的新时期，对于西方社会思潮，我们不要去回避它，也不要去封锁它，也不应一味消极地抵制，因为这些做法都是没有长效性的。我们应该充分运用马克思主义的立场、观点和方法，对西方社会思潮进行鉴别、批判和引领。由此，我们要加强对西方社会思潮的研究，从包容多元出发，采取扬弃的态度，对当代西方思潮必须有所鉴别、有所选择，决不能不加区分地照单全收。在吸收优秀有益、健康先进的文化成果的同时坚决摒弃颓废有害的文化垃圾，抵制各种腐朽落后的思想文化和价值观念，引导广大群众自觉地抵制各种错误思潮和腐朽思想的侵蚀和影响。

---

① 陈亚杰．建设社会主义核心价值体系［M］．北京：人民出版社，2007：16.

第二节 正确认识并引领新自由主义思潮

新自由主义是对我国社会主义意识形态建设带来消极影响和严峻挑战的最主要的社会思潮，对于它的传播发展我们要严肃对待。我们应该认真研究，准确把握它的实质、基本主张及其传播发展形势，对其实施有力、有效的引领，维护我国社会主义意识形态安全。

一、西方新自由主义思潮的发展及其基本主张

自由主义是西方资本主义发展进程中的主流思想之一，在现代西方社会思潮中占据重要地位，对西方资本主义社会的发展产生了广泛而深远的影响。考察自由主义的发展史，可以发现，自由主义是以鼓吹自由主义、个人主义、放任主义为核心的资产阶级政治社会思潮，其主要信条包括自由至上说、有限政府论、多元与宽容、平等与正义等。政治自由主义始于洛克（John Locke），经济自由主义始于亚当·斯密（Adam Smith），社会自由主义始于约翰·密尔（John Mill）。古典自由主义的奠基人是英国思想家洛克。他在《政府论》（下篇）、《论宗教的宽容》两部著作中第一次系统地论证了自由主义思想。马克思、恩格斯称他为“自由思想的始祖”。近代以来，西方社会的政治思潮中占统治地位的原则是自由放任主义，大多的政治学家和经济学家相信，如果每个人都在自由竞争中追求自身的幸福，社会最终就可在一种较为均衡的状态中实现总体的利益。高举自由主义大旗的思想家，从洛克到斯宾塞（Herbert Spencer）都主张政府的根本职能是保障个人的自由权利，包括在社会生活各领域自由进入和退出的权利，特别是在经济上，强调政府干涉得越少，个人的权利和福利就越容易得到和实现，认为管得最少的政府就是最好的政府。

源于英国的古典自由主义所坚持的个人主义和自由放任主义的信条在20世纪受到了约翰·凯恩斯（John Maynard Keynes）等思想家的挑战。20世纪上半期西方资本主义遭遇严重的社会危机，为解除社会危机，西方资本主义

世界兴起了一场“凯恩斯革命”，对西方世界的经济、政治生活产生了深远的影响。尽管如此，一些思想家仍然坚持自由主义的基本信条，对“凯恩斯主义”提出质疑。自20世纪30年代开始，与“凯恩斯主义”相对立的新自由主义逐渐形成，并在六七十年代有了较大的发展，不仅在经济学领域，而且在政治学、社会决策等领域产生重要影响，古典自由主义实现了向新自由主义的转变，逐渐成为西方发达资本主义国家占统治地位的国家意识形态，逐渐成为一种国际性政治社会思潮。新自由主义的代表人物当数哈耶克（Friedrich August von Hayek）、弗里德曼（Milton Friedmann）和罗尔斯（John Rawls）。罗尔斯以反功利主义的新社会契约论捍卫和修正自由主义，被称为“20世纪的洛克”，他的代表作是《正义论》和《政治自由主义》，主张平等的自由，构建了一个政治自由主义的理论体系，这个理论体系对西方世界影响深远。罗尔斯强调正义是至高无上的，认为“正义是社会制度的首要价值，正像真理是思想体系的首要价值一样。一种理论，无论它多么精致和简洁，只要它不真实，就必须加以拒绝和修正；同样，某些法律和制度，不管它们如何有效率和有条理，只要它们不正义，就必须加以改造和废除”①。罗尔斯把正义当作最高的政治和道德标准。

哈耶克认为，人的理性能力是有限的，那些在理性逻辑指导下建立以来的社会制度和社会秩序是不科学的，也是不可靠的。由此，为了保证经济社会生活不被有限的理性误导，哈耶克极力主张让人们在市场中自由竞争，不应让政府过多插手、人为干预市场活动，反对政府控制社会的经济活动，主张采取措施限制政府的干预行为。跟凯恩斯相反，哈耶克认为国家干预只会加剧经济危机。哈耶克提出了著名的“资源有效配置论”，认为资源只有在由市场自由配置的情况下才是有效的，如果政府用人为的手段来配置资源，必然使经济效益下降。哈耶克由此猛烈抨击社会主义计划经济，认为那是典型的理性错误。他还认为资本主义社会的商业秩序是在感性的实践中自发性形成的，因此它是有真实根基和广泛基础的秩序，所以它是稳定的、持续

---

① 约翰·罗尔斯．正义论［M］．何怀宏，等译．北京：中国社会科学出版社，1998：1.

的。哈耶克的理论也反映了他为资本主义做辩护的基本态度。

弗里德曼作为新自由主义的代表人物之一，主张实行彻底的经济自由。他说经济自由是政治自由及其他一切自由的基础和前提。因而，他与哈耶克一样，激烈反对政府干预市场的行为，反对由政府控制资源、配置资源。认为要想使社会保持高效且有活力，实行彻底的自由主义原则是唯一选择。

总体而言，西方新自由主义的主要观点有：宣扬私有制经济的优越性；宣扬私有化是经济自由和政治自由的基础；鼓吹在社会主义的旗帜下推行私有化；反对国家干预，要求限制国家权力，缩小国家机构，把政府的活动范围减到最小限度，反对社会福利，强调把国家对各个公民的强迫降低到最小限度。弗里德曼认为，只要充分发挥自由市场的作用，市场就可以自发地解决一切经济问题，实现社会资源的最佳配置。

二、新自由主义思潮在中国的传播及其实质

新自由主义思潮自我国实行改革开放以来逐渐传入，并在我国改革开放和社会主义市场经济的深入发展中兴起。新自由主义首先是作为一种学术思潮由西方传入中国，主要在学术界流行并给予研究。但是从1998年开始，一些持新自由主义观点的学者在同新左派的论证中，把新自由主义的理论主张散播到了社会层面，从此开始，新自由主义的影响越来越大。1998年12月25日，大型报刊《南方周末》上发表了《1998，自由主义的言说》这篇文章。该文提出，90年代自由主义以知识分子学术思想为形式再度出现，认为1998年中国思想学术界最值得注意的景观之一，是自由主义作为一种学理立场浮出水面。

从学术理论上看，中国的新自由主义是西方舶来品，是以西方近代自由主义特别是古典自由主义和当代新自由主义为理论来源。尽管中国新自由主义者赋予其一些新内容，但其主要观点和方法原则是哈耶克和弗里德曼等西方学者确立的。中国的新自由主义思潮的主要主张有：政治上，主张恢复被“打断”的自由主义传统，提出走“以英美为师”的老路，新自由主义者鼓吹西方的民主、自由和人权，主张照搬西方的政治模式，实行议会制、多党制、总统制和所谓的“直接选举”等，基本否定了我国主流意识形态秉承的

政治信念和道义基础；经济上，鼓吹“私有制优越论”，声称人间正道乃私有化，主张实行“自由市场经济”，倡导产权改革及在国有、集体经济领域实行私有化；文化上，主张发挥大众文化所具有的消解主流意识形态的功能，要求实现意识形态的多元化，培育发展资本主义精神文化，其实质就是要取消马克思主义在思想文化、意识形态领域的指导地位。

马克思主义认为，“自由”是历史的、具体的，在阶级社会是有阶级性的。自由是在历史上发生并发展着的，不是自然而然具有的；任何自由都是与一定的社会历史条件相联系的，不是孤立而存在的；任何自由都是具体的，而不是抽象的；任何自由都是一定条件下的自由，是相对的，而不是绝对的。我们要坚持马克思主义的基本原理并运用马克思主义的基本方法，正确认识新自由主义。西方新自由主义政治社会思潮实际上是适应国家垄断资本主义向国际垄断资本主义转变的理论思潮、价值体系和政策主张。西方新自由主义在经济方面全面否定公有制，否定国家干预，主张“自由化”、全面私有化和市场化；在政治方面，极力鼓吹、宣扬垄断资产阶级的意识形态及体现垄断资产阶级利益的资本主义制度，否定社会主义；在战略和政策方面，极力鼓吹资本主义全球化，要求以美国为首的西方垄断资本主义大国来主导全球经济、政治、文化的一体化。从新自由主义的基本主张可看出，新自由主义在本质上具有极强的阶级性，代表着垄断资产阶级的利益和要求。西方列强向中国等社会主义国家及其他第三世界国家输出新自由主义的目的是维护资本主义生产方式和资本主义经济制度，是为了建立以国际垄断资本为主导的全球经济政治新秩序，是为国际垄断资产阶级的扩张政策服务的。为了迎合国家垄断资本和大金融寡头谋求世界霸权的需要，新自由主义借助于旨在恢复自由放任市场经济、放弃政府干预和推行私有化的“华盛顿共识”，于20世纪90年代后，大肆向广大发展中国家和社会主义国家蔓延。正如某课题组所指出的，“新自由主义开始由理论、学术而政治化、国家意识形态化和范式化”①。一些秉承西方新自由主义衣钵的中国新自由主义者热

① 中国社科院“新自由主义研究”课题组．新自由主义研究［J］．马克思主义研究，2003（6）：20.

衷于兜售已被西方政治化的新自由主义，其政治主张实质上是企图从根本上否定四项基本原则，否定我国的国体和政体，否定并改变我国的基本政治制度，从而建立资本主义的基本政治制度；其经济主张实质上是要取消社会主义公有制的主体地位，否定并改变我国的基本经济制度，从而建立起资本主义的基本经济制度；其文化主张实质上就是要取消马克思主义在思想文化、意识形态领域的指导地位，从而用资产阶级历史唯心主义的那一套理论体系来影响、主导我国的思想文化建设。

三、新自由主义不能是中国改革的方向

邓小平曾深刻指出："社会主义市场经济优越性在哪里？就在四个坚持。四个坚持集中表现在党的领导。……党的领导是个优越性。没有人民民主专政，党的领导怎么实现啊？四个坚持是'成套设备'。"① 邓小平在这里阐明了我们的改革、建设必须坚持四项基本原则的原因。邓小平还进一步做了深刻分析："一旦中国全盘西化，搞资本主义，四个现代化肯定实现不了。中国要解决十亿人的贫困问题，十亿人的发展问题。如果搞资本主义，可能有少数人富裕起来，但大量的人会长期处于贫困状态，中国就会发生闹革命的问题。中国搞现代化，只能靠社会主义，不能靠资本主义。"② 我国的社会主义市场经济是与社会主义基本经济制度结合在一起的。正如邓小平所说的，我国的社会主义市场经济"虽然在方法上基本和资本主义社会的相似"，但它"归根结底是社会主义的，是社会主义社会的"③。关于这个问题，江泽民做了进一步的阐发："我们搞的是社会主义市场经济，'社会主义'这几个字是不能没有的，这并非多余，并非'画蛇添足'，而恰恰相反，是'画龙点睛'。所谓'点睛'，就是点明我们市场经济的性质。"④ 他告诫全党，我们搞改革，搞市场经济，不能脱离社会主义基本制度，否则就会走向资本主

① 中共中央文献研究室．邓小平年谱：1975—1997（下）［M］. 北京：中央文献出版社，2004：1363.

② 邓小平．邓小平文选：第3卷［M］. 北京：人民出版社，1993：229.

③ 邓小平．邓小平文选：第2卷［M］. 北京：人民出版社，1994：236.

④ 中共中央文献研究室．江泽民论有中国特色社会主义：专题摘编［M］. 北京：中央文献出版社，2002：69.

义，带来的严重后果是“不但发展不起来，富强不起来，而且连国家和民族的独立也保不住，势必变成帝国主义的附庸，变成发达资本主义国家的附庸”①。以上这些深刻论述有力地论证了新自由主义的基本主张不能成为我国改革的选项，这些论述对于我们认清新自由主义思潮的实质和危害也具有重要意义。

当今的新自由主义已经由一种理论、学说政治化为西方资本主义国家的资产阶级意识形态，是国际垄断资产阶级向第三世界国家及社会主义国家进行意识形态渗透的重要武器和工具。新自由主义对这些国家的渗透、影响和危害是极其严重的。事实表明，在新自由主义风行世界的20来年里，世界上20%的富人与另外20%的穷人的贫富差距增加了280%，而且世界上三个最富有的人的私人财产要超过48个穷国的总和。② 在推行新自由主义政策的亚洲、非洲特别是拉美一些国家，不仅没有缓和社会矛盾，反而导致社会矛盾、社会冲突日益加剧；新自由主义不仅难以医治其经济痼疾，反而导致此起彼伏的经济衰退、金融动荡，社会危机频频出现。2008年始，美国的金融海啸导致全球性的经济危机和全球性的大衰退，给世界各国人们带来巨大的损失和痛苦，其根本原因就是把自由主义奉为圭臬的以美国为首的西方国家对经济、金融缺乏必要的监管。正如法国学者罗奈·勒努阿所论述的：“没有国家管理的市场将导致二元的甚至四分五裂的社会，它不仅会埋葬市场经济，使市场成为万恶之源，而且还会使自由遭到毁灭。”③ 西方资本主义国家对新自由主义的这种危害是清楚的，所以，他们主要将新自由主义的那套理论和政策主张用来对付其他发展中国家和社会主义国家。

2015年，课题组曾就有关社会思潮的了解程度开展了问卷调查，群众在回答“你认为当代中国有没有以下社会思潮？（多选）”这个问题时，选填了新自由主义的占比达到32%。对新自由主义的观点或主张的赞同度达到了

---

① 中共中央文献研究室．江泽民论有中国特色社会主义：专题摘编［M］．北京：中央文献出版社，2002：69.

② 本刊记者，冯颜利，吕薇洲，等．“国家兴衰与马克思主义”研讨会综述［J］．马克思主义研究，2007（5）：99.

③ 梅荣政．新自由主义的谱系、流变及影响［J］．当代世界社会主义问题，2005（1）：41-46.

23.5%，对新自由主义的一些错误观点和主张表达赞同、基本赞同的人数比例有点偏大。这充分说明新自由主义是对我国社会主义意识形态建设带来消极影响和严峻挑战的最主要的社会思潮。

20世纪90年代以来，新自由主义这股政治社会思潮严重干扰了我国的改革开放和社会主义现代化建设。当前，中国特色社会主义事业正推进到关键阶段，若不对新自由主义进行有效抵制，任其肆意传播，必然扰乱人们的思想，动摇马克思主义在意识形态领域的主导地位，破坏全党全国人民团结奋进的政治局面，给社会的和谐有序发展带来严重危害。一旦新自由主义的某些基本主张形成气候，并在某些实践领域得以实施，便如邓小平所说的，“就会发生革命的问题”，中国特色社会主义事业就有失败的风险，我国就有变成帝国主义附庸、发达资本主义国家附庸的风险，整个社会就有陷入四分五裂的状况的风险。所以，习近平总书记强调：“中国特色社会主义道路，是实现我国社会主义现代化的必然之路，是创造人民美好生活的必由之路”①。他进而告诫全党：“全党同志必须牢记，我们要建设的是中国特色社会主义，而不是其他什么主义”。为了中国人民的福祉，习近平总书记代表中国人民向世界坚定宣示：“改革必须坚持正确方向，既不走封闭僵化的老路，也不走改旗易帜的邪路”②。因此，我们要高举中国特色社会主义理论伟大旗帜，巩固社会主义意识形态阵地，加强社会主义核心价值体系建设，高度警惕西方新自由主义社会思潮对我国社会主义意识形态的侵袭和冲击，探索正确途径，对新自由主义的传播进行有力有效的抵制。

第三节　“意识形态终结论”思潮辨析

自20世纪五六十年代起，一些西方学者著书立说，推波助澜，到处散布“意识形态终结论”。到20世纪八九十年代，“意识形态终结论”更是蓬勃蔓

① 习近平. 习近平谈治国理政［M］. 北京：外文出版社，2014：9.

② 习近平. 习近平谈治国理政：第2卷［M］. 北京：外文出版社，2017：37，39.

延，甚嚣尘上。在全球化快速推进的今天，一些西方思潮裹挟着“意识形态终结论”渗透到我国，让一些群众对我国的精神文明建设产生了错误认识，给马克思主义在意识形态上的指导地位带来严重冲击。为此，我们必须站在马克思主义的立场上，运用马克思主义的理论观点和方法认真剖析所谓的“意识形态终结论”，了解其主要观点，揭露其实质，从而在实践中坚持正确的原则，采取正确的措施，对那些宣扬、传播“意识形态终结论”的西方思潮实施有效有力的抵制，这对我国当前的大力推进社会主义意识形态建设有着极为重要的意义。

一、“意识形态终结论”的基本内容

事实上，“意识形态终结论”这个名称是由恩格斯首先提出来的，但恩格斯所说的“意识形态终结论”是特指传统阶级社会的意识形态走向终结，即以往统治阶级思想观念的终结，与当今的西方学者所宣扬的“意识形态终结论”有着根本区别。1886 年，恩格斯在《路德维希·费尔巴哈和德国古典哲学的终结》中指出意识形态将要终结，实际上是指要被替代，即被“关于思维过程本身的规律的学说”① 所代替。恩格斯把马克思所创立的唯物史观作为科学的学说，与唯心主义性质的、作为保守力量的意识形态对立起来，指出以德国古典哲学为代表的传统的、旧的思想体系（那些旧哲学）将要被终结。

“意识形态终结论”的代表人物在 20 世纪五六十年代是雷蒙·阿隆（Raymond Aron）和丹尼尔·贝尔（Daniel Bell），他们俩在西方学术界的影响很大，掀起了这股“终结论”的思想旋风。到了 20 世纪的八九十年代，“终结论”的代表人物是弗朗西斯·福山（Francis Fukuyama）和塞缪尔·亨廷顿（Samuel Huntington）。他们俩把这股思想旋风刮向高潮、刮向全球。雷蒙·阿隆在 1954 年发表了《意识形态的终结?》一文，从而成为现代西方工业社会“意识形态终结论”的滥觞，由此引发了西方知识界一场旷日持久的

① 中共中央马克思恩格斯列宁斯大林著作编译局．马克思恩格斯选集：第 1 卷［M］．北京：人民出版社，1995：257.

争论。他在该文中分析了民族主义、自由主义和马克思主义这三种现代社会中的主要意识形态。他认为，民族主义正在弱化，因为经济和军事相互依赖度日益加深；自由主义因其存在致命缺陷而正在走向失败，这个缺陷就是因为它不能为广大社会民众提供共同体意识；马克思主义作为当今世界上最后一个比较大的意识形态，也在走向失败。阿隆为什么这么想呢？因为他是站在资产阶级的利益立场上来认识来看待马克思主义的。他以社会主义国家中的普通工人依然受到剥削和压迫为根据，从而认为马克思主义是虚假的，认为它不是真正代表无产阶级的思想意识，它只是名义上的无产阶级的意识形态。阿隆不像一些左翼思想家看到意识形态的社会影响力、动员力日渐减弱时而感到惋惜，他由衷地欢迎意识形态的动员力被消退的时代的到来。他认为，“人们拒绝神化一个阶级、一种斗争技术、一种意识形态体系”①，人们拒绝把这些东西神化起来，不在形式上被它们所束缚，不会在多大程度上影响他们对于社会公正和更好命运的追求。可以这么说，在这篇文章中阿隆认为，在现代社会中，意识形态的社会结构基础已经不复存在。阿隆不接受政治成为意识形态，或意识形态成为政治的主要内容。1955 年阿隆出版了《知识分子的鸦片》一书，阿隆在该书中意图向那些深陷意识形态泥潭中的人们揭露“政治神话”：“政治还没有发现避免暴力的秘诀。但是，暴力一旦自认为服务于历史的真理和绝对的真理，它就会成为更加惨无人道的东西”②。阿隆所说要终结的意识形态，不是指一切阶级、一切社会的意识形态，而是专门指那些冠以“神学”之名或冠以科学名义的思想观念，他在批判集权意识形态的时候，却把锋芒也指向了马克思主义。

丹尼尔·贝尔的《意识形态的终结》是一部很有影响的著作，该书的出版使得“意识形态终结论”的声势壮大起来。丹尼尔·贝尔首先深刻分析了美国社会的阶级结构变化、职业结构变化、社会流动等方面的状况，在此基础上认为，所有的西方社会学理论，包括马克思的历史唯物主义理论体系等，都不再符合美国社会的实际情况，也不能再用来分析、解释美国社会发

① 冯克利．阿隆与“意识形态的终结”［J］．读书，1998（12）：13.
② 冯克利．阿隆与“意识形态的终结”［J］．读书，1998（12）：13.

展中的各种现象，因此马克思主义正在瓦解或已经失败。贝尔还认为，资本主义和社会主义正在面临相同或相似的任务，正在日益趋同（同质化）。贝尔以此为基础，向学术界抛出了蕴含自己真实思想认知和判断的意识形态终结的观点，并指出代替意识形态的将是统一的社会知识。他说："因此，在西方世界里，在今天的知识分子中间，对如下政治问题形成了一个笼统的共识：接受福利国家、希望分权、混合经济体系和多元政治体系。从这个意义上讲，意识形态的时代也已经走向了终结"；"旧的意识形态已经丧失了它们的'真理性'，丧失了它们的说服力。"① 社会民众不会因为你的话语中有美丽前景，不会因为你谋划了一个美丽蓝图，也不会因为你规划了一个社会工程，就相信一个新的和谐社会的乌托邦就会来到。因而，"曾经是行动指南的意识形态现在已经逐渐走到了死亡的终点"②。贝尔在《意识形态的终结》一书中用充满诗意的文字来表达他"意识形态终结"的预言："从东柏林到布达佩斯，最近几年的教训是，'缓和'正在融化着冰河，疏通着被枯枝败叶堵塞的河道，产生着各种裂缝和碎裂，并把大批的浮冰送入历史的海洋之中。"③

20 世纪八九十年代，"意识形态终结论"思潮再度流行起来。1989 年，国际风云突变，东欧的社会主义国家纷纷改旗易帜，投入西方资本主义的怀抱。作为第一个社会主义国家的苏联处境艰难，危机四伏，即将解体。西方资产阶级代表人物连篇累牍地发表社会主义已经失败或即将失败的论调。正是这个时候，年轻的弗朗西斯·福山发表了一篇同样具有很大社会影响力的论文，这篇论文的题目就是《历史的终结?》，称赞西方资本主义制度是无限美好的全人类的制度。弗朗西斯·福山认为，自由民主是最具正统性的统治体系，已经成为世界共识。西方的自由民主是人类历史的唯一发展方向，是人类意识形态进步的终点，意识形态和国家制度的历史将因世界向民主资本

① 丹尼尔·贝尔．意识形态的终结：50 年代政治观念衰微之考察［M］．张国清，译．南京：江苏人民出版社，2001：462.

② 丹尼尔·贝尔．意识形态的终结：50 年代政治观念衰微之考察［M］．张国清，译．南京：江苏人民出版社，2001：45.

③ 丹尼尔·贝尔．意识形态的终结：50 年代政治观念衰微之考察［M］．张国清，译．南京：江苏人民出版社，2001：402.

主义方向发展而结束。1992年，也就是苏联崩溃后的第一年，弗朗西斯·福山又出版了《历史的终结及最后之人》，这是他的代表作之一。在这部著作里，他对意识形态已经终结的观点再次进行了深入研究和论述，理论构建更加全面、系统，不仅仅在西方学术界，也在其他国家和地区产生了深远影响。到今天，只要学者们谈到意识形态终结的相关话题，就会谈到福山的这部著作及他的观点。他在这本书中向人们宣告："自由民主可能形成'人类意识形态进步的终点'与'人类统治的最后形态'，也构成'历史的终结'。"① 于是，福山向民众传达如下"福音"：资本主义自由与民主的理念没有任何的内在矛盾，其他任何思想理念都是无法与它比肩的；人类的历史已走向资本主义这个终点；苏联的崩溃和苏联的意识形态的失败，不仅仅说明冷战结束了，也意味着意识形态终结了；作为人类政治的最佳选择，西方的自由民主制度即将成为全人类的制度。就这样，福山仅以苏东剧变为依据，就认为资本主义在全世界范围内的制度竞争、价值观竞争等方面取得全面胜利，就认为人类对未来发展模式的追寻和对科学思想的构建都不再是必要的，因为资本主义已是人类思想能达到的最高峰，就认为今后的人类历史将由资本主义来大一统，从而跨入最为完美的"后历史时期"②。

"意识形态终结论"的另一代表亨廷顿于1996年出版了《文明的冲突与世界秩序的重建》，亨廷顿因该书的出版而名噪一时。他认为，冷战后国际政治秩序将不是以意识形态或经济为根据来建立或维持的，也不是以意识形态的差异来衡量和划分的，在世界秩序重建的过程中，各种冲突都将表现为多元化文明之间的冲突，不再是以意识形态的冲突为主，或者说不再存在所谓的意识形态冲突或其他冲突。多元文明之间的冲突将主导或左右全球政治。他说："冷战后的世界是一个包含了七个或八个文明的世界。文化的共性和差异影响了国家的利益、对抗和联合……权力正在从长期以来占支配地

---

① 弗朗西斯·福山．历史的终结及最后之人［M］．黄胜强，许铭原，译．呼和浩特：远方出版社，1998：1.

② 弗朗西斯·福山．历史的终结及最后之人［M］．黄胜强，许铭原，译．呼和浩特：远方出版社，1998：14.

位的西方向非西方的各文明转移。全球政治已变成了多极的和多文明的”①。因此，全球政治的主要冲突将发生于不同文明的民族和集团之间；非西方文明对西方文明的强权和价值的回应可能是未来世界政治的主轴；主导全球政治的将是不同文明之间的冲突，多元化文明之间的分界线将成为未来冲突双方的战线；不同文明之间的冲突是国际局势发展的未来。

二、“意识形态终结论”的虚假性及其实质

要正确认识“意识形态终结论”，揭露其虚假性及实质，我们必须坚持马克思主义的基本立场、观点和方法。

“意识形态终结论”是一种虚假意识。马克思主义认为，在阶级社会里，统治阶级的意识形态是一种虚假意识，这对于我们认识“意识形态终结论”思潮的欺骗性和虚假性具有启示意义。

其一，“意识形态终结论”本身就是一个悖论。贝尔、福山等一方面向人们宣告意识形态已经终结了，人类对于思想价值观念和社会制度的探索走向了终结；另一方面，他们又不遗余力地为垄断资产阶级的意识形态进行辩护，把为垄断资产阶级的利益服务的所谓自由民主理念“描绘成唯一合理的、有普遍意义的思想”，把西方的自由民主制度装饰成人类最终的最美好的制度，从而宣告人类不再需要新的观念革命。资产阶级学者刻意把资产阶级的自由民主理念粉饰起来，披上抽象的、普遍性的外衣，掩盖资本主义社会中阶级剥削和压迫的现实。可见，所谓的“意识形态终结论”本身就是一种意识形态，它本身就是一个悖论。它站在唯心主义历史观的立场上，极力否定以马克思主义为指导的社会主义意识形态和社会主义制度，鼓吹西方中心主义和资本主义制度至上论，它要终结的只是无产阶级的社会主义意识形态和其他非西方的意识形态，而资产阶级的意识形态是万万终结不得的，它是用有色眼镜来挑选被终结的对象的，是从资产阶级的利益和主观感情去选择的，这本身就是对“意识形态终结论”的有力反讽。可以说，“意识形态

① 塞缪尔·亨廷顿．文明的冲突与世界秩序的重建［M］．北京：新华出版社，1998：8-9.

终结论”只是一个外壳，隐藏在壳内的却是西方中心主义和资本主义制度至上的价值观和思想意识。总之，“意识形态终结论”实质上是资本主义社会的资产阶级的意识形态，是代表垄断资产阶级利益学者们的一种虚幻的臆测，作为剥削阶级的意识形态，它必然是一种虚假观念。

其二，“意识形态终结论”是对现实世界的发展变化的一种扭曲的、虚幻的、颠倒的反映。马克思主义认为，意识形态具有鲜明的阶级性，意识形态作为一种构建起来的系统化的思想观念体系，代表着统治阶级的根本利益和价值取向，是对一定社会的经济、政治关系的反映，这就是它的本质。不同性质的统治阶级、不同性质的国家、不同性质的政党，不同的民族、不同形态的社会，各有性质不同、内容相异的意识形态。作为社会存在的反映，意识形态反映着统治阶级的意志，反映着国家和政党的利益和要求。因此，只要还有阶级划分，只要还存在不同的国家，只要还存在政党的活动和斗争，等等，意识形态就必然存在，不会消亡。不管是在一国范围内还是国际范围内，只要还存在着阶级斗争，意识形态的斗争就不可避免，只是随着社会历史条件的变化，其斗争的形式相应地发生了某些变化而已。在当今世界，人们可以真切地看到，无产阶级意识形态和资产阶级意识形态之间的竞争、对立是一种无可争辩的客观存在。马克思主义还认为，意识形态是建立在特定经济基础之上的观念上层建筑，不同性质的经济关系和生产方式必然产生不同的意识形态。生产资料公有制的基础之上树立着社会主义意识形态，生产资料私有制的基础之上树立的则是资本主义意识形态。只要不同性质的社会经济关系和生产方式依然存在，依然在发生着这样那样的作用，意识形态就不可能终结。事实上，当今世界不仅仅存在着资本主义意识形态和社会主义意识形态之间的碰撞、冲突、竞争，其他如民主社会主义、女权主义、环保主义、民族主义等意识形态层出不穷。意识形态不仅在西方世界依然存在，而且种类繁多。资本主义并没有如福山等所想的那样实现一统天下，相反，现在各种各样针对西方资本主义意识形态的批判声浪此起彼伏。历史的发展并没有像贝尔所预言的那样，意识形态非但没有走向终结，反而随着全球化进程的日益深入，不同意识形态之间关系更加复杂，其相互间的冲突变得更加隐蔽、更加复杂，意识形态的多元化趋势并没有改变。正如赫尔科默（Herkomer）所说：“人们可以毫不夸张地说，从来没有像现在这个所谓的后意识形态时代那样，有这么多类的意识形态。”① 美国著名未来学家阿尔文·托夫勒（Alvin Toffler）也对“意识形态终结论”提出批评：“有人大谈‘意识形态的终了’。其实，无论在全球的还是国内的事务上，我们非但看不到这种终了，反而将看到新的意识形态加倍冒出来，它们分别以一个个对现实的梦想煽动追随着。”②

其三，“意识形态终结论”鼓吹西方自由民主制度是人类意识形态发展的终点、自由资本主义是历史发展的终点，鼓吹它们是最终的、最美好的，这实际上是赤裸的谎言。西方极力渲染“意识形态终结论”的目的之一就是企图掩盖自身文化、制度的危机。正如西方思想大师雅克·德里达（Jacques Derrida）所深刻揭露的那样，今天的资本主义世界到处都是威胁与被威胁，放眼望去，所见都是黑暗，根本不是福山所描述的那样。资本主义社会不仅生病了，而且“病得非常厉害，一天不如一天了”；在当今资本主义世界，“衰败正在扩展，正在自行生长”，而且这种衰败不是事物在发展成长过程中的新陈代谢式的衰败，不是衰败的因素被新生的因素所替代的那种衰败，更加不是资本主义抛掉衰败的东西后“发展的一个新阶段”。雅克·德里达指出：失业和贫困、阶级压迫、经济战争、猖獗的邪教、种族屠杀、不同民族与地区间的文化和宗教冲突，等等，正在资本主义世界肆虐，把所谓民主的资本主义世界撕裂。当今的资本主义世界与福山所描绘的“乐观主义图画”有着天壤之别。③ 那么，福山的“福音”为什么会在西方社会炙手可热大有市场呢？为什么西方的政界和学术界对于意识形态的终结津津乐道、喜形于色呢？为什么西方的大众媒介要不吝笔墨大肆渲染呢？雅克·德里达指出了原因，福山的“福音”对于那些陶醉在社会主义已经失败和资本主义已经取得最后胜利的人们来说，是多么的兴高采烈，他们这样做“就是为了掩盖，

① 贾英健. 文化帝国主义与“意识形态的终结”批判［J］. 求实，2003（1）：20-23.

② 阿尔文·托夫勒. 力量转移：临近21世纪时的知识、财富和暴力［M］. 北京：新华出版社，1996：290.

③ 雅克·德里达. 马克思的幽灵：债务国家、哀悼活动和新国际［M］. 何一，译. 北京：人民大学出版社，1999：21，141.

首先是对自己掩盖这一事实：这种胜利从来没有这样病入膏肓、这样摇摇欲坠、这样危机四伏过，甚至在某些方面它已大难临头，而在总体上已经灭亡。它的灭亡不仅是因为马克思的幽灵在今天依然存在，而且是因为实际上它本身就已经灭亡了，通过掩盖所有这些失败、所有这些威胁，从而试图掩盖我们所说的原则和马克思主义的批判精神的潜在能力——力量和现实性"①。实际上，在渲染马克思主义、社会主义已经终结的西方资本主义社会，一直有"马克思的幽灵"在其上空徘徊，一切关于"意识形态终结"的论调都掩盖不了资本主义的危机。西方左翼学者丹尼尔·辛格也指出：所谓的"历史已经终结"是"伪黑格尔式命题""早已行不通"②。他用尖锐而深刻的文字挑落了披在福山的"福音"上的华丽外衣："你也许会被西方世界搞得失望重重，诸如欧洲的大量失业，美国的工薪阶层贫穷；你也许会被越来越多的财富和越来越多的贫穷之间的差距、被'有者'之国与'无者'之国的鸿沟，弄得大吃一惊；被失控的增长与环境之间的冲突搞得惊慌失措；被大庭广众之下的种族歧视和稍加隐蔽的性别偏见吓得胆战心惊。"③ 西方资本主义世界呈现一派"可怕图景"："国际剥削，种族主义，性别歧视，劳动的等级分化等"④。我国著名学者李慎之先生也曾指出，所谓的"文明冲突论"及各种"终结论"实际上是资产阶级学者在面对西方文化中心地位逐渐衰落的现实时，所流露出来的焦虑惶恐和心有不甘，也表现出他们企图继续维持资本主义意识形态优势地位的一种无奈的心态。他指出亨廷顿"无疑是西方中心主义的遗老，但是他已不敢公然嗟叹盛世难再，而只敢承认西方已经衰落。""不难推断，从西方中心时代的巅峰跌落下来，他心里是不会好

① 雅克·德里达．评福山的"历史的终结和最后的人"［M］//俞可平．全球化时代的"马克思主义"．北京：中央编译出版社，1998：148.

② 丹尼尔·辛格．谁的新千年：他们的还是我们的？［M］．曹荣湘，褚松燕，丁开杰，译．北京：中国人民大学出版社，2002：1.

③ 丹尼尔·辛格．谁的新千年：他们的还是我们的？［M］．曹荣湘，褚松燕，丁开杰，译．北京：中国人民大学出版社，2002：2.

④ 丹尼尔·辛格．谁的新千年：他们的还是我们的？［M］．曹荣湘，褚松燕，丁开杰，译．北京：中国人民大学出版社，2002：5.

过的。"① 他们只好用各种"终结论"话语来表达这种面对西方文化的危机感和拯救西方文化的紧迫感。总之，充满谎言的"意识形态终结论"自然是虚假的。

"意识形态终结论"的实质是西方垄断资产阶级为了攫取全球利益、保持自己的文化霸权而推行资本主义意识形态全球化战略的意识形态工具，是专为其他发展中国家尤其是社会主义国家设下的一个"意识形态陷阱"。在冷战结束和全球化快速推进的新形势下，西方右翼学者大肆渲染"意识形态的终结""历史的终结"，其用心就在于鼓吹西方资本主义意识形态的"永恒性"和"终极性"，否定马克思主义的科学性和真理性，否定马克思主义对于人的解放的价值，进而否定以马克思主义为指导思想的社会主义意识形态，污蔑和诋毁社会主义，对社会主义所取得的成果选择性失明，否定社会主义为人类发展所做出的巨大贡献，尤其是企图否定中国特色社会主义的和平发展道路，因为中国的和平崛起打碎了他们的迷梦，戳穿了他们的虚幻，从而记恨并出手打压、攻击、否定社会主义，意图实现西方资本主义意识形态一统天下的目的。比如，福山的"福音"是资本主义制度和资产阶级的自由民主在全世界的胜利。他把共产主义的衰败看成西方自由世界的福音，认为自由资本主义是最完美的社会形态，是历史的终结点。他的"历史的终结"仅仅是共产主义的失败和社会主义意识形态的终结，是特指的带有历史偏见的自由资本主义的全面胜利。福山一再诋毁共产主义制度是极权主义的专制制度，宣称共产主义已经被证明是失败的。他仅仅以东欧剧变的特例来证明社会主义和共产主义已经失败的论调是站不住脚的，他的"历史的终结"正好证明他不懂历史发展的逻辑，也正好说明他对社会主义和共产主义心存偏见。事实上，福山的"历史的终结论"带有明显的反马克思主义和反共主义色彩，是配合西方垄断资产阶级推行资本主义意识形态全球化战略的意识形态工具。以美国为首的西方发达资本主义国家一直处心积虑地要将代表他们一己私利的信仰信念、价值观念、制度模式、生活方式、行为规范等

① 李慎之．数量优势下的恐惧：评亨廷顿第三篇关于文明冲突论的文章［J］．太平洋学报，1997（2）：5-9.

强行推行到其他国家，所以就别有用心地鼓噪“共产主义失败论”“马克思主义失败论”，吹嘘资本主义的全球胜利，对其他国家进行意识形态的渗透和颠覆，以保自己的思想文化一家独大。因此，“意识形态终结论”的实质是宣扬西方资本主义国家尤其是美国的意识形态和价值观念，向发展中国家尤其是向社会主义国家进行意识形态的输出，对这些国家实施“西化”“分化”的战略图谋，企图使这些国家实现全面的“西方化”或者“美国化”。可见，“意识形态终结论”的实质是西方垄断资产阶级推行西方资本主义意识形态的全球化，尤其是对社会主义国家实施“和平演变”战略的意识形态工具。其险恶之处我们不能不察。因此，对于社会主义中国来说，“意识形态终结论”绝对是一个的“意识形态陷阱”。

中国共产党人和中国人民在建设中国特色社会主义的进程中，取得了一系列伟大成就，使得福山这个“历史终结论”的“始作俑者”也不得不修正了自己关于“历史终结论”的观点，他也认识到了“中国模式”的优越性和生命力，承认历史并没有“已然终结”，承认西方的自由民主制度并不是历史发展的终点。习近平总书记指出：“历史没有终结，也不可能被终结。中国特色社会主义是不是好，要看事实，要看中国人民的判断，而不是看那些用有色眼镜看人的人的主观臆断。中国共产党人和中国人民完全有信心为人类对更好社会制度的探索提供中国方案。”① 因此，对于“意识形态终结论”，我们应保持必要的警惕，不能任其泛滥，否则就会消解、动摇马克思主义在我国意识形态领域的指导地位，就会给人民群众的思想认识带来一定程度的混乱，民族认同、价值认同就会遭遇困境，中华民族就会失去共同理想和凝聚力，最终给我国的社会和谐稳定发展以及中国特色社会主义事业带来巨大的风险。

当前，我们应该准确把握马克思主义意识形态理论的精神实质，运用马克思主义基本原理和方法对“意识形态终结论”进行认真的剖析，揭露其虚假性，认清其实质。要加强以马克思主义为灵魂的中国特色社会主义理论教育，加强社会主义核心价值体系建设，让广大人民群众特别是青少年坚定马

① 习近平. 习近平谈治国理政：第 2 卷［M］. 北京：外文出版社，2017：37.

克思主义信仰和社会主义信念。对于“意识形态终结论”，我们要加强批判性辨析，对于那些形形色色的宣扬“终结论”的西方社会思潮，我们要采取有效措施对它们进行正确的引领。其中，最为关键的就是要坚持用我党关于意识形态建设的最高权威评价结论，即用马克思主义来对它们进行辩证分析、用社会主义意识形态来对它们进行引领。而社会主义核心价值体系是社会主义意识形态的本质体现，所以，最根本的就是要以社会主义核心价值体系引领“意识形态终结论”以及那些宣扬、鼓吹“终结论”的西方社会思潮。

第四节 正确认识民主社会主义思潮

改革开放以来，随着国内国际形势的发展变化，特别是受到东欧剧变所带来的影响，民主社会主义思潮逐渐在我国蔓延开来。由于民主社会主义同时打着社会主义和民主的旗号，很容易迷惑人。在我国，民主社会主义思潮曾一度甚嚣尘上，给社会造成了一定程度的思想混乱。因而，很有必要对民主社会主义进行深入辨析，加强宣传教育，帮助干部群众正确认识民主社会主义的本质及其与科学社会主义的界限，并批判性借鉴其有益成分。

一、民主社会主义的发展及其基本主张

民主社会主义是战后对西方社会生活产生重要影响的政治社会思潮。现代社会党，包括社会民主党和工党，在现当代资本主义社会占据了十分重要的政治地位，有的已经连续执政或加入联合政府多年。现代社会党所选择的道路被认为是介于空想社会主义思想与资本主义正统思想之间的所谓“中间道路”。自社会党国际于1951年成立以来，各国社会党和工党便把“民主社会主义”当作自己的指导思想、纲领性原则、奋斗口号和政策基础。

民主社会主义的思想源于西方思想的多个方面，民主社会主义是西方文化传统的产物。19世纪的空想社会主义是其思想渊源之一。为了克服资本主义的某些弊端，空想社会主义者主张改变经济所有制，缓和阶级对立，实行阶级合作，强调伦理和教育的作用，这些思想都被后来的民主社会主义者所

继承。西方自由民主主义的基本理念也是民主社会主义的思想渊源。自由民主主义者关于保障公民基本自由权利特别是普遍人权的观念，关于言论和思想自由的观念，关于议会民主、多党制和分权制衡的学说，都对民主社会主义者产生了重要影响。在民主社会主义的形成和发展过程中，费边社会改良主义也对它有过重要的影响。费边社会改良主义的代表人物是维伯夫妇（Sideny and Beatrice Webb），他们主张在阶级合作的基础上，通过渐进的社会改良而使资本主义和平进入社会主义。他们提出的社会主义主张与马克思主义的科学社会主义针锋相对。维伯在其《社会主义应当注意的事实》一文中指出了社会主义是资本主义发展的必然趋势，但他强调社会主义不是革命变革的结果，而是不断进化的过程，是渐进改良的结果，并把这种改良主义概括为民主主义的、渐进的、合乎道德的、合乎宪法与和平的变革。费边社会改良主义者攻击无产阶级专政是独裁统治，从人性论和超阶级的国家观出发，大力推崇西方的议会制度。此外，德国拉萨尔的“国家社会主义”、西方哲学传统的折中主义、混合政体学说、凯恩斯的国家干预主义都对民主社会主义理论的形成产生了直接的影响，都可视为民主社会主义的理论来源。

早在19世纪40年代，民主社会主义思想便在西欧工人运动中产生，并伴随着国际工人运动的经济、政治斗争而发展，出现了民主社会主义或社会民主主义的名称。在“一战”前的第二国际时期，西欧的无产阶级政党一般都称为社会民主党，它们一般也都以马克思恩格斯所创立的科学社会主义作为自己的指导思想。恩格斯逝世后，第二国际内的改良主义思潮抬头，民主社会主义逐渐脱离了科学社会主义。伯恩斯坦被称为鼓吹民主社会主义的“教父”，他在《社会主义的前提和社会民主党的任务》一书中根据资本主义社会的一些新变化，认为有必要全面修正马克思主义。他否认资本主义社会的阶级对立，反对消灭私有制；否定革命斗争，否定无产阶级专政，主张走议会路线，用和平、民主、改良的方法，使资本主义“和平长入”社会主义；提倡实行多党制。1951年，坚持民主社会主义的各国社会党在德国法兰克福召开国际社会党第一次代表大会，通过了一份很有影响的文件即《民主社会主义的目标和任务》，该文件也被称为《法兰克福宣言》。该宣言对“民主社会主义”这一纲领性原则和口号做了系统性说明：“社会主义的目的是把人们从占有和控制生产资料的少数人的依附中解放出来。它的目的是要把经济权力交到全体人们手中，以建立一个自由人能以平等地位共同工作的社会。"① 它要求建立一个"经济民主""政治民主""社会民主"的社会。该宣言要求"以民主的方法"，即在现存资本主义制度的基础上，通过全民选举和议会斗争和平实现上述目标。

"二战"后至80年代中期是民主社会主义的黄金时期。在这一时期，大多数西欧国家的社会党获得了执政机会。有的社会民主党曾长期取得执政地位，如瑞士社会民主党从1932年一直执政到1976年，连续执政44年。在这一时期，民主社会主义的理论主张主要体现在四个方面：一是在价值追求上，强调"自由、公正、互助"。"自由、公正、团结互助是民主社会主义的基本价值。"② 我国学者高放对1959年德国社会民主党的《哥德斯堡纲领》进行了研究，认为该《哥德斯堡纲领》明确指出："社会民主主义的基本价值——自由、公正和互助是我们估量政治现实的准绳，是衡量一个新的更好的社会制度的尺度，同时也是每个社会民主党人的行动的指南"③。《德国社会民主党一九七五至一九八五经济政治大纲》指出，民主社会主义"植根于建立在共同的道德的基本价值之上的同一政治目标。这些基本价值即是自由、公正和互助。民主社会主义的政治社会基本要求正是从对上述基本价值作出拥护的决断中产生发展起来的。"④ 二是在指导思想上，主张多元化，淡化马克思主义。在社会党国际成立之初，就明确表示要坚持指导思想的多元化，明确否定了马克思主义对于思想意识方面的一元化的指导地位。成立宣言指出："社会主义是一个国际性运动，它不要求对待事物的态度严格一律。不论社会党人把他们的信仰建立在马克思主义的或其他分析社会的方法上，不论他们是受宗教原则还是受人道主义原则的启示，他们都是为共同的

---

① 社会党国际文件集编辑组．社会党国际文件集［M］．哈尔滨：黑龙江人民出版社，1989：2.

② 张世鹏．德国社会民主党纲领汇编［M］．北京：北京大学出版社，2005：96.

③ 高放．科学社会主义的理论与实践［M］．北京：中国人民大学出版社，2003：47.

④ 中共中央党校社科室．社会党重要文件选编［M］．北京：中共中央党校出版社，1985：168.

目标，即为一个社会公正、生活美好、自由与世界和平的制度而奋斗。”① 这是各社会党取消马克思主义指导地位的宣言。后来不管是社会党国际，还是国际的各成员党，都不再坚持科学社会主义的原理，都放弃了革命性，他们的纲领和领导人的讲话都坚持指导思想多元化的立场。社会民主党在《哥德斯堡纲领》中明确指出：“德国社会民主党是一个思想自由的党。它是由具有不同信仰和思想的人组成的一个共同体，它的一致性是以共同的基本道德观念和政治目标为基础。”② 从以上的文献记录可以看出，这些社会民主党虽然不否认马克思主义的科学性，也认为马克思主义的社会分析方法是有效的，也肯定马克思主义对资本主义的批判及其现实意义，但他们并不让马克思主义在社会的思想意识方面起到主导作用，也不以马克思主义作为全党的一元指导思想。因而这些社会民主党的指导思想是兼容了“基督教伦理学、人道主义与古典哲学”等各种思想价值观念甚至宗教教义后形成的一个混合的思想体系。三是在奋斗纲领上，否定人类社会历史发展的必然性，主张改良，放弃革命，放弃了推翻资本主义建立社会主义制度的奋斗目标。强调社会民主党的功能是充当“资本主义病床边的医生”，是医治而不是摧毁资本主义。认为社会主义不存在什么终极目标，“社会主义只有通过民主制才能实现”③，因而，在政治上提倡多党制、议会民主和三权分立；在经济上，放弃生产资料所有制的根本改造，主张建立混合经济制度。四是在党的性质上，把党的性质由无产阶级政党转变为淡化了阶级性的人民党。这些社会民主党都积极扩大党的社会基础，面向各个阶级阶层和社会群体招纳党员，这样就认为自己转变为了人民党。德国社会民主党是最早宣布改变了党的工人阶级性质的政党。《哥德斯堡纲领》强调：“社会民主党已经从一个工人阶级的政

---

① 社会党国际文件集编辑组．社会党国际文件集［M］．哈尔滨：黑龙江人民出版社，1989：3.

② 中共中央党校社科室．社会党重要文件选编［M］．北京：中共中央党校出版社，1985：149.

③ 社会党国际文件集编辑组．社会党国际文件集［M］．哈尔滨：黑龙江人民出版社，1989：73.

党变成了一个人民的政党。"① 随后，欧洲其他国家的社会民主党也纷纷改变其工人阶级政党的性质而称作人民党、劳动人民党或左翼党等。

民主社会主义虽然给欧洲带来了发展，但它不可能解决资本主义制度下的根本性矛盾。20 世纪末，由于新科技革命兴起，伴随着经济全球化深入发展和国家竞争进一步加剧，国内阶级、阶层结构进一步分化重组；社会民主党的政策受挫，福利国家出现危机；东欧剧变，社会主义运动跌入低谷，以上诸因素导致民主社会主义陷入困境。在经过一段时间的理论反思之后，由当时的英国首相、工党领袖布莱尔和美国总统克林顿为代表的"第三条道路"开始兴起，并在随后的几年里得到迅猛发展，影响也越来越广。曾被称为"工党神童"和"政坛神童"的布莱尔，在 1998 年出版了《第三条道路：新世纪的新政治》一书，这是"第三条道路"的理论代表作之一。该书认为现代社会民主要想获得"新生"、取得成功，就必须走"第三条道路"。另一代表人物克林顿主张放弃僵化的教条，超越左右的论争，把人民放在第一位。"第三条道路"的基本观点有：淡化意识形态，模糊左右界限，认为社会主义意识形态已经寿终正寝；反对以阶级为基础来划分社会、分析社会、管理社会，主张建立人人参与的、相互合作的、包容一切个体和社会群体的新型社会关系，强调培养共同体意识；认为平等是机会平等，强调给社会民众提供平等参与机会而不是分配平等的财富；强调权利与责任的统一、民主与权威的统一，要求把权威建立在民主之上；主张发展混合经济，并允许国家对其进行宏观调控，构建新型福利体制；主张政府事务公开，增进透明度及其效率等。"第三条道路"是修订版的民主社会主义。今天的民主社会主义有许多的流派，但本质是一致的，都自称是既不同于资本主义又不同于共产主义的第三种力量，都奉行改良主义的理论和实践，反对科学社会主义的理论和实践，鼓吹阶级调和，宣扬阶级合作，只表面上反对资本主义剥削制度。

---

① 世界知识出版社．各国社会党重要文件选编：第 1 辑［M］．北京：世界知识出版社，1965：149.

二、划清民主社会主义与科学社会主义的界限

民主社会主义本质上是一种主张对资本主义社会进行改良而不是进行革命的代表资产阶级利益的改良主义思潮，是为改良资本主义制度服务的。民主社会主义与我国用来指导中国特色社会主义伟大实践的科学社会主义有着本质区别，二者不容混淆。一是关于指导思想，科学社会主义强调指导思想只能是一元化的，不能搞多元化，指导思想只能是马克思主义，绝对不能是其他什么主义。而民主社会主义主张指导思想可以是多元的，可以来自多种理论，甚至可以是宗教教义，可以是多种理论组成的混合体，它一贯反对把马克思主义作为指导思想，反对一元论的唯物史观。二是关于革命和改良，科学社会主义坚持历史唯物主义，坚信社会主义必然代替资本主义的基本原理，既坚持通过无产阶级的革命运动推翻资产阶级的统治，把人类历史推进到社会主义，也赞成通过改良的途径，创造条件，择机把人类历史由资本主义社会推向社会主义社会。而民主社会主义只主张通过改良的方式推进资本主义社会的发展与完善，否定革命，否定社会主义必然代替资本主义的历史规律，反对通过革命形式推动资本主义向更高级的社会类型发展，反对通过暴力革命来使社会主义代替资本主义，认为一些伦理道德可以把资本主义引向社会主义。三是关于生产资料所有制，科学社会主义认为，生产资料公有制是社会主义在经济上最本质的特征，社会主义必须逐步消灭生产资料私有制，而民主社会主义则认为不需要消灭生产资料私有制。由此可见，民主社会主义的局限性是非常明显的，它是不可能从根本上改变资本主义制度的，它也不可能根除资本主义社会的各种顽疾，它的作用仅仅是充当着资本主义病床边的“医生”和“护士”，因此，民主社会主义不可能推动人类历史走向社会主义社会。

三、批判性借鉴吸收民主社会主义的有益成分

随着我国改革开放的进一步深入，各种西方社会思潮纷至沓来，民主社会主义也是其中之一。尤其是苏联解体和东欧一些国家改旗易帜以后，民主社会主义在我国传播越来越广，带来了一些不良影响，有些学术界人物竟然

公开表示我们所坚持的中国特色社会主义与民主社会主义本质上是一样的，没有什么区别，竟然认为民主社会主义也属于马克思主义的体系，甚至是正统，是中国特色社会主义的前进方向。20世纪以来，民主社会主义作为一种西方思潮渗入我国，在我国意识形态领域十分活跃，其消极影响不容低估。当代中国民主社会主义思潮的一些代表人物往往否定共产党执政的历史，模仿东欧苏联曾经发生的实践；煽动彻底的私有化，进而把经济领域的变化推进到政治领域；在理论上搞折中主义、“和稀泥”，讲所谓的普世性，故意模糊不同事物之间质的规定性，故意模糊不同社会制度之间的根本界限；宣扬民主社会主义思潮与我国深化改革的目标相吻合，力图夺取改革的话语权和主导权，进而影响党的决策；鼓吹告别革命，否定“两个必然”，反对马克思主义的一元指导。民主社会主义思潮造成一部分群众，甚至党员干部的思想混乱，给社会主义意识形态建设和认同带来不良影响和严峻挑战。对于民主社会主义在我国的传播和发展，如果不加重视，不采取措施有力引导，任其蔓延和泛滥，就可能给中国特色社会主义事业带来挫折。周新城教授、吴雄丞教授等认为，在西欧国家执政的社会党、社会民主党的实践证明，民主社会主义从意识形态来说，是给资产阶级做辩护的、维护资本主义社会秩序的思潮，实质上是一股反马克思主义的资产阶级思潮。对社会主义国家来说，它是西方国家推行“和平演变”战略时所寄予厚望的内因力量，是促使社会主义改旗易帜、蜕变为资本主义的桥梁。

因此，我们的学术理论界和宣传思想工作部门，要对民主社会主义这股政治思潮保持密切关注，时刻跟踪掌握它的蔓延状况，要始终保持高度的警惕。要持续推进马克思主义中国化，推进马克思主义理论创新发展，加强中国特色社会主义理论的宣传和教育，加强社会主义意识形态建设，尤其是要加强社会主义核心价值体系的建设，积极开展有关培育和践行社会主义核心价值观的实践教育活动，对民主社会主义思潮进行正确引领。要引导群众正确辨析民主社会主义思潮，我们的宣传思想工作者、马克思主义理论专家要围绕有关民主社会主义的系列问题，积极向干部群众释疑解惑。

要坚决划清科学社会主义与民主社会主义之间的界限，在这个问题上，态度和立场要明确，不能搞折中，不能“和稀泥”，在此基础上对民主社会主义做实事求是的具体分析，既要批判、揭露、否定其错误的方面，也要敢于吸收、借鉴其积极、正确、对我们有利的方面。总之，不要笼统地一概抹杀，全盘否定。要否定其中必须否定的东西，同时，也要有分寸地肯定该肯定的东西。例如，在资本主义条件下，民主社会主义提出的解决民生问题的一些政策措施，对于改善劳动人民的生活水平和提高他们的社会政治地位有一定的积极作用。他们提出和推行的社会保障制度和促进社会公平等做法，值得我们参考和借鉴。

另外，民主社会主义政党扩大其群众基础的做法也值得借鉴。中国共产党是工人阶级的先锋队，也是中国人民和中华民族的先锋队。推进中国特色社会主义伟大事业，实现“两个一百年”奋斗目标，需要中国共产党增强阶级基础的同时，扩大群众基础，吸收各阶层、全民族的优秀分子入党。中国共产党不会因为扩大了群众基础而改变其工人阶级政党的性质，也不是民主社会主义所谓的“人民党”。中国共产党的工人阶级政党的党性与全心全意为人民服务、代表最广大人民根本利益的人民性是统一的。

第五章

引领社会思潮维护意识形态安全的理论自觉

历代党和国家主要领导人都高度重视引领社会思潮、维护国家意识形态安全。近年来，我国加强社会主义核心价值体系建设，培育、践行社会主义核心价值观，以社会主义核心价值体系引领社会思潮。在党的十九大中我党取得了重大理论创新成果——习近平新时代中国特色社会主义思想，这一伟大思想蕴含着深刻的世界价值理念。我们党提出以社会主义核心价值体系引领社会思潮是有着深刻的学理依据的。这一切都高度体现了中国共产党及其主要领导人加强社会主义意识形态建设、维护社会主义意识形态安全的理论自觉。

第一节　以社会主义核心价值体系引领社会思潮的理论自觉

理论自觉有着深刻的哲学意蕴，它强调理论创新和理论建设，重点在于理论对实践的批判和指导。在推进中国特色社会主义事业的进程中，党的历代主要领导人和领导集体都始终保持着高度的理论自觉，强调要加强对那些消极的、错误的、敌对的社会思潮进行引导，打好维护我国意识形态安全的主动仗。自党的十六届六中全会提炼出社会主义核心价值体系以来，社会主义核心价值体系建设已有很大成效，同时，理论界、学术界也就如何凝练社会主义核心价值观进行了深入研究。因应时代课题，党的十八大凝练出了社会主义核心价值观，这是我党在理论创新方面所取得的又一新的伟大成果，对于持续深入开展社会主义意识形态建设的实践具有重要意义。党中央明确要求以社会主义核心价值体系引领多元多样的社会思潮、号召全党和全国人民积极培育和践行社会主义核心价值观，这一切都凸显了我党加强社会主义意识形态建设、积极主动维护我国意识形态安全的理论自觉。

一、党和国家主要领导人维护意识形态安全的理论自觉

新中国成立以来，尤其是改革开放以来，面对国际国内尖锐复杂的意识形态斗争，党和国家主要领导人始终保持着高度的理论自觉性，密切关注社会思潮的发展态势，善于针对引领社会思潮的实践过程中所出现的问题，提出、阐释、宣传自己的理论和政治主张，善于通过理论建设和理论创新来对引领社会思潮的实践活动进行指导或批判。在这个过程中，我党形成了一系列有关指导、批判社会思潮引领的实践活动的权威论断。这些论断是党和国家重要的经验总结和宝贵财富，是我党执政理论的重要组成部分，对于今后引领社会思潮或社会主义意识形态建设的实践仍然具有指导、批判的作用和意义。

（一）毛泽东有关指导意识形态建设实践的思想

毛泽东一贯重视意识形态工作，提出了一整套影响深远的重要理论原则和政策，在今天依然发挥着重要的指导作用。早在社会主义改造基本完成前后，毛泽东根据中国社会基本矛盾的新变化，提出了舆论“一律”和“不一律”的关系问题：“在人民内部，是允许舆论不一律的，这就是批评的自由，发表各种不同意见的自由，宣传有神论和宣传无神论（唯物论）的自由。一个社会，无论何时，总有先进和落后两种人们、两种意见矛盾地存在着和斗争着，要想使‘舆论一律’是不可能的，也是不应该的。只有充分地发扬先进的东西去克服落后的东西，才能使社会前进。”① 在此基础上，毛泽东通过调查研究，集思广益，提出要正确处理人民内部矛盾，提出了促进科学和艺术发展的“百花齐放、百家争鸣”方针，以形成安定团结、生动活泼的政

① 毛泽东．毛泽东选集：第5卷［M］．北京：人民出版社，1977：157-158.

治局面。毛泽东指出："凡属于思想性质的问题，凡属于人民内部的争论问题，只能用民主的方法去解决，只能用讨论的方法、批评的方法、说服教育的方法去解决，而不能用强制的、压服的方法去解决。"① 他说："对学术思想的不同意见，什么人都可以谈论，……如果国内对此类学术问题和任何领导人有不同意见，也不应加以禁止，如果企图禁止，那是完全错误的。"② 毛泽东提出的"双百"方针，可以使我们少犯错误，不仅对于科学和艺术的发展，而且对于整个社会主义意识形态建设具有普遍的理论指导意义，正如毛泽东所说的："百花齐放、百家争鸣的方针，是促进艺术发展和科学进步的方针，是促进我国的社会主义文化繁荣的方针。"③ 毛泽东同时强调，意识形态领域中，各方面工作要坚持为人民服务、为社会主义服务的方向，贯彻"双百"方针，不是不讲原则，不是不辨是非。在社会主义革命和建设的实践过程中，毛泽东确立了中国共产党应对当时复杂的社会矛盾包括意识形态领域的复杂矛盾的总的指导思想和理论原则。遗憾的是，由于各种原因，后来在贯彻"双百"方针等指导思想和理论原则的过程中发生了重大偏差，给我们留下了深刻的教训。

（二）改革开放以来我党引领社会思潮的意识形态建设的理论

改革开放以来，党和国家主要领导人为加强中国社会主义意识形态建设、维护我国意识形态安全做出了杰出贡献。"邓小平理论"是我党推进马克思主义中国化所取得的伟大成果之一，它永远是我们加强社会主义意识形态建设的一面精神旗帜。邓小平继承并发展了"双百"方针，深刻总结了"文化大革命"的教训，恢复了党的实事求是的思想路线，为新时代、新形势下的社会主义意识形态建设开创了新局面；邓小平提出"和平"与"发展"是时代主题的著名论断，拓展了社会主义意识形态建设的视野和大局；邓小平提出"社会主义本质论"和"一个中心，两个基本点"的基本路线，拓展了中国特色社会主义意识形态建设的内容和要求；

---

① 中共中央文献研究室．毛泽东文集：第7卷［M］．北京：人民出版社，1999：209.

② 中共中央文献研究室．毛泽东文集：第7卷［M］．北京：人民出版社，1999：9.

③ 中共中央文献研究室．毛泽东文集：第7卷［M］．北京：人民出版社，1999：229.

邓小平提出了富强、民主、文明的社会主义现代化建设目标，并且突破了过去将自由、人权视为资本主义“专利”的观念，从而拓展了社会主义意识形态建设的价值目标。江泽民与时俱进地提出了“三个代表”重要思想，在领导中国特色社会主义事业胜利前进的过程中推进了社会主义意识形态建设。胡锦涛提出了以人为本的科学发展观、社会主义和谐社会理论以及社会主义核心价值体系理论，强调以社会主义核心价值体系引领社会思潮。以习近平同志为核心的新一届中央领导集体高举中国特色社会主义理论伟大旗帜，高度重视意识形态工作，不断加强党的理论建设和理论创新工作，不断推进马克思主义中国化，积极培育和践行社会主义核心价值观，形成了习近平新时代中国特色社会主义思想，在实践中进一步推进了社会主义意识形态建设，进一步强调和增强了对社会思潮的有效引领，所有这一切都凸显了维护国家意识形态安全的理论自觉。

改革开放以来，党和国家主要领导人通过理论建设和理论创新对引领社会思潮的实践活动进行指导或批判，这种社会主义意识形态建设的理论自觉主要表现在以下四方面：

第一，要求充分认识那些错误思潮给社会主义事业带来的巨大危害，加强理论建设，坚持用马克思主义的立场、观点和方法认识各种社会思潮，对于各种错误思潮要敢于进行斗争和批判。20 世纪 80 年代，邓小平凭着高度的政治敏锐性及时地揭露了资产阶级自由化思潮的实质和危害。他说：“中国在粉碎‘四人帮’以后出现一种思潮，叫资产阶级自由化，崇拜西方资本主义国家的‘民主’‘自由’，否定社会主义。这不行。中国要搞现代化，绝不能搞自由化，绝不能走西方资本主义道路。”又接着指出其危害：“自由化思潮一发展，我们的事业就会被冲乱。”① 在改革开放、推进中国特色社会主义事业的进程中，邓小平要求全党警惕错误思潮的渗透和蔓延，充分认识其危害性。他指出，错误思潮是一种精神污染，在人民中混淆是非界限，制造思想混乱，在潜移默化中动摇人们的正确的理想信念和世界观、人生观和价值观，危害很大，足以祸国殃民。为此，他告诫全党：“不要以为有一点

① 邓小平．邓小平文选：第 3 卷［M］. 北京：人民出版社，1993：123-124.

精神污染不算什么，值不得大惊小怪。有的现象可能短期内看不出多大坏处。但是如果我们不及时注意和采取坚定的措施加以制止，而任其自由泛滥，就会影响更多的人走上邪路，后果就可能非常严重。从长远来看，这个问题关系到我们的事业将由什么样的一代人来接班，关系到党和国家的命运和前途。"① 因此，邓小平明确要求"各级党委，首先是党委主要负责同志，要密切注视和深入研究思想战线的形势和问题"②，要求他们运用马克思主义观点加强对社会思潮及其影响的研究，要对错误思潮开展积极的思想斗争。

面对错误思潮和其他错误思想观念的侵蚀和冲击，江泽民特别强调批判和抵制错误思潮的必要性，要求与各种错误思潮或思想观念进行斗争。他说："在事关政治方向和根本原则的问题上，我们一定要旗帜鲜明，理直气壮，毫不含糊。对于违反以经济建设为中心、违反四项基本原则、违反改革开放政策的错误思想政治观点，对于反马克思主义的挑战和攻击，必须进行积极的思想斗争，不能听之任之。"③ 他告诫全党，在社会发展的转折关头，意识形态领域的矛盾和斗争往往异常激烈；必须慎重对待那些错误的、落后的反马克思主义的思想观念，如果任其泛滥，就会造成极大的社会危害；越是社会转型、变革时期，越要警惕各种错误思想观念的消极影响；对事关政治是非的问题，必须旗帜鲜明，决不能掉以轻心，等闲视之。④

胡锦涛一贯高度重视意识形态工作。他说："意识形态领域历来是敌对势力同我们激烈争夺的重要阵地，如果这个阵地出了问题，就可能导致社会动乱甚至丧失政权。敌对势力要搞乱一个社会，颠覆一个政权，往往是先从意识形态领域打开突破口，先从搞乱人民的思想下手。"⑤ 我国革命、建设和改革的历史经验以及苏联解体、东欧剧变、中亚地区的"颜色革命"等沉痛历史教训都印证了胡锦涛的观点。胡锦涛要求对各种错误思潮开展积极有

---

① 邓小平．邓小平文选：第3卷［M］．北京：人民出版社，1993：45.
② 邓小平．邓小平文选：第3卷［M］．北京：人民出版社，1993：48.
③ 江泽民．江泽民文选：第3卷［M］．北京：人民出版社，2006：88.
④ 江泽民．江泽民文选：第1卷［M］．北京：人民出版社，2006：573.
⑤ 中共中央文献研究室．十六大以来重要文献选编（中）［M］．北京：中央文献出版社，2006：318.

效的斗争。他说："要坚持弘扬主旋律，对错误的思想政治观点和言论，对否定四项基本原则的挑战和攻击，要坚持原则，敢抓敢管，理直气壮地予以批驳和抵制，决不能不闻不问、听之任之。要加强宣传阵地的建设和管理，不能为错误的思想观念提供传播渠道。"①

习近平总书记对意识形态工作的重视程度前所未有，在这方面采取的措施也是力度空前。他已经多次在党的重要会议及其他一些重要活动中，强调意识形态工作的重要性，特别强调这项工作具有极端重要性，特别强调要牢牢掌握意识形态工作的主动权、主导权和领导权，不得有任何的松懈和麻痹大意，特别强调要坚持正确的方向和道路。2013 年 8 月 19 日，习近平总书记在全国宣传思想工作会议上指出："经济工作是党的中心工作，意识形态工作是党的一项极端重要的工作。"② 在习近平总书记的要求下，全党上下再一次在意识形态工作方面凝聚起高度的共识，都正确认识到了意识形态工作的极端重要性，在实际工作中，采取了一系列有效措施来加强意识形态工作，加大力度防范各种意识形态风险，志在确保我国的意识形态安全。在党的十九大报告中，习近平总书记重点强调了要牢牢掌握意识形态工作领导权。由此，党的各级机关和政府部门，尤其是宣传思想工作部门面对意识形态领域出现的一些新问题、新矛盾，更加积极主动地开展调查研究，努力掌控意识形态的整体发展趋势和动态。面对国内外敌对势力让我们党改旗易帜、改名换姓的企图，面对新自由主义等错误思潮的沉渣泛起，习近平总书记的话语掷地有声：我们党"既不走封闭僵化的老路，也不走改旗易帜的邪路"③。方向决定道路，道路决定命运。习近平总书记再三强调要毫不动摇地坚持和发展中国特色社会主义。中国的近现代历史表明，找到这样一条正确的道路多么不容易，必须坚定不移走下去。为此，他告诫全党："在举什么旗、走什么路的问题上，全党一定要

① 中共中央文献研究室. 十六大以来重要文献选编（中）［M］. 北京：中央文献出版社，2006：318-319.

② 习近平. 习近平谈治国理政［M］. 北京：外文出版社，2014：153.

③ 习近平. 习近平谈治国理政：第 2 卷［M］. 北京：外文出版社，2017：39.

保持清醒头脑。”① 强调要加强对各种社会思潮的辨析和引导，善于释疑解惑，对于黑色地带的负面的东西，要敢于发声亮剑。

第二，要求引领社会思潮的实践活动必须始终坚持马克思主义在意识形态领域的指导地位。面对意识形态领域的复杂局面，邓小平指出：“应当高举马克思主义的、社会主义的旗帜，……教育和引导人民正确地对待历史，认识现实，坚信社会主义和党的领导。”② 他认为必须“使马克思主义的和社会主义、共产主义的宣传，特别是在一切重大理论性、原则性问题上的正确观点，在思想界真正发挥主导作用”③。

面对相互吸纳与排斥、相互渗透与抵制、相互融合与扬弃的多样化社会思潮，江泽民始终强调要巩固和加强马克思主义的指导地位，坚定不移地坚持马克思主义指导思想的一元化。他指出：“必须坚定不移地巩固和加强马克思主义的指导地位，绝不允许搞指导思想的多元化”④；“如果放弃马克思主义的指导地位，在指导思想上搞多元化，势必导致人心大乱、天下大乱，给党和国家带来灾难。这是绝不允许的。”⑤ 在庆祝中华人民共和国成立四十周年大会上，江泽民强调：“要用马克思主义和社会主义思想去指导理论、宣传、教育、新闻、出版、文学艺术等部门的工作，去占领思想文化阵地和舆论阵地，丰富群众的精神生活，要积极引导广大群众自觉地抵制各种错误思潮和腐朽思想的影响”⑥。

胡锦涛强调要坚持马克思主义指导思想毫不动摇，要求“各级党委和政府要把意识形态工作作为关系国家安全和社会稳定、关系党和人民事业兴衰成败的重大工作紧紧抓好，始终坚持和不断巩固马克思主义在意识形态领域的指导地位。要加强马克思主义理论研究，不断增强说服力和战斗力，真正

① 习近平. 习近平谈治国理政：第 2 卷 [M]. 北京：外文出版社，2017：326.
② 邓小平. 邓小平文选：第 3 卷 [M]. 北京：人民出版社，1993：40.
③ 邓小平. 邓小平文选：第 3 卷 [M]. 北京：人民出版社，1993：46.
④ 江泽民. 论“三个代表” [M]. 北京：中央文献出版社，2001：126.
⑤ 江泽民. 江泽民文选：第 3 卷 [M]. 北京：人民出版社，2006：86.
⑥ 江泽民. 在庆祝中华人民共和国成立四十周年大会上的讲话 [J]. 党建研究，1989 (08)：9.

使马克思主义成为全党全国人民团结奋斗的精神支柱”①。在纪念党的十一届三中全会召开三十周年大会上，胡锦涛进一步强调：“马克思主义是我们立党立国的根本指导思想。坚持和巩固马克思主义指导地位，是党和人民团结一致、始终沿着正确方向前进的根本保证。”②

进入新时代，马克思主义在意识形态领域的指导地位更加鲜明。习近平总书记认为，作为一名共产党人，必须坚定马克思主义信仰，这个信仰是共产党人的精神之钙和政治灵魂，有了信仰才会有实现伟大目标的毅力；必须坚定对社会主义和共产主义的信念，因为这是共产党人的精神支柱。认为任何一个马克思主义政党一旦放弃马克思主义信仰，一旦丧失社会主义和共产主义信念，就会土崩瓦解。因此，必须坚持马克思主义在意识形态领域的指导地位。习近平总书记在全国宣传思想工作会议上指出：“宣传思想工作就是要巩固马克思主义在意识形态领域的指导地位，巩固全党全国人民团结奋斗的共同思想基础。”③ 在庆祝中国共产党成立95周年大会上，习近平总书记进一步告诫全党：“马克思主义是我们立党立国的根本指导思想。背离或放弃马克思主义，我们党就会失去灵魂、迷失方向。在坚持马克思主义指导地位这一根本问题上，我们必须坚定不移，任何时候任何情况下都不能有丝毫动摇。”④ 习近平总书记一再强调，坚持不忘初心、继续前进，就要坚持马克思主义的指导地位。

第三，要求在发展对外文化交流的过程中，注意对西方社会思潮进行正确的辨别和分析。邓小平就认为“属于文化领域的东西，一定要用马克思主义对它们的思想内容和表现方法进行分析、鉴别和批判”⑤。在对外活动中必须抵制西方腐朽思想文化和价值观的侵袭，要采取坚决措施制止西方思潮的自由泛滥。他说：“经济上实行对外开放的方针，是正确的，要长期坚持。

---

① 中共中央文献研究室. 十六大以来重要文献选编（中）［M］. 北京：中央文献出版社，2006：318.

② 胡锦涛. 在纪念党的十一届三中全会召开30周年大会上的讲话［N］. 人民日报，2008-12-19（002）.

③ 习近平. 习近平谈治国理政［M］. 北京：外文出版社，2014：153.

④ 习近平. 习近平谈治国理政：第2卷［M］. 北京：外文出版社，2017：33.

⑤ 邓小平. 邓小平文选：第3卷［M］. 北京：人民出版社，1993：44.

对外文化交流也要长期发展。经济方面我们采取两手政策，既要开放，又不能盲目地、无计划、无选择地引进，更不能不对资本主义的腐蚀性影响进行坚决的抵制和斗争。”① 邓小平曾严厉地批评了思想战线软弱无力的状况，他说：“现在有些同志对于西方各种哲学的、经济学的、社会政治的和文学艺术的思潮，不分析、不鉴别、不批判，而是一窝蜂地盲目推崇。”② 指出思想战线的理论工作者如果对这些外来错误思潮不闻不问，不批评、不斗争，甚至盲目推崇，任凭错误思潮搞乱人们的思想，动摇马克思主义的指导地位，势必严重危害中国特色社会主义事业和广大人民群众的根本利益。因此，邓小平要求“从中央到地方，各级党委的主要负责人一定要重视理论界文艺界以及整个思想战线的情况、问题和工作。首先要认识目前问题的严重性，认识改变思想战线的领导软弱涣散状况的迫切必要性”③。邓小平的这些理论在新时期得到了其他党和国家主要领导人的继承和发展。

习近平总书记要求宣传思想战线在实际工作中防范马克思主义被边缘化，学科中不能“失语”、教材中不能“失踪”、论坛上不能“失声”。在全面对外开放的条件下，要引导人们更加全面客观地认识当代中国、看待外部世界，要增强对各种思潮尤其是西方思潮的辨析和指导，把握正确舆论导向。互联网是一个社会信息大平台，也是西方思潮传播的主要媒介、中西思想文化交流碰撞的大平台。习近平总书记要求建设网络良好生态，善于运用网络开展引领思想的工作，“对不了解情况的要及时宣介，对模糊认识要及时廓清，对怨气怨言要及时化解，对错误看法要及时引导和纠正”④。习近平总书记认为，在新的历史条件下，党的新闻舆论工作承担着“凝心聚力、澄清谬误、明辨是非、联接中外、沟通世界”等职责和使命，因而在开展对外思想文化交流过程中，“必须把政治方向摆在第一位，牢牢坚持党性原则，牢牢坚持马克思主义新闻观，牢牢坚持正确舆论导向”⑤。

---

① 邓小平．邓小平文选：第3卷［M］．北京：人民出版社，1993：43-44.
② 邓小平．邓小平文选：第3卷［M］．北京：人民出版社，1993：44.
③ 邓小平．邓小平文选：第3卷［M］．北京：人民出版社，1993：45.
④ 习近平．习近平谈治国理政：第2卷［M］．北京：外文出版社，2017：336.
⑤ 习近平．习近平谈治国理政：第2卷［M］．北京：外文出版社，2017：332.

第四，要求正确区分思想认识问题、学术问题和政治问题的界限，采取正确、科学的方式方法来引领社会思潮。在强调思想斗争要理直气壮，要有力度和深度的同时，邓小平认为意识形态领域的斗争主要是采取民主的形式、批评和自我批评的方法，认为“过去那种简单片面、粗暴过火的所谓批判，以及残酷斗争、无情打击的处理方法，决不能重复”①。胡锦涛要求“在工作中要注意区分思想认识问题、学术问题和政治问题的界限，做到具体问题具体分析，是什么问题就解决什么问题，以免影响经济建设这个中心，影响改革发展稳定的大局”②。习近平总书记要求思想工作要把握好时、度、效，认为凡是关系到是非界限和基本原则的问题，都必须积极主动应对，不可退缩，不可推诿，不能听之任之无所作为。认为只有增强主动性，才能在维护意识形态安全的实践中掌握主动权，才能在复杂激烈的意识形态斗争中打好主动仗，只有积极主动地组织开展理论阐释和宣传教育活动，增强活动的针对性和实效性，才能真正帮助干部群众划清是非界限，才能真正帮助干部群众澄清模糊认识。

重温改革开放以来党和国家主要领导人的上述论断，进一步领会其深刻性，我们能够获得很多有意义的启示。这些有关引领社会思潮和指导社会主义意识形态建设实践的理论对于我们今天正确认识并有力引领多样化社会思潮、维护我国的社会主义意识形态安全仍然具有重要的指导意义。

二、社会主义核心价值观凸显维护我国意识形态安全的理论自觉

积极培育、践行社会主义核心价值观对于顺利推进社会主义意识形态建设的实践具有重要意义，这是基于当前价值观念日趋多元化的社会现实及国内外意识形态斗争的新形势而做出的理论回应，是积极防范源自意识形态领域的社会风险，实现社会控制，构建和谐社会的理论思考，是为应对西方敌对势力推行西方价值观念体系全球性认同图谋而做出的理论决策。

---

① 中共中央文献研究室．邓小平年谱：1975—1997（下）［M］. 北京：中央文献出版社，2004：940.

② 中共中央文献研究室. 十六大以来重要文献选编（中）［M］. 北京：中央文献出版社，2006：319.

（一）培育和践行社会主义核心价值观是党中央做出的理论回应

我国正处在由传统农业社会向现代工业社会、信息化社会转型，由社会主义计划经济体制向社会主义市场经济体制转型的双重转型过程之中。这个转型时期，也是我国改革开放的关键时期，是我国构建社会主义和谐社会的关键时期，是决胜全面建成小康社会和实现中华民族伟大复兴中国梦的关键时期。在这个时期，经济体制、社会结构、利益格局等，这些各个领域方方面面的深刻变化使得人们的利益诉求日益多样化，使得人们的生活方式和交往方式日益多样化，也使得人们的思想意识和审美情趣日益多样化，最终也使得人们的价值观念日趋多样化。价值观念的多样化，必然导致价值观的激烈碰撞。现实情况也确实如此，如今，随着社会转型的加快，随着改革的不断深化和开放的不断扩大，人们的价值标准、价值判断、价值取向、价值选择越来越多元、多样、多变，人们的价值创造、价值实现的途径和方式也一样变得越来越多元、多样。在我们的现实生活中，多元化的价值观念往往相互碰撞、冲突，从而出现价值观念混乱的局面。

另外，在全球化、网络化、信息化的当今世界，西方的价值观念通过多种便捷渠道流入我国，并得到了广泛传播，有的甚至泛滥成灾。西方极力宣扬资产阶级的民主、自由、人权等价值观念，标榜西方的价值观念是人类社会价值追求的最高点，人类的价值观念在资产阶级的民主、自由、人权面前终结了。这种观点本不值一驳，因资本主义只不过是人类发展长河中的一朵小浪花而已，人类将永续发展，人类的价值追求也同样永续下去。然而，由于披着虚伪的外衣，西方宣扬的这种荒谬、不切实际的观点在我国却有一定的市场。西方价值观念的泛滥进一步加剧了价值观念混乱的局面。

价值观念多元化尤其是价值观念混乱给社会主义和谐社会建设带来巨大挑战。因价值观念混乱容易导致人们的信仰危机，最终会出现严重的社会失序状况。顺利建设社会主义和谐社会，需要全体社会成员形成价值共识，价值共识的达成需要全社会凝练、培育社会核心价值观，以社会核心价值观作为社会主导价值观来引领、整合其他形形色色的价值观念。我国正处在快速的社会转型过程中，价值观分化、多元化的现实迫切要求我们积极凝练、培育并践行符合我国国情的、得到广泛认同的社会主义核心价值观。

就我国来说，当务之急就是建设社会主义核心价值体系，积极培育、践行社会主义核心价值观。为此，我们党及时地提出了建设社会主义核心价值体系、以社会主义核心价值体系引领社会思潮的重大理论命题。党的十六届六中全会通过了《中共中央关于构建社会主义和谐社会若干重大问题的决定》(以下简称《决定》)，该《决定》深刻揭示了社会主义核心价值体系的科学内涵，并指出，马克思主义指导思想、中国特色社会主义共同理想、以爱国主义为核心的民族精神和以改革创新为核心的时代精神、社会主义荣辱观，构成社会主义核心价值体系的基本内容。党的十七大报告进一步重申："要巩固马克思主义的指导地位，坚持不懈地用马克思主义中国化最新成果武装全党、教育人民，用中国特色社会主义共同理想凝聚力量，用以爱国主义为核心的民族精神和以改革创新为核心的时代精神鼓舞斗志，用社会主义荣辱观引领风尚，巩固全党全国各族人民团结奋斗的共同思想基础。""切实把社会主义核心价值体系融入国民教育和精神文明建设全过程，转化为人民的自觉追求。积极探索用社会主义核心价值体系引领社会思潮的有效途径，主动做好意识形态工作，既尊重差异、包容多样，又有力抵制各种错误和腐朽思想的影响。"① 社会主义核心价值体系是党中央对改革开放以来的我国社会政治经济文化发展现状以及意识形态领域出现的新情况、新问题进行深刻反思的结果，是党中央对价值观念多元化的社会现实的理论回应，是发挥党的理论自觉性而取得的又一重大马克思主义理论成果。

党的十八大在强调加强社会主义核心价值体系建设的同时，在凝练社会主义核心价值观方面取得了重大的理论创新成果："倡导富强、民主、文明、和谐，倡导自由、平等、公正、法治，倡导爱国、敬业、诚信、友善，积极培育和践行社会主义核心价值观。"② 并要求牢牢掌握意识形态工作领导权和主导权，坚持正确方向，提高引导能力，壮大主流思想舆论。习近平总书

---

① 胡锦涛. 高举中国特色社会主义伟大旗帜为夺取全面建设小康社会新胜利而奋斗[M]. 北京：人民出版社，2007：34.

② 胡锦涛. 坚定不移沿着中国特色社会主义道路前进为全面建成小康社会而奋斗：在中国共产党第十八次全国代表大会上的报告［M］. 北京：人民出版社，2012：31-32.

记在党的十九大报告中依然重申要始终坚持社会主义核心价值体系，强调要不断增强对于意识形态的主导权、话语权，要“更好构筑中国精神、中国价值、中国力量，为人民提供精神指引”①。习近平总书记的讲话再次凸显中国共产党加强社会主义意识形态建设、维护我国意识形态安全的理论自觉。我党历来十分重视社会主义意识形态建设，重视防范源自意识形态领域的社会风险，强调理论自觉，加强理论创新，用中国化的马克思主义理论成果指导新的实践，增强抵御社会风险的能力。党的十六大就鲜明提出要增强党的抵御社会风险的能力，并把它作为新时期党的一大历史性课题。党的理论创新和理论建设过程，就是增强党应对风险能力的理论自觉性的过程。加强理论建设，增强理论自觉性，加强对当代中国社会思潮的研究和鉴别，在批判中扬弃，在斗争中借鉴，是我们的社会和谐有序发展的客观要求。在全球化时代、信息网络化时代、改革开放的新形势下，要想回避、封锁和消极地抵制各类社会思潮，基本上是不可能的。我们认为正确的态度应该是，加强理论建设，增强理论自觉性，运用马克思主义的立场、观点和方法，深入研究和分析这些社会思潮的核心内容和主张，既注意政治方向的鉴别，又注意理论正误的分析，还要认清每种思潮在我国流行的各方面原因，从而因势利导，既有效地抵制不利于中国特色社会主义的错误思潮，又有效地吸取其有益的内容。

为了胜利推进建设中国特色社会主义的伟大事业，顺利构建社会主义和谐社会，最终胜利实现中华民族伟大复兴的“中国梦”，全党同志要始终保持高度的理论自觉性，与时俱进，大力加强社会主义主流意识形态建设，坚持用社会主义核心价值体系引领多样化的社会思潮，坚决维护我国的意识形态安全。

着力建设社会主义核心价值体系，积极主动地凝练、培育和践行社会主义核心价值观是党中央对改革开放以来的我国社会政治经济文化发展现状以及意识形态领域出现的新情况、新问题进行深刻反思的结果，是党中央针对

① 习近平．决胜全面建成小康社会 夺取新时代中国特色社会主义伟大胜利：习近平在中国共产党第十九次全国代表大会上的报告［EB/OL］．人民网，2017-10-27.

价值观念多元化的社会现实而做出的理论回应，是发挥党的理论自觉性而取得的又一重大马克思主义理论成果。

（二）培育和践行社会主义核心价值观是实现社会意识形态控制的理论思考

意识形态控制是最终实现社会控制的重要途径。关于社会控制理论，前述章节已做了较为详尽的论述，在此不再赘述。

意识形态是文化的核心，价值观则是意识形态的核心。实现社会的意识形态控制，要求社会的主导价值观不被攻击、动摇、消解。建设社会主义和谐社会，必然要求维护我国的文化安全，进而必须加强社会主义意识形态建设，维护我国的意识形态安全。而维护我国的意识形态安全，则必须加强社会主义核心价值体系建设，这是因为社会主义核心价值体系是社会主义意识形态的本质体现，是社会主义意识形态的精神特质。建设社会主义核心价值体系的基础性工作就是要凝练、培育、践行蕴含在社会主义核心价值体系中的社会主义核心价值观，可以说，社会主义核心价值观是社会主义核心价值体系的“硬核”。当前，最主要的任务就是要加强宣传教育，通过多种有效途径促进社会主义核心价值观的社会化认同，使社会主义核心价值观成为社会基础深厚、社会层面广泛的“社会共识”。

当代社会风险理论家把社会风险的发生局限在生态、生产、科技应用领域，事实上，意识形态领域的尖锐冲突和矛盾同样给社会的有序发展带来风险。苏联的解体就是一个很有说服力的实例。在苏联解体、苏联共产党失去政权之前，各种带有颠覆性的西方价值观念、西方资产阶级意识形态长期泛滥，并逐渐占据意识形态领域的主阵地，使得马克思主义意识形态的影响力、控制力日渐式微、衰弱，从而使得社会大众的价值观发生了混乱，最终导致了人们的信仰混乱，苏联人民的信仰大厦崩塌了。在这种社会氛围中，苏联共产党没有做到自觉、自醒，最终被群众抛弃。

苏联解体的教训是深刻的。前事不忘，后事之师。在全球化、信息化的今天，在意识形态斗争更加复杂化的今天，我们党加强社会主义核心价值体系建设，积极培育和践行社会主义核心价值观，大力维护我国的意识形态安全，体现了社会主义意识形态建设的理论自觉。

(三) 培育和践行社会主义核心价值观是理论决策

认同 (identity) 是社会科学领域的一个重要概念，由心理学家弗洛伊德首先提出。弗洛伊德认为，认同是“个体或群体在感情上、心理上趋同的过程”①。在当今的全球化进程中，西方发达资本主义国家一直致力于把西方的价值观念体系推行到世界的每一个角落，致力于推进西方价值观念体系的全球性认同。其形式主要有两种：强制性认同和引诱性认同。

强制性认同是指西方发达资本主义国家凭借其经济、军事、文化、科技等方面的绝对优势强行把广大发展中国家和其他非资本主义国家纳入其价值观念体系，强制这些国家的人们接受并信奉它们。价值的强制性认同主要通过殖民化和市场化两种途径来实现。在全球化的早期阶段，西方发达资本主义国家凭借船坚炮利，对外推行野蛮的殖民统治。伴随着殖民统治的是西方资本的海外扩张和资本主义生产方式、生活方式的全球性蔓延，是资本主义世界的文化价值观念的全球性扩散。在西方的殖民统治过程中，承载着西方价值观念的各种思潮汹涌澎湃，在西方殖民政府的推波助澜下，呈现铺天盖地之势，原有的思想文化、价值观念逐渐被边缘化甚至彻底消亡，而西方的价值观念体系逐渐上升为主流。另外，西方国家还通过市场化手段强制其他国家和民族认同其价值观念体系。“世界市场”不仅仅是商品和资本的市场，还是思想文化和价值观念的市场。西方国家把自己的政治法律思想、价值理念、民主模式、制度模式、生活方式等编码在各种音像制品、软件、书籍中，出售给他国，于是，体现西方价值观念的各种思潮在这些国家酝酿、流行，西方的价值观念逐渐发展壮大，有些甚至成为主流。马克思、恩格斯对价值认同的这种强制性质早有深刻而生动的论述：“资产阶级，由于一切生产工具的迅速改进，由于交通的极其便利，把一切民族甚至最野蛮的民族都卷到文明中来了。它的商品的低廉价格，是它用来征服一切万里长城、征服野蛮人最顽固的仇外心理的重炮。它迫使一切民族——如果它们不想灭亡的话——采用资产阶级的生产方式；它迫使它们在自己那里推行所谓文明制度，即变成资产者。一句

---

① 车文博．弗洛伊德主义原著选辑［M］．沈阳：辽宁人民出版社，1988：375.

话，它按照自己的面貌为自己创造出一个世界。”①

引诱性认同是指西方发达资本主义国家以非强制的方式引诱广大发展中国家和其他非资本主义国家投入其价值体系的怀抱。在一些民族国家的主权意识增强以后，西方国家利用殖民化和市场化手段推行强制性价值认同的企图越来越难以得逞，于是，引诱性认同就成为当前最主要的价值认同方式。西方发达资本主义国家的政治、经济生活和丰富的文化生活本来就对后发展国家的人们具有迷惑力和吸引力，在此基础上，西方国家动用包括大众媒体在内的一切资源和手段把自己的有关政治、经济、文化、社会生活的价值理念强化，输出给这些后发展国家，在这些后发展国家中掀起一股股以西方价值观念为主要内容的社会思潮，把西方的价值观念以潜移默化、润物无声的方式进入这些后发展国家的人们心中。今天，引诱社会主义国家的人们认同西方价值体系已成为西方敌对势力“西化”“分化”社会主义国家的主要策略。

培育、践行社会主义核心价值观是我们应对西方推行西方价值观念体系全球性认同图谋的理论举措。只有大力培育和积极践行社会主义核心价值观，增强其凝魂聚气、强基固本的作用，才能有效应对各种西方价值观念的挑战和侵蚀。我们要采取有效措施，积极开展宣传、教育活动，让广大人民群众认知、认同、践行社会主义核心价值观，让富强、民主、文明、和谐，让自由、平等、公正、法治，让爱国、敬业、诚信、友善都成为社会主义意识形态的“价值硬核”，成为全社会的主导价值观。通过积极培育、践行社会主义核心价值观，全社会就有了价值共识，社会主义意识形态建设就能顺利推进、增强，敌对势力对我们进行意识形态颠覆的图谋就会被彻底粉碎。

---

① 中共中央马克思恩格斯列宁斯大林著作编译局．马克思恩格斯选集：第 1 卷［M］. 北京：人民出版社，1995：276-277.

第二节　习近平新时代中国特色社会主义思想的世界价值意蕴

习近平新时代中国特色社会主义思想以中华民族伟大复兴的中国梦、共产主义远大理想和社会主义共同理想、社会主义核心价值观这一主流意识形态凝心聚力，以推动构建人类命运共同体形成全球性号召力和影响力。这一思想是中国共产党领导人民的实践经验和集体智慧的结晶，是中国贡献给世界的中国智慧，其中所蕴含的“和而不同、合作共赢、公平正义”也是为国际社会所认可、具有世界价值意蕴的价值理念。对于引领当代中国多样多元的社会思潮尤其是“中国威胁论”思潮、“中国崩溃论”思潮、西方“普世价值论”思潮、“意识形态终结论”思潮具有重要意义，不仅让中国人民，还要让世界人民正确认识中国、点赞中国。习近平新时代中国特色社会主义思想的形成和发展，表明中国特色社会主义具有强大的生机活力，具有无限光明灿烂的前景，再次高度体现了中国共产党加强社会主义意识形态建设、维护国家意识形态安全的理论自觉。

一、习近平新时代中国特色社会主义思想蕴含的世界价值引领

习近平新时代中国特色社会主义思想，不但是中华民族实现伟大复兴中国梦的行动指南，也是与国际社会协同一致为推动构建人类命运共同体而努力奋斗的价值引领。国际社会希望听到中国声音，看到中国方案，中国不能缺席。中国方案不仅是中国参与全球治理的方式，也在于这种治理方式所体现出的“和而不同、合作共赢、公平正义”的价值理念。习近平新时代中国特色社会主义思想，是中国特色社会主义理论体系的重要组成部分、党和人民实践经验和集体智慧的结晶，也蕴含着、承载着构建以合作共赢为核心价值理念的人类命运共同体这一世界价值共识。

人类命运共同体这一世界价值共识对于人类历史的发展具有重要意义。特定历史条件下的人们，只有在达成了价值共识的基础上，才能合力推进人

类社会实现跨越式发展。在人类社会发展史上，价值共识具有客观的历史必然性。陈先达先生论述道："价值共识不是脱离各个民族的价值而独立存在的抽象共相，而是在人类文明进步中、在各民族文化交流中逐步形成的对某些基本价值的认可；它是有条件的、历史的、变化的。"① 价值共识是历史的，说明它是与特定时代紧密联系在一起的，它的形成离不开当时的社会存在所能提供的基础和条件。它要符合特定时代的人们的要求，要反映他们的呼声，对时代发展实践要提出批判性的价值指引。同时，世界价值共识要与世界各国各民族的实际情况相符合，不能脱离于它们的发展状况，要能为它们在发展过程中遇到的难题提供解决方案。只有如上所述，世界价值共识才具有可能性和可行性。习近平新时代中国特色社会主义思想应历史发展进步之需要，应世界各民族人民要求和平、合作、共赢、共同发展进步之呼声，为全人类探索出构建命运共同体的价值共识。在习近平新时代中国特色社会主义思想的指导下，中国正在把这一价值共识付诸实际行动。旨在促进沿线各国乃至世界各国合作共赢的"一带一路"、人类命运共同体等已写进联合国重要文件。提出人类命运共同体这一世界价值共识是为人类发展贡献中国智慧，是为人类社会发展开辟一条现代化新路的中国方案，更是促进世界更好更和谐发展的世界价值指引。

二、习近平新时代中国特色社会主义思想蕴含的世界价值共识的体现

社会主义在中国的发展，从过去主要强调社会主义代表一种历史必然，到现在同时强调社会主义代表一种社会价值体系，呈现出了一种探索、确认社会主义价值体系的历史性变化，这是党领导人民进行社会主义理论和实践创新的一大突破。每个社会制度都有自身的核心价值。坚持社会主义核心价值体系，重视人类社会发展过程中形成的价值共识，并且呼应时代的要求不断凝练新的价值共识，以解决人类面临的新的时代课题，正是习近平新时代中国特色社会主义思想的世界价值意蕴在中国及世界的体现。

判断习近平新时代中国特色社会主义思想的世界价值意蕴存在的依据，

① 陈先达．论普世价值与价值共识［J］．哲学研究，2009（4）：3-9，128.

不仅仅在于习近平新时代中国特色社会主义思想是对中国现阶段最大的实际——中国特色社会主义进入新时代做出的理论概括，还在于这一思想所具有的国际眼光和世界情怀。“价值共识立足于人类进步和本国情况，是与具体性不可分的具体共性。”① 习近平新时代中国特色社会主义思想以问题为导向，以为中华民族谋复兴、为人类发展进步而奋斗为精神旨归，从历史与现实、国际与国内、理论与实践的高度，努力为实现国家治理体系和治理能力的现代化，积极推动全球治理体系改革和完善而贡献智慧和力量。

第一，中国特色社会主义是改革开放以来我们党的全部理论和实践的主题，是经受住了较长时期历史检验的理论和实践成果。改革开放以来，中国在各方面都取得了举世瞩目的成就，中国道路的影响力越来越大，在短短几十年的时间中，中国走完了发达资本主义国家几百年走过的道路，崛起的规模、速度、影响力世所罕见。尤其是十八大以来，党领导全国人民砥砺奋进，改革开放的实践取得了历史性成就。习近平新时代中国特色社会主义思想高屋建瓴地用“八个明确”“十四个坚持”为中国的未来发展擘画了美好蓝图。这一思想对于时代定位做出新的论断：中国特色社会主义进入新时代，中国发展进入到新的历史方位。这一定位意味着中国特色社会主义伟大事业跨越到了新的发展时代，意味着中国特色社会主义理论体系达到了新的理论高度，是在坚持马克思主义的社会矛盾学说和社会发展阶段理论的基础上，在世情、国情、党情发生变化的时代条件下，对中国的发展实际做出与时俱进、实事求是的理论概括。习近平新时代中国特色社会主义思想是马克思主义中国化的最新成果，科学回答了在新的条件下如何坚持和怎样发展中国特色社会主义的问题。

第二，从国际视野来看，习近平新时代中国特色社会主义思想所体现出来的“和而不同、合作共赢、公平正义”，正是全世界人们对美好生活前景的期望，它的实体表现形式是人类命运共同体。2015 年 9 月 28 日，习近平总书记在联合国大会一般性辩论时呼吁：各个国家、各个民族应该更加紧密团结，更加像伙伴一样合作共赢，共同呵护和平，共同维护世界的公平正

---

① 陈先达．论普世价值与价值共识［J］．哲学研究，2009（4）：3-9，128.

义，在全世界树立、培育“铸剑为犁、永不再战”的理念，“同心打造人类命运共同体”①。就经济全球化发展到今天及其产生的种种问题来看，“和而不同、合作共赢、公平正义”正是当代世界的价值诉求。普遍公平正义的存在不是要消灭差别，而是在承认多样性的前提下，以“和而不同”的理念尊重各国根据历史传统和现实国情自主选择发展道路的权利，在此基础上实现合作共赢，以共同发展繁荣实现公平正义。习近平新时代中国特色社会主义思想的外交思想，是对中国传统外交思想和中国现当代外交思想的深化和升华，是对联合国宪章宗旨和原则的继承和发展，构建以合作共赢为核心的新型国际关系是对传统国际关系理论和实践的创新和超越。

第三，从人类社会发展进步的角度来讲，中国道路不但没有背离人类社会发展的趋势和规律，而且通过自身的实践为社会主义建设提供了有益的借鉴，证明了在世界上人口最多的落后大国通过科学社会主义道路走向现代化强国的现实可行性。向世界庄严宣告中国特色社会主义进入新时代，“意味着科学社会主义在21世纪的中国焕发出强大生机活力，在世界上高高举起了中国特色社会主义伟大旗帜”②。中国共产党作为旗手，不但带领中国人民向着中华民族伟大复兴的中国梦迈进，而且提出各国政党积极参与全球治理的理念。这是对共产党执政规律的深化和升华。作为拥有9000多万党员的全球第一大执政党，中国共产党坚持全面从严治党，不断提高党的执政能力和执政水平，在参与全球治理方面发挥更大的作用。所以，中国特色社会主义在解决人类普遍面临的问题上所形成的具有普遍意义的价值，不光对于发展中国家，对发达国家也有积极的影响和意义。中国道路具有原创性和可借鉴性，其实质在于希望发展中国家在自身历史传统和现实国情的基础上，都能走出一条独立自主的发展道路。对于发达国家来说，这一思想体现出的自我革命和社会革命的精神，有助于反思西方政党制度出现的弊端以及由此引起的制度问题和社会治理问题。

---

① 习近平．携手构建合作共赢新伙伴 同心打造人类命运共同体［EB/OL］．人民网，2015-09-29.

② 习近平．决胜全面建成小康社会 夺取新时代中国特色社会主义伟大胜利［M］．北京：人民出版社，2017：10.

三、习近平新时代中国特色社会主义思想蕴含的世界价值共识的现实意义

习近平新时代中国特色社会主义思想在破解人类发展难题的进程中体现其世界价值意蕴。事实与价值的统一是马克思主义的重要原则，“人们认识世界和改造世界，是基于追求价值、创造价值的目的，而为了实现这个目的，就必须对事实、客体及其运动的规律有符合实际的认识”①。习近平新时代中国特色社会主义思想蕴含的世界价值共识对于当今世界的现实意义在于，认识并破解几个困扰人类社会发展的难题：全球化带来的经济增长与社会发展不协调的问题；各国都希望更加开放与相互之间不包容的问题；世界总体和平与各国普遍感到不安全之间的矛盾。

全球化带来的经济增长与社会发展不协调的问题。经济增长是社会发展进步的前提条件，但经济发展到某种程度并不必然带来社会的相应发展进步。经济全球化为资本主义带来了繁荣发展，发达资本主义国家也为发展中国家打造了经济增长理论和发展经济学，但总体来说发展中国家融入经济全球化实现了经济增长，但社会发展却陷入停滞。由此凸显出经济全球化发展到今天所产生的问题：全球发展差距持续拉大及各国都希望更加开放与相互之间不包容的问题。资本主义以本身的开放和强迫他国开放而实现经济增长和社会发展，同时又从西方政治哲学中的敌友关系和基督教中的善恶之分出发来处理国际关系，不具有包容性。发达资本主义国家发展到今天，竟然举起了保护主义的大旗，掀起了反全球化和逆全球化的浪潮。美国总统特朗普执政后的一系列举措、英国脱欧、欧盟的保护主义等现实，客观上需要中国这个世界大国以更加积极有为的姿态为全球提供公共产品。中国奉行的互利共赢对外开放战略更多地体现出包容发展的精神。

世界总体和平与各国普遍感到不安全之间的矛盾问题。“美国治下的和平”继“英国治下的和平”之后，维持了世界大体的和平。但是，当今世界

---

① 马俊峰．马克思主义哲学基础理论研究：马克思主义价值理论研究［M］．北京：北京师范大学出版社，2012：134.

各国普遍感到不安全，尤其是美国感到不安全，认为“美国受到了威胁”。美国提出这种“被威胁感”，实质上是想持续维护、加强自身霸权。习近平新时代中国特色社会主义思想中的安全理念——共同、综合、合作、可持续，是国际社会共同期盼的价值理念和价值共识，对于这些价值理念的践行，有助于国际社会应对人类社会发展面临的安全难题。按照马克思主义有关价值创造和价值实现的理论，价值或者价值理念创造出来以后，需要多方面合力配合，才能实现人类所共同期待的价值。这些安全价值理念需要各国共同践行，才能真正实现各国的共同安全。

习近平新时代中国特色社会主义思想蕴含的价值理念集中表现在这一理论回答了两方面的问题：中国向何处去；人类向何处去。习近平新时代中国特色社会主义思想中的“中国特色社会主义进入新时代、全面从严治党、以人民为中心的发展思想”回答了第一个问题即中国向何处去的问题；构建以合作共赢为核心的新型国际关系、推动构建人类命运共同体，回答了第二个问题即人类向何处去的问题。

中国向何处去？读懂一个时代则需要读懂这个时代面临的问题，改变一个时代也需要切实解决这个时代面临的问题。中国特色社会主义进入新时代，新的时代提出了包括如何守住不发生系统性金融风险的底线、如何精准扶贫和防止污染等问题。时代是出卷人，中国共产党是答卷人。在实践当中党以问题为导向，以敢于担当和刚性执行的品格，解决了过去许多一直阻碍我们发展的重大问题，办成了许多过去想办而没有办成的大事。为了永葆共产党的先进性和纯洁性，坚持全面从严治党，治国必先治党，治党务必从严。党领导伟大的自我革命与伟大的社会革命同时进行。全面建成小康社会是中国要实现的第一个百年奋斗目标，是党对人民和历史做出的庄严承诺。全面建成小康社会是为了让人民过上幸福生活，人民的幸福感到底如何，需要人民自己来回答，这一切要经得起人民的检验、经得起历史的检验。中国共产党的宗旨就是为人民服务，只有带领人民进行中国特色社会主义伟大实践、依靠人民创造历史伟业，才能实现中华民族伟大复兴的中国梦。建成一个富强民主文明和谐美丽的社会主义现代化强国，这就是中国社会发展的方向。

人类向何处去？习近平新时代中国特色社会主义思想中的人类命运共同体理念，回答了人类向何处去的问题。在“中共十九大：中国发展与世界意义”国际智库研讨会上，外国专家强调习近平新时代中国特色社会主义思想对国际社会提供了有益的借鉴，为解决人类问题注入了动力。中国特色社会主义进入新时代，也开启了一个全球的新时代。这在世界社会主义发展史和人类社会发展史上具有深远而重大的意义。构建一个“持久和平、普遍安全、共同繁荣、开放包容、清洁美丽的世界”① ——人类命运共同体，这就是人类社会发展的方向。

习近平新时代中国特色社会主义思想不仅是中华民族实现伟大复兴的行动指南，而且是中国共产党历来就把为人类做出更大贡献作为历史使命的世界价值意蕴的体现。习近平新时代中国特色社会主义思想认为，中国社会的主要矛盾已经转化为人民日益增长的美好生活需要同不平衡、不充分的发展之间的矛盾。事实上，当前国际社会的主要矛盾也体现在世界各国人民对于美好生活的需要同全球经济发展不平衡、不充分之间的矛盾。中国是最大发展中国家的国际地位没有变，这一点决定了发展仍然是党执政兴国的第一要务。国家要发展就要继续奉行互利共赢的开放战略，而更加开放包容的发展也是解决全球发展差距问题、实现各国人民美好发展愿望的关键。“无论中国发展到什么程度，我们都不会威胁谁，都不会颠覆现行国际体系，都不会谋求建立势力范围。中国始终是世界和平的建设者、全球发展的贡献者、国际秩序的维护者。”② 中国是一个大国，负有大国的历史使命和责任担当。穷则独善其身、达则兼济天下是中国的智慧和气度。中国共产党是一个具有世界历史使命的政党。中国共产党的历史使命是为中国人民谋幸福、为中华民族谋复兴、为人类发展进步而奋斗，这三重历史使命是基于中国特色社会主义道路自信、理论自信、制度自信、文化自信基础上的人类自信，是习近平新时代中国特色社会主义思想的价值旨归和世界价值意蕴。中国人民领略

---

① 习近平．决胜全面建成小康社会 夺取新时代中国特色社会主义伟大胜利［M］．北京：人民出版社，2017：58.

② 习近平．习近平博鳌论坛开幕演讲：十大金句振奋人心［EB/OL］．人民网，2018-04-10.

了习近平新时代中国特色社会主义思想的精神要义和世界价值意蕴，就会增强鉴别各种社会思潮的能力，进一步坚定中国特色社会主义的道路自信、理论自信、制度自信、文化自信，更加自觉地紧密团结在党中央周围，为实现中华民族伟大复兴的中国梦而努力奋斗。我坚信，世界上正确领会习近平新时代中国特色社会主义思想的世界价值意蕴的人民将越来越多，到那时，“中国威胁论”“中国崩溃论”“意识形态终结论”等思潮都可以休矣。因此，习近平新时代中国特色社会主义思想是中国共产党人实事求是、与时俱进、不断推进马克思主义中国化和理论创新而取得的最新理论成果，高度体现了中国共产党及其主要领导人加强社会主义意识形态建设、维护社会主义意识形态安全的理论自觉。

第三节　以社会主义核心价值体系引领社会思潮的学理依据

党中央提出以社会主义核心价值体系引领社会思潮的命题，凸显我党维护意识形态安全的理论自觉，这个命题具有深刻的学理依据。本节就这个命题的学理依据做些有益探索。

一、社会主义核心价值体系是社会主义意识形态的本质体现

当前，对于社会主义核心价值体系是社会主义意识形态的本质体现这一论断，学术理论界主要是把它作为一个既成的结论加以运用，而鲜有人从学理逻辑方面对其进行深入的论证和阐释。

（一）社会主义核心价值体系体现社会主义意识形态的本质

马克思在《〈政治经济学批判〉序言》中明确地把社会生活分为两个基本领域：经济基础和上层建筑。上层建筑又可分为政治上层建筑和思想

上层建筑。我们把树立在经济结构之上的“法律的和政治的上层建筑”①称之为社会的政治上层建筑，主要包括军队、警察、法庭、监狱、政府机构和政党，国家政权是其核心。政治上层建筑的各个方面都是社会主体所构建的“为我之物”，体现着社会主体的物质价值，并构成物质价值体系。我们把“一定的社会意识形式”②称为思想上层建筑，包括哲学、政治法律思想、道德、宗教、文学艺术等意识形态。思想上层建筑的各个方面也是社会主体所构建的“为我之物”，体现着社会主体的精神价值，并构成精神价值体系。

价值体系有广义和狭义两种理解。广义的价值体系是指以体系形式存在的价值世界，是具有等级或层次结构的价值形态的世界体系。狭义的价值体系就是由上面的物质价值体系和精神价值体系两部分组成的价值体系。本文主要从狭义的角度来理解一个社会的价值体系。

物质价值体系和精神价值体系两相比较，精神价值体系更为根本。因为思想上层建筑比政治上层建筑更为根本。政治上层建筑虽然具有物质形态，但它们附属于思想，是在思想上层建筑的指导下建立起来的。关于这个命题，列宁做过深刻的论述。他说：“根据恩格斯的提法，可以把政治、法律制度和设施叫作思想的‘物质附属物’。这种物质附属物，可以看作是体现人们之间思想关系、意志关系的手段、中介和载体；但从它的来源，从它归根结底由经济关系决定、并且总是一定主观意图的贯彻来说，它毕竟是派生的、第二性的东西。”③ 由列宁的论述我们可以推知，思想上层建筑的精神价值体系和政治上层建筑的物质价值体系二者比较起来，前者更为根本。因此，社会的价值体系主要指思想上层建筑的精神价值体系。

在思想上层建筑的价值体系中，总会存在一些处于主导地位、发挥着主导作用的价值，我们称之为核心价值，由这些价值所构成的体系就是思想上

---

① 中共中央马克思恩格斯列宁斯大林著作编译局．马克思恩格斯选集：第 2 卷［M］．北京：人民出版社，1995：32.

② 中共中央马克思恩格斯列宁斯大林著作编译局．马克思恩格斯选集：第 2 卷［M］．北京：人民出版社，1995：33.

③ 中共中央马克思恩格斯列宁斯大林著作编译局．列宁选集：第 1 卷［M］．北京：人民出版社，1972：8.

层建筑中的核心价值体系。由于思想上层建筑的精神价值体系比政治上层建筑的物质价值体系更为根本，也由于社会价值体系主要是指思想上层建筑的精神价值体系，因此，思想上层建筑中的核心价值体系就成为一个社会的核心价值体系。

社会的核心价值体系在根本上决定着社会主体的价值追求和价值取向，表征着整个社会发展的价值目标。就像“精神的太阳”① 一样，社会的核心价值体系在整个思想上层建筑中，“无论它照耀着什么事物，却只准产生一种色彩”②。

马克思把“那些法律的、政治的、宗教的、艺术的或哲学的”，称为意识形态的形式，因此，思想上层建筑就是意识形态。社会的核心价值体系是思想上层建筑或整个上层建筑的“精神的太阳”，因此，社会的核心价值体系也必然是社会意识形态的“精神的太阳”，在社会意识形态中处于主导地位，发挥着主导作用，这就决定了社会的核心价值体系是社会意识形态的本质体现。由此也就可以推定，社会主义核心价值体系是社会主义意识形态的本质体现。

社会的核心价值体系是社会意识形态的本质体现，揭示了核心价值体系与意识形态之间的关系。对此，有学者从本体论和认识论两个角度进行理解。从本体论角度来理解，社会的核心价值体系是社会意识形态的“内核”，是社会意识形态作为一个思想体系得以确立的核心观点，而社会意识形态则是围绕在核心价值体系这个内核周围的“保护带”。从认识论角度来理解，意识形态纷繁复杂，表现为现象性的东西，而且还常常以“虚假”的观念形式呈现出来。而核心价值体系作为深藏的稳定的“内核”，体现意识形态的本质。不管意识形态以何种形式呈现出来，作为其内核的核心价值体系总能体现其本质。

事实上，作为社会主义意识形态的“精神的太阳”和“内核”，社会主

① 中共中央马克思恩格斯列宁斯大林著作编译局．马克思恩格斯全集：第 1 卷［M］．北京：人民出版社，1956：7.

② 中共中央马克思恩格斯列宁斯大林著作编译局．马克思恩格斯全集：第 1 卷［M］．北京：人民出版社，1956：7.

义核心价值体系是社会主义意识形态本质内容的凝结。任何社会意识形态都是由相互联系的各个部分组成的一个复杂的体系，体现其本质的就是那些贯穿、渗透在意识形态所有部分之中、起着支配性作用或决定性作用的核心内容，包括它的党性，即它代表什么阶级、群体的利益，它的指导思想和理想信念，它所蕴含的精神特质和基本道德理念，以及它所昭示的前进方向和道路等。建设中国特色社会主义事业的指导思想、理想信念、精神动力和基本道德理念是社会主义意识形态必须回答和解决的根本问题，代表最广大人民群众的根本利益的社会主义核心价值体系正是从这四个核心方面科学地回答了这些根本问题，它犹如一盏明亮的灯塔，指引着中国人民的前进道路和方向，引领并鼓舞中国人民在中国特色社会主义道路上不断胜利前进。正是从这个意义上，我们说社会主义核心价值体系是社会主义意识形态本质内容的凝结，是社会主义意识形态的本质体现。

（二）社会主义核心价值体系是社会主义意识形态反思的必然

诚如马克思所指出的，意识形态体现着统治阶级的利益和意志，是为统治阶级的利益服务的思想观念体系，是一种在社会上占据统治地位并发挥主导作用的巨大精神力量。意识形态往往具有普遍性形式和普遍性意义，因为统治阶级“为了达到自己的目的不得不把自己的利益说成是社会全体成员的共同利益……赋予自己的思想以普遍性的形式，把它们描绘成唯一合乎理性的、有普遍意义的思想”①。因此，意识形态就通过“普遍性形式”体现其“普遍性意义”，正因为这样，意识形态也就具有了为统治阶级的利益服务的理论说服力和为现存社会制度进行辩护的功能。从维护自身根本利益出发，统治阶级“作为思想的生产者进行统治，他们调节着自己时代的思想的生产和分配”②。因此，社会上占据主导地位的意识形态是统治阶级积极主动构建、自觉推动的结果。这种主动构建和自觉推动实际上就是意识形态的反思。统治阶级自觉主动地提炼、构建社会的核心价值体系是对社会意识形态

① 中共中央马克思恩格斯列宁斯大林著作编译局．马克思恩格斯选集：第1卷［M］．北京：人民出版社，1995：100.

② 中共中央马克思恩格斯列宁斯大林著作编译局．马克思恩格斯选集：第1卷［M］．北京：人民出版社，1995：99.

建设进行反思的必然。这种理论反思也是一种理论自觉的表现。

黑格尔和冯友兰都从哲学的高度对“反思”做了精辟的阐释。黑格尔指出：“反思以思想的本身为内容，力求思想自觉其为思想。”① 同样，冯友兰认为“反思”是对认识的认识：“对于认识的认识，就是认识反过来以自己为对象而认识，这就是认识的反思。”② 黑格尔还说：“反思作用总是去寻求那固定的、长住的、自身规定的、统摄特殊的普遍原则。这种普遍原则就是事物的本质和真理。”③ 黑格尔最后指出：“本质的观点一般地讲来即是反思的观点。”④ 可见，哲学意蕴上的“反思”指的是一种本质性思维。反思就是要逾越事物非本质的规定，探寻并最终直达事物的内在根据和本质。可以说，任何社会的核心价值体系都是该社会的主导意识形态的本质体现。

统治阶级为了维护自身利益总要对意识形态进行反思，并通过意识形态反思来概括、提炼、建设体现其本质的核心价值体系。任何统治阶级都会自觉概括、凝聚、建设、倡导体现主流社会意识形态本质的核心价值体系。在许多国家，社会核心价值体系被称作“立国价值”，并为了彰显其神圣性而以法律的形式规定下来。

处在社会转型期和开放条件下的当代中国出现了各种价值观念体系相互激荡碰撞的局面。国内外意识形态领域出现了多种新情况、新问题。从维护无产阶级和人民群众的根本利益出发，党中央自觉对社会主义意识形态进行反思，积极构建社会主义核心价值体系。因此，社会主义核心价值体系是我党面对新形势、新情况而自觉地对社会主义意识形态本身进行深刻反思“力求思想自觉其为思想”的结果。因此，作为社会主义意识形态反思的必然结果，社会主义核心价值体系必然体现社会主义意识形态的本质。

（三）社会主义核心价值体系必然体现社会主义意识形态的本质

社会主义核心价值体系是党中央应对价值观念多元化的社会现实以及国内外意识形态领域出现的新变化、充分发挥理论自觉性而做出的关于社会主

① 黑格尔．小逻辑［M］．北京：商务印书馆，1980：39.

② 冯友兰．中国哲学史新编：第1册［M］．北京：人民出版社，1982：9.

③ 黑格尔．小逻辑［M］．北京：商务印书馆，1980：76.

④ 黑格尔．小逻辑［M］．北京：商务印书馆，1980：242.

义意识形态建设的权威评价结论。构建社会主义和谐社会，需要从指导思想、理想信念、崇高精神、高尚道德等方面凝聚、构建一个高度认同的“价值硬核”来引领和整合多元化的价值观念，来引领体现不同价值观念的多样化社会思潮，使其各得其所，有序而不乱。为此，党的十六届六中全会通过的《中共中央关于构建社会主义和谐社会若干重大问题的决定》及时地提出了建设社会主义核心价值体系、以社会主义核心价值体系引领社会思潮的重大理论命题，要“切实把社会主义核心价值体系融入国民教育和精神文明建设全过程，转化为人民的自觉追求。积极探索用社会主义核心价值体系引领社会思潮的有效途径，主动做好意识形态工作，既尊重差异、包容多样，又有力抵制各种错误和腐朽思想的影响”①。可见，社会主义核心价值体系是党中央为了应对改革开放以来我国社会意识形态领域出现的新情况、新问题而做出的最高权威评价。

中国共产党是以马克思主义为指导思想的无产阶级政党，是中国特色社会主义事业的领导核心。党的性质和宗旨决定了作为最高权威机构的党中央能够在科学思想的指导下开展评价活动，得到真正代表无产阶级和广大人民群众根本利益的评价结论；党的性质和宗旨决定了党中央能够从最广大人民群众的根本利益出发，自觉地以国家和广大人民群众的根本利益和需要作为评价标准，自觉地站在人民的立场上对社会转型时期的各种价值现象和价值关系进行反映，从而得出正确的权威评价结论。社会主义核心价值体系是党中央在总结历史经验教训的基础上，在建设中国特色社会主义的伟大实践中得出的关于社会主义意识形态建设正确的最高权威评价，它必然体现社会主义意识形态的本质。

二、社会主义核心价值体系具备引领多样化社会思潮所要求的品格

不同的社会思潮蕴含不同的社会价值观念，社会思潮的多样化表征着社会价值观念的多样化。一个社会价值（观念）体系要成为社会核心价值（观

---

① 胡锦涛．高举中国特色社会主义伟大旗帜　为夺取全面建设小康社会新胜利而奋斗［M］．北京：人民出版社，2007：34.

念）体系，并对社会多元价值观念及其冲突予以引领，必须具备两个品格：必须体现人文精神的时代特征；必须赢得社会中大多数人的认同。

（一）社会主义核心价值体系体现人文精神的时代特征

人文精神的时代特征与具体历史时代所提出的价值诉求紧密联系。尽管直到西欧文艺复兴时期人文精神才被明确提出，但实际上，自从有了人所构建的价值世界，就有了人文精神。我国儒家思想中的“仁”就体现出人文精神，天下万物人为贵就包含着人文精神的内容。我们今天十分强调的“以人为本”就是人文精神在新时期的体现。马克思在《1844年经济学哲学手稿》中指出：“一个种的全部特性、种的类特性就在于生命活动的性质，而人的类特性恰恰就是自由的有意识的活动。”① 从这个意义上说，人文精神作为人的类特性的本质规定就是对于自由的追求。

在社会主义核心价值体系中，马克思主义指导思想是关于工人阶级、劳动人民和全人类解放的科学，是关于建设社会主义和实现共产主义的科学。马克思恩格斯在《共产党宣言》中描述了未来社会形态：“代替那存在着阶级和阶级对立的资产阶级旧社会的，将是这样一个联合体，在那里，每个人的自由发展是一切人的自由发展的条件。”② 马克思还非常明确地提出，未来社会是“以每个人的全面而自由的发展为基本原则的社会形式”③。马克思主义指导思想蕴含着人的解放、自由而全面发展的终极价值追求。因此，马克思主义指导思想必然体现人文精神的时代特征。又由于马克思主义指导思想是社会主义核心价值体系的灵魂，这就决定了整个社会主义核心价值体系也必然体现人文精神的时代特征。当代中国人文精神的时代特征是与当代中国的时代课题联系在一起的。当代中国的时代课题主要是摆脱贫穷、不发达的状态，建设自由、富强、民主、文明的现代化国家，实现中华民族的伟

① 中共中央马克思恩格斯列宁斯大林著作编译局．马克思恩格斯全集：第42卷［M］．北京：人民出版社，1979：96.

② 中共中央马克思恩格斯列宁斯大林著作编译局．马克思恩格斯选集：第1卷［M］．北京：人民出版社，1995：294.

③ 中共中央马克思恩格斯列宁斯大林著作编译局．马克思恩格斯选集：第2卷［M］．北京：人民出版社，1995：239.

大复兴。马克思主义指导思想和整个社会主义核心价值体系必然反映当代中国的时代课题，进而体现当代中国人文精神的时代特征。

作为社会主义核心价值体系的主题，中国特色社会主义共同理想指明了中华民族走向伟大复兴的必由之路，指明了中华民族追求自由的必由之路。中国社会主义共同理想蕴含着消灭剥削、消除两极分化、实现共同富裕、最终实现人的全面发展等基本要求。中国特色社会主义共同理想把我党在社会主义初级阶段的目标、国家的发展、民族的振兴和个人的幸福紧密联系在一起。因此，中国特色社会主义共同理想必然体现当代中国人文精神的时代特征。另外，以爱国主义为核心的民族精神和以改革创新为核心的时代精神指明了中华民族追求自由的精神动力，社会主义荣辱观则明确了我们在追求自由、追求民族振兴之路上应遵循的基本行为规范。因此，以爱国主义为核心的民族精神和以改革创新为核心的时代精神、社会主义荣辱观也都体现着当代中国人文精神的时代特征。

综上所述，社会主义核心价值体系必须体现当代中国人文精神的时代特征，在建设中国特色社会主义的伟大实践中，它也确实体现着当代中国人文精神的时代特征。因而，社会主义核心价值体系也就具备了引领多样化社会思潮所要求的一个重要品格。

（二）社会主义核心价值体系赢得人民群众的认同

认同与利益紧密联系在一起。一个观念要赢得大多数人的认同，它必须符合大多数人的利益。马克思指出：“要有同样的意志，这些多数人就要有同样的利益。”① 一种社会价值观念若不能代表社会中大多数人的根本利益，它就得不到广泛的认同，也就不会在多元化的社会价值观念中占据主导地位，也就不会拥有引领多元化社会价值观念的资格。

历史唯物主义昭示我们，社会基本矛盾的运动往往与社会中大多数人的利益紧密联系在一起。社会基本矛盾运动的内容和形式会以各种形式的社会问题体现出来。马克思说：“问题就是时代的口号，是它表现自己精神状态

① 中共中央马克思恩格斯列宁斯大林著作编译局．马克思恩格斯全集：第6卷［M］．北京：人民出版社，1965：235.

的最实际的呼声。"① 任何社会的核心价值体系只有反映社会基本矛盾运动中的"问题"，才能代表大多数人的利益，从而赢得大多数人的认同。

① 中共中央马克思恩格斯列宁斯大林著作编译局．马克思恩格斯全集：第40卷［M］．北京：人民出版社，1982：289-290.

第六章

引领社会思潮维护我国意识形态安全的机制构建

“引领”蕴含指引、引导、带领的意义。它不是行政命令，不是无限上纲的“大批判”，也不是强求一致的计划管理，它是方向和路径、教育和激励、灌输和选择、宣传和示范、鉴别和扬弃、批判和整合的统一。引领的过程就是党和国家的意志与广大人民群众的意志和愿望相统一的过程，也是社会主义意识形态的主导地位不断得到巩固和加强的过程。以社会主义核心价值体系引领风云激荡的社会思潮，是一个政治性、理论性、政策性、实践性都很强的重要问题，因此，必须高度重视和正确掌握党的方针政策，不能有任何的草率和疏忽。正如毛泽东所指出的：“政策和策略是党的生命，各级领导同志务必充分注意，万万不可粗心大意。”① 要提高社会思潮引领的实效性，保障我国的社会主义意识形态安全，必须构建引领社会思潮、维护我国意识形态安全的长效机制。

第一节　构建社会主义核心价值体系创新发展和大众化机制

坚持以社会主义核心价值体系引领社会思潮，维护我国意识形态安全，需要构建社会主义核心价值体系创新发展和大众化机制。

---

① 毛泽东．毛泽东选集：第4卷［M］．北京：人民出版社，1991：1298.

一、加强社会主义核心价值体系建设，推动创新发展

构建社会主义核心价值体系的发展创新机制，是为了把社会主义核心价值体系自身建设好，不断增强自身的理论魅力。一种思想能否占据主导地位，在根本上取决于思想本身的力量。社会主义核心价值体系能否有力有效地引领多样化社会思潮，关键在于其自身建设，在于能否不断增强其自身的理论魅力，而理论魅力的增强则需要自我发展机制的构建。

首先，要积极推进马克思主义理论创新。马克思主义指导思想是社会主义核心价值体系的灵魂，推动马克思主义的发展和理论创新，自然蕴含着推动社会主义核心价值体系的发展创新。恩格斯早就告诫我们："马克思的整个世界观不是教义，而是方法。它提供的不是现成的教条，而是进一步研究的出发点和供这种研究使用的方法。"① 马克思主义的生命力在于它是与时俱进的，是随着时代的发展而发展的。我们要更好地引领社会思潮，必须通过推动马克思主义的创新发展来增强它的说服力、引领力。在加强社会主义意识形态建设、维护我国的意识形态安全的过程中，一定要体现意识形态工作的时代性。邓小平曾指出："一个党，一个国家，一个民族，如果一切从本本出发，思想僵化，迷信盛行，那它就不能前进，它的生机就停止了，就要亡党亡国。"② 党的十七大要求"大力推进理论创新，不断赋予当代中国马克思主义鲜明的实践特色、民族特色、时代特色"③。马克思主义是与时俱进的、发展着的、开放的科学理论体系，它为我们提供分析、解决问题的一般原理、立场、观点和方法，它不是僵化的、一成不变的教条。马克思主义者应该随着历史条件的发展变化而继承发展马克思主义，应该实事求是，理论联系实际，运用马克思主义理论解决人民群众普遍关心的现实问题。习近平总书记就此深刻指出："马克思列宁主义、毛泽东思想一定不能丢，丢

① 中共中央马克思恩格斯列宁斯大林著作编译局．马克思恩格斯文集：第 10 卷［M］. 北京：人民出版社，2009：691.

② 邓小平．邓小平文选：第 3 卷［M］. 北京：人民出版社，1993：382.

③ 胡锦涛．高举中国特色社会主义伟大旗帜　为夺取全面建设小康社会新胜利而奋斗［M］. 北京：人民出版社，2007：34.

了就丧失根本。同时，我们一定要以我国改革开放和现代化建设的实际问题、以我们正在做的事情为中心，着眼于马克思主义理论的运用，着眼于对实际问题的理论思考，着眼于新的实践和新的发展。”① 在庆祝中国共产党成立 95 周年大会上，习近平总书记进一步深刻指出：要“坚持把马克思主义基本原理同当代中国实际和时代特点紧密结合起来，推进理论创新、实践创新、不断把马克思主义中国化推向前进。”② 我们要在坚持马克思主义基本原理、基本立场、观点和方法的基础上，与时俱进。紧贴建设中国特色社会主义的伟大实践，在伟大实践中继承、发展、创新马克思主义理论。紧贴党的建设伟大工程，在加强党的建设实践中，创新马克思主义的政党学说，创新党的建设理论。始终保持党的理论充满生机与活力，也是有助于引领社会思潮的重要因素。紧贴实现社会主义现代化和中华民族伟大复兴的历史任务，用马克思主义的最新理论成果凝聚共识、凝聚力量，给人们以正确的思想指引。紧贴反“和平演变”的意识形态斗争实践，创新社会主义意识形态建设的体制机制，创新引领社会思潮的战略部署，创新维护我国意识形态安全的政策、措施，创新意识形态工作的话语和方式方法。

以社会主义核心价值体系引领社会思潮，要求我们深入开展马克思主义的理论研究和理论创新，用马克思主义中国化最新成果武装全党、教育人民，给引领社会思潮提供雄厚的理论支撑。为此，要大力实施马克思主义理论研究和建设工程，为马克思主义的发展不断注入新的生机与活力；要按照党中央的要求，结合中国特色社会主义建设事业的实际，结合中华民族的历史和文化，结合时代主题和时代精神，不断赋予当代中国马克思主义以鲜明的实践特色、民族特色和时代特色；要繁荣发展哲学社会科学，推进学科体系、学术观点、科研方法创新，善于打造理论精品和文化精品，鼓励哲学社会科学界为党和人民事业发挥思想库作用；要制度化地组织广大干部群众学习马克思主义理论，切实提高他们的马克思主义理论素质和修养，增强干部群众学习、运用马克思主义中国化最新成果的自觉性和坚定性，从而使党的

---

① 习近平. 习近平谈治国理政［M］. 北京：外文出版社，2014：9.

② 习近平. 习近平谈治国理政：第 2 卷［M］. 北京：外文出版社，2017：33.

先进理论真正深入头脑、扎根人心，并在实践活动中转化为广大干部群众的自觉行动。

其次，要在直面社会发展的挑战中推动社会主义核心价值体系自身的发展创新。作为民众评价活动现实形式的社会思潮反映着广大群众的现实利益，因此，社会主义核心价值体系的建设要深入回答现实生活中的重大理论和实际问题，直面社会的尖锐矛盾，解答时代课题，解决广涉人民群众利益的难点、热点问题，不断增强自身解决问题的能力，提高自身的感召力和凝聚力。这样，社会主义核心价值体系就体现出对于其他社会思潮的明显的理论优势，从而提升其引领社会思潮的能力和魄力。这样，以社会主义核心价值体系引领社会思潮的合法性基础得到进一步夯实，社会主义核心价值体系的感召力、亲和力、凝聚力也由此得到进一步增强并充分发挥，社会主义核心价值体系也就能够有力有效地引领多样化的社会思潮，成为巩固全党全国各族人民团结奋斗的共同思想基础。

最后，要为社会主义核心价值体系与多样化社会思潮搭建对话平台，使社会主义核心价值体系在与多样化社会思潮的沟通交流之中得到丰富、完善和发展。社会共识的形成，不能单靠国家政权的强力推进。在多样化社会思潮相互交织、相互激荡、相互竞争的境况下，社会主义核心价值体系要积极主动地同各种社会思潮开展对话，通过沟通和交流，让各种社会思潮都有充分的观念阐释、意愿展现、诉求表达，从而通过对话实现协商、整合、合作、共赢。一方面，通过对话，社会主义核心价值体系可以吸收、借鉴、融合各种社会思潮的合理成分和理性元素，丰富、发展、完善和创新原有体系和内容，让新兴社会阶层和利益群体都能找到归属感和认同感，从而扩大自身的社会影响力、政治亲和力和理论感召力；另一方面，对话能够充分发扬民主，让群众畅所欲言，从而让群众在这个过程中分清是非，提高思想认识，这就为社会主义核心价值体系引领社会思潮、最大限度形成社会共识创造了条件。

二、推进社会主义核心价值体系的大众化、通俗化

当前，要让社会主义核心价值体系引领多样化社会思潮，首先要让人民

群众理解和掌握社会主义核心价值体系这一马克思主义的“批判的武器”，并不断增强它的说服力、战斗力和凝聚力。推进社会主义核心价值体系的大众化、通俗化，是让人民群众掌握社会主义核心价值体系这一马克思主义的“批判的武器”，并不断增强其说服力、战斗力和凝聚力重要途径。

列宁指出：“最高限度的马克思主义=最高限度的通俗化。”① 马克思主义是无产阶级和广大人民群众的世界观和方法论，是为无产阶级和劳动人民的解放服务的。这种理论要求它自身通过大众化和通俗化的途径真正成为人民群众的“批判的武器”，成为人民群众改造社会和世界的巨大的“物质力量”。推进马克思主义和社会主义核心价值体系的大众化、通俗化可以使它们的科学内涵既得到准确表达，又不因过于抽象而晦涩难懂，不让人民群众觉得它们是远离自己现实生活的抽象教条；可以使马克思主义和社会主义核心价值体系在内容上贴近生活实际，打动人心，在形式上生动活泼、喜闻乐见，极具吸引力和感染力。这样，社会主义核心价值体系的建设就契合人民群众在现实生活中的经验感悟，有利于增强社会主义核心价值体系的社会认同的心理基础，为更好、更有效引领社会思潮创造了有利条件。

当前，要从以下三方面采取措施推进社会主义核心价值体系的大众化和通俗化。

首先，社会主义核心价值体系的建设要贴近实际、贴近生活、贴近群众。“三贴近”体现了马克思主义的世界观和方法论，体现了党的群众路线和以人为本的观点。马克思说：“理论只要说服人，就能掌握群众；而理论只要彻底，就能说服人。所谓彻底就是抓住事物的根本。”② 理论只有掌握群众，才有凝聚力和战斗力，而理论只有反映群众的利益和要求即“抓住事物的根本”，才能说服人，从而掌握群众，为群众所拥护。“三贴近”充分体现社会主义核心价值体系的人民性，能够让广大人民群众真切地体会到建设社会主义核心价值体系是从维护他们根本利益出发的。这样，社会主义核心

① 中共中央马克思恩格斯列宁斯大林著作编译局．列宁全集：第 36 卷［M］. 北京：人民出版社，1985：467.

② 中共中央马克思恩格斯列宁斯大林著作编译局．马克思恩格斯选集：第 1 卷［M］. 北京：人民出版社，1995：9.

价值体系的建设就抓住了“事物的根本”，从而具有了“说服人”的功能，能够获得人民群众的热情支持和衷心拥护，人民群众也会自觉地、主动地去学习、去领会社会主义核心价值体系，这些都有助于推进社会主义核心价值体系的大众化、通俗化。为此，一切理论宣传工作要始终贴近实际、贴近生活、贴近群众，把建设社会主义核心价值体系与人民群众的利益诉求统一起来，把解决群众的思想问题与实际问题有机结合起来，密切关注那些与人民群众的实际利益息息相关的带有普遍性的社会事件和社会基本问题，通过认认真真访民情，诚诚恳恳听民意，实实在在帮民富，兢兢业业保民安，了解广大群众的心理变化的特点及其发展趋势，准确把握各阶层社会成员的思想脉搏和生活追求。

其次，要围绕社会主义核心价值体系建设编辑出版一系列语言活泼、说理深入浅出、针对性强的通俗理论读物，使它们成为青少年、普通群众进行理论学习和了解形势政策的重要辅助材料，实现党的理论创新成果与群众理论渴求的有效对接。理论工作者要深入开展实际调查，组织形式多样的座谈会、报告会、理论宣讲会等，尽可能多与群众面对面，回答干部群众普遍关心的重大理论和实际问题，在这种亲切的互动中把社会主义核心价值体系等党的最新理论成果普及到群众中去，推动当代中国马克思主义及其最新理论成果即社会主义核心价值体系的大众化。

最后，在宣传社会主义核心价值体系时，要彻底摒弃墨守成规的思维定式，克服以往的抽象化、教条化、形式化、口号化和说教意味太浓等问题，赋予社会主义核心价值体系以鲜明的实践特色，从而实现内容的具体化；要彻底摒弃居高临下的说教语言，多采用民间语言，复杂文本要向简单文本转变，抽象文本要向群众喜闻乐见的生动活泼的作品转变，学术语言要向口语化、民族化、时代化、平民化语言转变，从而力争实现语言文字的通俗化；要摒弃生硬呆板的叙述方式，通过电影电视、舞台表演等群众喜闻乐见的传播形式实现理论宣传的视觉化、形象化、艺术化。

第二节 从传播环节着眼构建社会主义核心价值观确立机制

2014年5月4日，习近平总书记在北京大学师生座谈会上深刻指出，“青少年是标志时代的最灵敏的晴雨表”“青少年的价值取向决定了未来整个社会的价值取向”“青少年要自觉践行社会主义核心价值观”①。若广大青少年能够自觉培育和践行社会主义核心价值观，则维护我国意识形态安全的大势可定矣。为此，习近平总书记向青少年提出勤学、修德、明辨、笃实的要求。要让青少年对于社会主义核心价值观强化于知、内化于心、外化于行，我们必须从把握社会思潮传播环节着眼，积极探寻培育和践行社会主义核心价值观的有效途径。本文在这里主要探讨从社会思潮的传播机制着手构建青少年确立社会主义核心价值观的机制。

一、谁来传播？——加强对传播者的教育、引导和管理

传播是社会思潮的一般运动形式。传播的停止意味着该社会思潮的消亡或沉寂。社会思潮的传播过程是比较复杂的，包含传播者主动传播信息的过程、受众接受信息并反馈信息的过程、受众接收信息后又转变为传播者继续进行传播的过程。但只要仔细梳理，即可拨云见日。社会思潮的传播环节不外乎谁来传播、为什么传播、用什么传播、为什么接受等。

社会思潮分为潮头和潮流两部分。社会思潮的传播者主要是潮头中的来自学术界的著名思想家和其他有影响力的专家学者，也有来自一些社会群体中的社会名流和社会精英人物。这些人往往拥有丰富的社会资源，具有很大的传播社会思潮的能量。组成社会思潮的潮流的主要是普通民众，自然涵盖千千万万的青少年。对大中小学生而言，给他们传播各类社会思潮的主要是

① 习近平．青少年要自觉践行社会主义核心价值观：在北京大学师生座谈会上的讲话[N]．人民日报，2014-05-05（2）.

各领域的专家、学者、授课老师、活跃于互联网的社会名流、成功人士、网络大V等。

因此，为了避免那些消极的甚至错误的社会思潮给青少年的思想意识、价值观形成带来不利影响，让他们最终确立社会主义核心价值观，必须从“谁来传播”这个环节入手，加强对传播者的教育、引导和管理。主管宣传思想工作的机构和部门要对各类媒体撰稿人、节目主持人、各类活动的嘉宾加强教育、管理，要求他们遵守职业道德、增强责任感。各级教育行政主管部门和各级各类学校的领导机构要对授课教师的思想政治素质把关，要加强学校的师风师德建设，要求各位老师在对学生上课时，要做到弘扬主旋律，传播正能量，做社会主义核心价值观的培育者、践行者。特别是高校的思想政治理论课教师，应该加强对一些重点社会思潮的研究，要深入分析它们的性质、正反方面的影响，做好引领预案。要对那些严重影响青少年大学生的价值观形成的社会思潮进行重点剖析，比如，新自由主义、历史虚无主义、民主社会主义、消费主义，帮助青少年大学生正确认识它们的本质，把对社会思潮的引领融入教育教学的全过程。

专家、学者、社会名流往往通过各种形式的论坛、学术讲座、思想交流活动来对社会思潮进行传播，他们的言论在很大程度上影响着青少年价值观的形成。活动主办者一定要加强对邀请来讲学的专家、学者、知名人物的管理，要事前加深对这些专家、学者、知名人物的了解，要预先判断他们的讲学主题、观点是否有利于青少年的健康成长，是否有利于青少年确立社会主义核心价值观。面向青少年的理论宣传和教学、讲学、讲座一定要遵守纪律，决不能传播反马克思主义、挑战社会主义核心价值体系、动摇社会主义核心价值观主导地位的思潮。因此，国家各级党委、宣传部门、教育行政主管部门要对活跃在意识形态领域的专家、学者、社会名流、成功人士、网络大V等加强教育、引导，在坚持尊重差异、包容多样的原则下，要求专家、学者以及有影响力的公众人物等把握好主旋律与多样化之间的关系，宣传多样化的思想意识，不应危及马克思主义指导思想这面旗帜，不应动摇社会主义核心价值观的主导地位。

二、为什么传播？——运用马克思主义利益观评判多样化的社会思潮

为什么传播？这个问题涉及传播者的传播动机。前文已经论述过社会思潮体现了特定社会群体与带有普遍性的社会事件和复杂化的社会问题之间的价值关系。可以这么讲，任何人传播社会思潮的动机都是为了表达利益诉求，可能是自身的利益诉求，也可能是特定群体的利益诉求，只是有些表达得直接、明显，而有些则表达得间接、隐秘，甚至一些人是出于获得不可告人的利益而去传播某种社会思潮。

为此，思想政治教育工作者一定要善于运用马克思主义利益观剖析各种影响青少年树立社会主义核心价值观的社会思潮，揭示该社会思潮得以传播的利益关系。马克思主义利益观是我们辩证分析社会思潮的理论武器，它遵循辩证唯物主义和历史唯物主义的基本原理，坚持物质决定精神、利益决定思想的基本观点。马克思曾经深刻揭示了思想与利益之间的辩证关系，他说："'思想'一旦离开'利益'，就一定会使自己出丑"①。任何社会思潮都离不开特定主体的利益或价值追求。离开了具体利益表达的社会思潮要么是不存在的，要么就是不真实的、虚假的。马克思说："既然正确理解的利益是整个道德的基础，那就必须使个别人的私人利益符合于全人类的利益。"②马克思主义利益观认为，利益不是利己主义的个人私利，私人利益要符合全人类的利益。个人利益有正当和非正当之分。个人利益与集体利益保持一致就是正当的。当然，集体利益不是狭隘的某个集团的局部利益。马克思、恩格斯还深刻指出，只有实现共产主义的价值追求才是代表全人类利益的，以往一切以私有制为基础的共同体，包括今天的资本主义社会都是"虚假的共同体"，一切剥削阶级及其政党所代表、所追求的利益只是少数人的利益。

思想政治教育工作者要通过运用马克思主义利益观深刻剖析形形色色的社会思潮，让青少年学子们明白，传播者之所以传播、宣扬某种社会思潮，

---

① 中共中央马克思恩格斯列宁斯大林著作编译局．马克思恩格斯全集：第 2 卷［M］．北京：人民出版社，1957：103.

② 中共中央马克思恩格斯列宁斯大林著作编译局．马克思恩格斯全集：第 2 卷［M］．北京：人民出版社，1957：167.

是因为该社会思潮隐藏着传播者所追求的利益。要让他们正确认识这些形形色色的社会思潮代表着什么人的什么利益，并且要让他们认识到这些利益是合理的还是不合理的，是正当的还是非正当的，是合法的还是非法的，是代表少数人的利益还是代表绝大多数人的利益。从所代表的利益角度，思想政治教育工作者还可进一步帮助青少年对这些社会思潮的性质做出明确的评判，积极帮助他们正确评判某一具体社会思潮是积极的还是消极的，是进步的还是落后的，是正确的还是错误的甚至是反动的。比如，否定中国共产党的执政地位、主张全面私有化的新自由主义思潮就是错误的、反动的。如果青少年对这些形形色色的社会思潮的性质有了正确评判，那么他们就会不再那么容易被一些错误的理论所迷惑。如果青少年对这些社会思潮所代表的利益有了正确认识，也就对这些社会思潮所蕴含的价值观有了正确认识，这有助于消除那些错误的、消极的社会思潮带来的不利影响，有利于青少年认同社会主义核心价值观，有利于青少年自觉培育和践行社会主义核心价值观。

三、用什么传播？——加强对校园传播媒介的监管和建设

用什么传播？这个问题实际上就是探讨社会思潮的传播媒介。在当今时代，社会思潮的传播媒介主要包括以图书、报纸、学术期刊、广播影视为代表的传统媒介，以网站、QQ、微信、微博、脸书为代表的新兴媒介，以论坛、学术会议、讲座为代表的场所性媒介。其中新兴媒介在当今社会的应用越来越广泛，对青少年的影响也是越来越大，并且成为传播社会思潮的主要媒介。

大众媒介已是青少年了解信息的主要渠道之一，对青少年的价值观形成具有重要影响。我们一定要充分利用大众媒介的优势加强培育和践行社会主义核心价值观的舆论引导。宣传、文化和新闻出版部门要加强监管，不要让那些错误、落后、腐朽甚至反动的社会思潮肆意传播、泛滥，每一种大众传媒都要提升自己的社会责任感，做到弘扬主旋律，传播正能量，牢牢把握正确的价值导向，给青少年确立社会主义核心价值观营造积极、健康、良好的舆论环境和氛围。

学校要主动适应新兴媒介的发展趋势，加强校园管理工作的数字化、网

络化平台建设，平台管理者要充分借助网络技术，实时掌握学生的思想动态，适时发挥平台的正确舆论导向、价值导向作用，有效服务于学生确立社会主义核心价值观。

要大力加强校园媒体建设。校园媒体在开展培育和践行社会主义核心价值观的宣传教育活动中，在引导学生正确认识多样化的社会思潮，形成正确的价值观方面，发挥不可替代的作用。为此，学校应该加强有关宣讲党的理论政策、建设社会主义核心价值体系、培育和践行社会主义核心价值观的特色网站、专题网站建设，应该积极构建微信、微博、QQ 群等新兴网络平台，要借鉴互联网上贴吧、论坛的成功经验，增加跟帖、在线互动等内容或环节，要借助这些平台，对具有重要舆论导向、价值导向作用的活动、事例进行播介，比如，要对“感动中国十大人物”“全国道德模范”进行播介，要主动对一些重大、引爆网络的社会事件进行及时、正确的评析、引导，进行正确的婚恋观、家庭观、财富观的教育，从而增强宣传、培育社会主义核心价值观的影响力和吸引力、针对性和实效性，对青少年学子确立社会主义核心价值观起到积极作用。

多年来，一些西方国家通过广播、电视、电影等向别的国家输出新思潮，传播资产阶级的价值观念、政治思想和生活方式，极大地影响了这些国家青少年的信仰和价值观念，进而影响他们的思想方式、生活方式和行为方式，最终达到西方国家对他国实施“和平演变”的目的。因此，我们的学校应积极主动引导青少年学子多阅读传播正能量、有益于青少年学子确立社会主义核心价值观的书籍、期刊，多组织学生观看体现爱国主义、反映党的奋斗历程、讴歌我国社会主义建设、改革、发展伟大成就的影视作品。同时，还要加强对场所性媒介的监管，要对学术交流、学术报告、讲座等的政治性、思想性严格把关，防范某些反华势力有预谋地通过这些场所性媒介对我们的学生进行思想渗透。西方国家的惯用伎俩之一就是在别的国家培养亲西方的学术权威，充当宣扬西方价值观的“青少年导师”和“意见领袖”。思想宣传工作部门对这些情况要有充分的把握。

四、为什么接受？——让青少年真正正确认识自己的利益和需要

受众为什么接受、认可一种社会思潮？首先，还是因为利益。当受众接触到某种社会思潮时，自己潜意识中的或朦胧状态的利益诉求和愿望被点醒，以为这种思潮所反映的利益和要求就是自己所想实现的，于是引起情感共鸣，逐渐接受、认可了这种社会思潮。其次，是因为群体压力和趋同心理。对于个体而言，拥有相同或相似思想价值观念的群体总会给他带来一定的制约力，要想拥有与群体不同的思想价值观念是比较困难的，要么脱离群体，要么接受群体的思想价值观念。一般说来，在群体压力下，个体就会产生趋同心理，接受群体内大多数人认同的思想价值观念。

所以，要通过有针对性的宣传教育工作，让青少年真正正确认识自己的利益和需要，让他们确信只有社会主义核心价值观才能真正代表自己的利益和需要，营造培育和践行社会主义核心价值观的良好氛围。思想政治教育工作者一定要敢于、善于揭露某些错误思潮的欺骗性，加强宣传教育，创新教育方式，通过举办沙龙、研讨会、学习会，组建学习小组、学习型社团等，引导青少年学习中国特色社会主义理论，让他们认识到那些错误的社会思潮所蕴含的价值观并不真正代表他们的利益，并不能真正满足他们的需要，让青少年深刻认识中国共产党的宗旨和奋斗目标，坚定中国特色社会主义的理想和信念，争做建设社会主义核心价值体系的主力军，争做培育和践行社会主义核心价值观的表率和模范，为实现中华民族伟大复兴的中国梦做出重要贡献。另外，党的各级组织、宣传思想工作部门等要创造条件，积极开展培养、践行社会主义核心价值观的活动，在全社会形成一种全员认知、认同、践行社会主义核心价值观的良好氛围，让越来越多的青少年确立社会主义核心价值观，同时让那些尚未认同、尚未确立社会主义核心价值观的青少年感受到这种“群体压力”，并产生“趋同心理”，从而初步树立社会主义核心价值观。然后再通过一系列有目的地、持续地学习、培育和践行社会主义核心价值观的活动，使得这部分青少年确立社会主义核心价值观的过程由被动变为主动，由不自觉变为自觉。这样，通过努力，每一个青少年都最终牢固树立社会主义核心价值观。

特定的社会思潮蕴含着特定的思想价值观念，社会思潮日趋多样化的形势要求我们从社会思潮的传播环节着眼，积极探寻让广大青少年确立社会主义核心价值观的有效途径。在把握好谁来传播、为什么传播、用什么传播、为什么接受等问题时，加强对传播者的教育、引导和管理，善于运用马克思主义利益观正确分析和评判多样化的社会思潮，加强对校园传播媒介的建设和监管，加强宣传教育，让青少年确信只有社会主义核心价值观真正代表自己的利益和需要，从而自觉培育和践行社会主义核心价值观。

从社会思潮的传播环节着眼，构建青少年确立社会主义核心价值观的机制，就是要“说服”而不是“压服”青少年，就是要让广大青少年发自内心“信服”从而认同并最终确立社会主义核心价值观。若广大青少年认同并践行社会主义核心价值观，那我国的意识形态安全就有了关键保障。

第三节　构建关系协调处理机制

以社会主义核心价值体系引领社会思潮，确保我国意识形态安全，需要构建正确的关系处理协调机制。要重点处理好、协调好“四对关系”，包括正确处理坚持尊重差异、包容多样的原则与坚持社会主义意识形态的党性不动摇之间的关系。同样，要使引领多样化社会思潮的活动具有实效性，还需要处理好引领活动中先进性与层次性之间的关系、社会主义核心价值体系的整合性与开放性之间的关系、“势”与“度”之间的关系。

一、处理好尊重差异、包容多样与坚持社会主义意识形态的党性之间的关系

对于社会思潮的引领原则，党的十七大要求“既尊重差异、包容多样，又有力抵制各种错误和腐朽思想的影响”①。这句话深刻地说明，要正确有

① 胡锦涛．高举中国特色社会主义伟大旗帜为夺取全面建设小康社会新胜利而奋斗［M］．北京：人民出版社，2007：34.

效引领当今的多元化社会思潮，我们既要坚持尊重差异、包容多样的原则，又要始终坚持社会主义意识形态的党性不动摇，实现二者的有机统一。

关于意识形态的党性问题，马克思做了深刻阐释："统治阶级的思想在每一时代都是占统治地位的思想"①；社会主导意识形态是具有"普遍性的形式"和"普遍意义的思想"②，是统治阶级的利益和意志的体现，是为维护统治阶级的利益服务的。我们必须从阶级性来理解意识形态的党性。主导意识形态的功能就在于论证现存制度的合法性，让社会各阶级、阶层和普通百姓都认同现存的社会制度并付诸实际行动维护之、巩固之。党中央指出，社会主义核心价值体系是社会主义意识形态的本质体现，其党性必然是为维护无产阶级和广大人民群众的根本利益服务的，必然要努力维护、发展中国特色社会主义制度。因此社会主义核心价值体系必然担负着"意识到的这个冲突并力求把它克服"③ 的功能，其中包括正确引领多样化社会思潮、凝聚社会共识的功能；包括维护和巩固社会主义经济基础和政治上层建筑的巨大功能。

社会主义意识形态是我国占主导地位的意识形态，是党和广大人民群众根本利益和意志的体现，是为维护社会主义制度服务的。就引领的目的、目标来说，社会主义核心价值体系引领多样化社会思潮，就是要把各阶级阶层、各社会群体的民众引导到广泛认同中国特色社会主义的道路自信、理论自信、制度自信上来；就是要在广大人民群众中最大限度形成共同努力奋斗实现国家富强、民族振兴、人民幸福的"中国梦"的共识。在实践中，引领多元、多样、多变的社会思潮，我们要始终毫不动摇地坚持社会主义意识形态的党性，在各种思潮日趋多元多样并且激烈碰撞的今天，马克思主义指导思想这面旗帜非但不能丢，反而更要高高举起。要认真辨别社会思潮中的精华与糟粕，不能让错误思潮泛滥成灾而动摇我们的主流意识形态的主导地

① 中共中央马克思恩格斯列宁斯大林著作编译局．马克思恩格斯选集：第 1 卷［M］．北京：人民出版社，1995：98.

② 中共中央马克思恩格斯列宁斯大林著作编译局．马克思恩格斯选集：第 1 卷［M］．北京：人民出版社，1995：100.

③ 中共中央马克思恩格斯列宁斯大林著作编译局．马克思恩格斯选集：第 2 卷［M］．北京：人民出版社，1995：33.

位，从而消解中国特色社会主义的合法性基础。对于那些错误的社会思潮，尤其是那些反马克思主义、动摇社会主义制度的根基、危害广大人民群众根本利益的社会思潮，要敢于批评、批判和抵制。当然这种批评或批判主要是以辩论、说理的方式进行。

我们正经历着深刻的社会转型，人们的价值观念日益多元多样，社会群体不同，他们的价值追求、价值取向、价值标准也各不同。因此，引领多元化多样化的社会思潮，要求我们必须具有包容的心态和宽宏的气度，从而实现在差异中求和谐，在多样中求统一的目标。坚持尊重差异、包容多样的原则应遵循以下三个方面的要求：

一要始终唱响主旋律。要始终高举马克思主义指导思想这面旗帜，坚持中国特色社会主义理论自信、道路自信、制度自信、文化自信，这是正确引领多样化社会思潮的基础和前提。

二不要混淆学术问题和政治问题。党中央明确要求“注意区分学术问题和政治问题的界限。不要把学术探讨中出现的问题当作政治问题，也不要把政治倾向性问题当作一般学术问题。学术问题的研究和讨论没有禁区，理论宣传和教学要有纪律。在事关政治方向和根本原则问题上，要旗帜鲜明。”① 我们一定要按照党中央的要求，严格地把学术问题和政治问题明确区分开来，划清它们二者之间的界限，不能把二者混淆起来，也不能把二者等同起来。党中央明确指出，对于学术问题中的研究和探讨，是不会设禁区的，但是对于宣传思想工作和教育教学工作来讲，是要严肃地讲纪律讲原则的。在大是大非问题上，我们必须立场坚定、旗帜鲜明。对于学术问题的解决，应继续坚持“二为”方向和“双百”方针，创造民主讨论、自由争鸣、和谐活泼的学术环境。对于那些关系到社会发展的根本指导思想、根本前进方向、根本发展道路和我国社会制度建设根本原则的问题，我们必须态度明确、立场坚定、旗帜鲜明。要通过摆事实、讲道理，以理服人的教育方式对错误的思想政治观点进行批评和斗争。

---

① 中共中央文献研究室. 十六大以来重要文献选编：上［M］. 北京：中央文献出版社，2005：693.

三要划清非马克思主义思潮与反马克思主义思潮之间的界限。这是非常重要的。对于不同的社会思潮要做具体的分析，具体分析其产生背景、阶级性质、历史作用及其对人们的思想认识和社会发展的影响等。非马克思主义思潮一般属于思想认识问题或学术理论问题。对于非马克思主义思潮的一些与主流价值观不一致的方面，要予以一定的理解和包容，要倡导和谐理念，不要“见异思斗”。对非马克思主义社会思潮，要用前面的解决思想认识问题、学术问题的办法来处理，引领它们向着积极健康的方向发展。对于各种反马克思主义的社会思潮，则要理直气壮地进行揭露，坚决抵制，要进行必要的积极地批评、批判和斗争，绝不能姑息纵容，任其泛滥。

二、处理好先进性与层次性之间的关系

必须坚持先进性和层次性的统一。一方面，在社会主义初级阶段，我们必须坚持公有制为主体，同时要毫不动摇地支持和鼓励非公有制经济的健康发展，我国的经济成分日趋多样化。在分配领域，我们要坚持以按劳分配为主，多种分配方式相结合的分配制度。经济成分的多样化和分配方式的多样化使得现实生活中人们的利益关系发生了多样而深刻的变化。因而，人们的思想观念、价值取向呈现出多元化和层次化的特征。

另一方面，社会转型尤其是经济体制的根本性转型使得社会生活各方面发生了深刻变革，伴随着利益格局的深刻变革和社会结构的深刻变化，大量新兴阶层产生了。由此，代表不同阶层、社会群体主体的利益和要求的社会思潮也大量出现了。多元多样的社会思潮凝结着不同阶层、社会群体的价值观念。社会阶层结构的多层次化，决定了人民群众的信仰、理想信念、精神品质、道德情操的层次化。建设社会主义和谐社会、全面建成小康社会，要求最大限度调动广大人民群众的积极性，尤其是新兴阶层的积极性。因此，新时代的社会主义意识形态建设要反映、体现不同阶层、不同社会群体的利益诉求。引领多样化社会思潮的过程中，要善于把反映党和人民根本利益的价值观念与反映人民内部不同阶层、不同社会群体的合理利益和要求的价值观念有机地统一起来，使社会主义核心价值体系的亲和力、感召力、凝聚力得以充分体现。

因此，我们要从现实的经济关系出发，从社会的阶层结构的客观变化出发，全面分析和把握人民群众中的思想和价值观念的差异性、层次性，加强工作的灵活度和艺术性，把先进性要求和层次性要求结合起来，对于来自不同阶层、不同社会群体的人们提出不同的要求。既提倡、弘扬共产主义、社会主义、集体主义的价值观念，又要尊重和肯定特定历史条件下反映部分群众具体利益的合理的价值观念；既要肯定和提倡一切有利于社会全面进步的价值观念，又要让那些虽不先进但也无害于国家和社会的价值观念继续存在，并通过正确的途径引领它们健康发展，从而做到先进性和层次性的统一。所以，在实施对多样化社会思潮的引领措施时，我们一定要充分考虑到部分群众的思想觉悟和认识能力，从而倡导积极的、支持有益的、允许无害的、改造落后的、抵制腐朽的、批判敌对的，总之不搞“一刀切”。要针对人民群众的精神文化需求的不同层次，根据实际情况，有针对性地构建宣传、贯彻社会主义核心价值体系的多层次平台。要坚持科学分析，区别对待，使整个引领社会思潮的工作既鼓励先进，又照顾多数，分层次、循序渐进地有效进行。这样，社会主义核心价值体系就可以联结并引导所有阶层中不同觉悟程度的人们一起向上，成为凝聚亿万人民的强大精神力量。

三、处理好社会主义核心价值体系的整合性与开放性之间的关系

社会核心价值体系的整合是指通过加强社会核心价值体系的建设和宣传教育，使全体社会成员间的多元价值观念有序而不乱，并尽量趋向一致，达成广泛的社会认同。社会核心价值体系的开放是指社会核心价值体系作为一个核心价值观念体系，不能固定不变，而要随着环境的变化和社会实践的变化，适时地吐故纳新，将自身中已失去合理性的部分革除，同时广开言路，接受积极的理论补益，使自身进一步完善和发展而始终具有持久的生命力和强大的主导力。在实践中，我们要把社会主义核心价值体系的整合性和开放性有机结合起来，这样才能实现对社会思潮的有效引领。没有整合，就难以最大限度形成社会共识，社会主义和谐社会的构建、中国梦的实现就失去了广大人民群众团结一心为之共同努力奋斗的思想基础；没有开放，那么社会主义核心价值体系的建设、发展与完善就没有比较和借鉴，就失去了养料之

源，社会主义核心价值体系就有可能对意识形态环境的敏锐度降低，逐渐变成僵化的教条，逐渐失去生机与活力，最终失去其主导地位。

我们以社会主义核心价值体系引领多样化社会思潮，目的就是要充分发挥社会主义核心价值体系的整合功能，用它来引领、统率整个社会的思想意识和价值观念，将有害的思想意识转化为有益的思想意识，将落后的价值观念改造为进步的价值观念。不论社会的思想意识和价值观念是如何多样多变、纷繁复杂，都要始终坚持社会主义核心价值体系的主导地位不动摇，始终坚持用社会主义核心价值体系统一人们的思想，凝聚人们的力量，鼓舞人们的斗志，鼓励、坚持、维护那些积极、进步的价值观念，最大限度形成社会共识，为构建社会主义和谐社会、实现中华民族伟大复兴的中国梦奠定坚实而广泛的思想道德基础。

马克思主义的发展史充分证明，马克思主义不是故步自封的，一直是开放的、与时俱进地发展着的，具有开放性特点。作为马克思主义的理论创新成果的社会主义核心价值体系也必然具有开放性的特点。要对社会思潮进行有力有效的引领，必须充分体现社会主义核心价值体系自身的开放性，充分吸收、广泛借鉴蕴含在各种社会思潮中的一切人类文明成果，时刻充实自己，不断发展、完善自身；必须以开放的姿态，紧扣时代脉搏，不断推进社会主义核心价值体系的自身建设，在此过程中，积极呼应时代的要求，直面时代的挑战，解答广大群众普遍关注的时代问题。持续为人民群众提供解决时代课题的强大精神动力。只有这样，社会主义核心价值体系才会具有永恒的生命力、强大的说服力和战斗力，才能广泛地凝聚党心民心并得到一代又一代的人们的真诚认同，成为统一各阶层群众思想的社会共识。

要解决好社会主义核心价值体系的整合性与开放性相统一的问题，还需要我们进一步构建社会主义核心价值体系的发展创新机制，既让社会主义核心价值体系充分吸收、借鉴其他思潮的合理成分从而实现自身的创新发展，又让群众畅所欲言，发扬民主，从而分清是非，形成共识。前面已经论及发展创新机制的构建问题，在此不再赘述。

四、处理好“势”与“度”之间的关系

在引领社会思潮的过程中，要把握好“势”，主要是指引领的工作要“得势”，要准确把握“大势”。“大势”总与现实生活中事关广大群众的“根本利害”联系在一起，通常由带普遍性的社会事件和社会的基本问题的解决体现出来。社会思潮是民众评价活动的集中体现，反映民众的利益、愿望和要求。引领社会思潮要把握好“大势”，实际上就是要使整个引领社会思潮的工作反映社会生活中的“根本利害”，体现社会的“大势所趋，民心所向”。当前，坚定中国特色社会主义道路自信、理论自信、制度自信、文化自信是大势所趋，民心所向；贯彻落实党的十八大和十九大精神，全面深化改革，加快实现国家富强、民族振兴、人民幸福的“中国梦”是大势所趋，民心所向；反对霸权主义和强权政治，建立国际政治经济新秩序，建设和谐世界是大势所趋，民心所向。广大人民群众在以上这些“根本利害”方面的要求、愿望与呼声正是社会“大势”的体现。处于转型期的社会，民众评价活动层见迭出，形式多样，作为其集中体现的社会思潮也是五光十色，纷繁复杂。有些社会思潮裹挟着巨大的社会能量，汹涌澎湃，浪高流急。引领这样的社会思潮更要把握“大势”。

在引领社会思潮的过程中，要把握好“度”，做到引领工作“适度”。“度”是事物保持其“质”的稳定性的“量”的界限，它表现事物的“质”与“量”的辩证统一关系。正确引领社会思潮等民众评价活动，需要正确认识并准确把握“度”。在引领社会思潮的活动中，做到“适度”而不“失度”是一个艺术性很强的问题。

在一定时期内，不同类型、不同性质的社会思潮同时并存、相互激荡。在以社会主义核心价值体系引领多样化社会思潮的过程中，不仅要旗帜鲜明地支持正确的社会思潮、反对错误的社会思潮，还要在批判和否定错误社会思潮时注意把握适度原则。从评价论视角来分析，适度体现着主体与客体之间的关系即主体需要与客体“度”的统一关系。在批判、否定、纠正错误的社会思潮时，“要考虑到作为社会思潮主体群体的情感需要，否则就会不合情；要考虑到作为社会思潮主体群体的物质方面和精神方面的能力，否则就

会不合理"①。因此，在引领社会思潮的过程中，要从主体需要与客体"度"的统一关系中来掌握批判和纠正错误思潮的适度原则，力求合情合理，避免"矫枉过正"，防止社会思潮的变动由一种倾向掩盖另一种倾向，由一种错误思潮转变为另一种错误思潮。

第四节 构建有助于引领社会思潮的社会治理机制

社会思潮的运动与人民群众普遍关心的现实利益和社会课题紧密联系在一起。只要我们持续推进社会治理现代化，实现好、维护好、发展好广大人民群众的根本利益，就可为有效引领社会思潮、维护我国的意识形态安全提供良好的基础和有利的条件。

一、坚持中国特色发展道路，是我国意识形态安全的基础条件

要有效引领社会思潮，维护我国社会主义意识形态的安全，需要坚持中国特色的经济、政治、文化发展道路，通过加强这几个方面的基础建设来提供坚实有力的条件支撑。

党的十八大以来，我国经济建设取得了巨大成就。从党的十八大到十九大，国民生产总值从 54 万亿元增长到 80 万亿元（2018 年达到 90 余万亿元），稳居世界第二，尤其值得称道的是，我国对世界经济增长的贡献率超过 30%，名列世界第一。党和国家深入推进供给侧结构性改革，经济结构得到不断优化，基础设施建设快速推进，农业现代化稳步推进，城镇化率稳步提高，区域发展协调性增强。我们党大力实施创新驱动发展战略，科技创新领域取得了丰硕成果。政治文明建设方面，大力推进全面依法治国，民主法治建设迈出重大步伐。社会主义民主政治、党的领导体制机制、社会主义协商民主、爱国统一战线，民族宗教工作等方面，都获得极大的发展、完善、进步。中国特色社会主义法治体系也日益完善。文化建设上，党更加重视对

① 陈新汉．民众评价论［M］. 上海：上海人民出版社，2004：228.

意识形态工作的领导，党在理论创新和推进马克思主义中国化上取得了又一伟大成果，形成了习近平新时代中国特色社会主义思想。马克思主义在意识形态领域的指导地位得到进一步巩固，“中国梦”更加深入人心，文化事业和文化产业展现蓬勃发展态势，人民群众更加坚定了文化自信，我国文化的软实力和影响力有了大幅提升。以上这些成就，是中国社会主义意识形态具有无比科学性、具有强大说服力和生机的有力证明，为有效引领社会思潮、维护国家意识形态安全奠定了坚实的基础条件。

进入新时代，我们要坚持和完善中国特色社会主义基本经济制度和分配制度，坚持两个“毫不动摇”①，贯彻新发展理念，全面深化改革，大力发展社会生产力，不断丰富社会物质财富，为维护我国的意识形态安全提供坚实、厚重的物质基础。要坚持四项基本原则，坚持和完善中国特色社会主义基本政治制度，发展社会主义民主政治，要始终强调“中国共产党的领导是中国特色社会主义最本质的特征”②，是中华民族的命运所系，要始终强调人民代表大会制度是最适合中国国情、最能保证人民当家作主的根本政治制度，反对在我国搞西方所谓的多党制和议会民主制，为有效引领社会思潮、维护我国的意识形态安全提供政治保障。

文化是一个国家、一个民族的灵魂。习近平总书记指出，对于一个国家、一个民族来说，文化自信与其他自信相比，更基础、更深厚，是一种比其他力量更深沉的力量。它关系到一个国家的文化安全与软实力的强弱，关系到一个国家的兴盛与衰败。要加强社会主义先进文化建设，深化文化体制改革，发展文化产业，引导大众文化健康发展，推动社会主义文化大发展大繁荣，提高国家文化软实力，为有效引领社会思潮、维护国家意识形态安全奠定文化基础。

二、在全面深化改革进程中坚持马克思主义社会公正观，推进实现社会公正

当代中国社会思潮具有更加关注现实利益的鲜明特点，往往与改革进程

---

① 两个“毫不动摇”，即毫不动摇巩固和发展公有制经济，毫不动摇鼓励、支持、引导非公有制经济发展。

② 习近平. 习近平谈治国理政：第 2 卷［M］. 北京：外文出版社，2017：18.

中民生领域的一系列社会基本问题和重大社会事件联结在一起。人民群众大多害怕自己的利益受损、受到不公正待遇，从而普遍关注党和人民政府如何处理这些社会基本问题和重大社会事件，纷纷对其公正性发表评价性意见，所以，那些事关社会基本问题和重大社会事件的改革，往往带来社会思潮汹涌和社会舆情高涨。马克思主义社会公正观是以唯物主义历史观为认识基础、以无产阶级和人的解放为本质内容、以人的自由而全面发展为价值旨归、以长期实践为实现过程的社会价值观。① 马克思主义社会公正观是推进实现当代中国社会公正的实践指南。要有效引领社会思潮，维护我国意识形态安全，就要在深化改革的进程中坚持马克思主义社会公正观，推动实现社会公正。

（一）要把社会主义核心价值观融入社会基本制度建设中

社会基本制度是社会生活的基本框架，具有约束性和导向性，约束并引导着政府行政权力的运用和个人的社会行为，影响着一个国家、民族的强弱兴衰。这里的社会制度包含宏观、中观和微观三个层面，既包括社会基本的经济、政治、文化制度，也包含某些领域的具体制度，如经济领域的公共财政制度、社会保障制度，同样也包含一些部门制度和规定。

社会转型过程中，某些领域的制度建设没有自觉以社会主义核心价值观做支撑，由于社会主义价值目标的缺失，带来了比较严重的社会矛盾，使得一些具体制度和改革措施损害了人民群众的利益，社会的公平正义得不到很好的维护，腐败滋生蔓延，收入差距持续拉大，人民群众因而产生不满情绪，导致一部分人产生了马克思主义信仰危机，使得一些人的精神颓废、道德滑坡，甚至使得少数人开始怀疑党的领导和中国特色社会主义事业，这种状况严重影响了人民群众对于社会主义核心价值体系和社会主义核心价值观的认同，妨碍了人们树立正确的价值观，妨碍了社会主义核心价值体系的建设，不利于对多样化的社会思潮进行正确的引领，危害了我国的意识形态安全。因此，要以社会主义核心价值观作为社会基本制度建设的价值支撑，实

---

① 丁祥艳，贺平海．马克思主义社会公正观及中国共产党人的实践［J］．中国井冈山干部学院学报，2014（7）：11-15.

现好、维护好、发展好最广大人民群众的根本利益，为有效引领社会思潮、维护国家意识形态安全创造有利条件。

（二）在发展中保障和改善民生

保障和改善民生，是社会公正的重要体现。民生领域是社会思潮最活跃的领域。做好保障和改善民生工作，才能更有效地引领社会思潮、维护国家意识形态安全。

党的十八大以来，事关民生的社会治理体系日益完善，改善民生、保障民生、发展民生的一系列改革措施成效显著，有力地维护、促进了社会公正。人民生活水平不断提高，以人民为中心的发展思想深入人心，中央政府制定实施了一系列惠民举措，人民群众的获得感明显增强。精准脱贫的工作全面开展、成绩斐然，“六千多万贫困人口稳定脱贫，贫困发生率从百分之十点二下降到百分之四以下”①，党和政府为人类社会的发展做出了巨大贡献，赢得了国内群众的好评和国际上的一片赞誉。我国的教育事业、就业状况、城乡居民收入状况、医疗卫生状况、保障性住房建设状况等都得到了持续改善，社会大局保持稳定。党和政府取得的这些维护、促进社会公正的巨大成就，为有效引领风云激荡的社会思潮、巩固国家意识形态安全创造了良好的基础条件。

今后，在全面建设社会主义现代化国家、夺取新时代中国特色社会主义伟大胜利的新征程上，坚持马克思主义社会公正观，要进一步做好在发展中保障和改善民生的各方面工作。

一要始终坚持以习近平新时代中国特色社会主义思想为指导。习近平总书记指出，更好地保障和改善民生是发展经济的根本目的。2015 年 4 月 28 日，习近平总书记在庆祝“五一”国际劳动节暨表彰全国劳动模范和先进工作者大会上，要求党员干部和各级政府做群众工作要实打实、心贴心，来不得半点浮躁和虚假，要付出真感情，真心真意为群众纾难解困，切切实实关

---

① 习近平．习近平决胜全面建成小康社会 夺取新时代中国特色社会主义伟大胜利：在中国共产党第十九次全国代表大会上的报告［EB/OL］．中国政府网，2017-10-27.

心维护群众的利益，时刻牵挂群众的安危冷暖。① 2016 年 2 月，习近平总书记在江西调研时指出："保障和改善民生没有终点，只有连续不断的新起点，要采取针对性更强、覆盖面更大、作用更直接、效果更明显的举措，实实在在帮群众解难题、为群众增福祉、让群众享公平。"② 习近平总书记一直十分重视教育公平问题。他说："教育公平是社会公平的重要基础，要不断促进教育发展成果更多更公平惠及全体人民，以教育公平促进社会公平正义。"③ 习近平总书记高度重视公共安全，他认为公共安全是最基本的民生，我们要牢记这个道理。习近平总书记还就医疗卫生、住房、生态等领域的改革做了科学指导。

二要切实贯彻创新、协调、绿色、开放、共享的新发展理念，推动科学发展，确保社会成员共享社会各方面的发展成果。完善各项社会政策，深化收入分配制度改革，扭转居民收入分配差距不断扩大的趋势，从而维护社会财富分配上的社会公正。创新社会管理，完善社会保障体系，建立保障社会公平的体制机制，构建利益协调机制，做到人人平等参与、权利公平、机会公平、规则公平。

三要把保障和改善民生放在更加突出的位置。要有底线思维，保障每一个公民的最基本民生，要善于抓重点、破困境，抓紧健全、完善各项制度、措施，要做好监控和舆论引导工作，尤其是民生领域出现重大社会事件的时候，确保社会和谐稳定。财政等公共资源配置使用要向民生领域倾斜，切不可随意削减、挤压民生支出。要重点针对住房、医疗、教育、就业、养老、安全、脱贫、生态环境、社会治安、执法司法等关系群众切身利益的社会矛盾和问题发力，切实保障和改善民生，从而在社会民生领域实现社会公正。

（三）不断提高党的拒腐防变能力

社会思潮等民众评价活动有时被权威机构误导，危害主流意识形态的安全，其原因往往是权威评价活动中存在腐败现象。腐败是最严重的社会不公

---

① 习近平. 习近平谈治国理政：第 2 卷［M］. 北京：外文出版社，2017：364.
② 习近平. 习近平谈治国理政：第 2 卷［M］. 北京：外文出版社，2017：362.
③ 习近平. 习近平谈治国理政：第 2 卷［M］. 北京：外文出版社，2017：365.

正。因此，有效引领社会思潮、维护我国的意识形态安全，还需要不断提高党的拒腐防变能力。

当前，要坚定不移推进党风廉政建设和反腐败斗争，加强制度建设，建立健全国家监察体系，强化巡视监督，把权力关进制度的笼子里，让人民监督权力，让权力在阳光下运行，提高党的威信；常态化组织开展“两学一做”① 学习教育，让我们的党始终成为有理想、有信念的马克思主义政党。要求党员干部牢固树立政治意识、大局意识、核心意识、看齐意识，坚决维护习近平总书记党中央的核心、全党的核心地位，坚决维护党中央权威和集中统一领导，不做“两面人”。坚决遏制党内“假道学”的不良风气，严肃处理党内的“两面人”。“假道学”和“两面人”的特征是言行背离、口是心非、阳奉阴违，表面上冠冕堂皇，骨子里却是充满虚伪，没有信仰，满是世界观、人生观和价值观上的虚无主义。社会主义核心价值体系、社会主义核心价值观体现人民群众的根本利益，因此，人民群众从理论上接受社会主义核心价值体系、在实际生活中认同和践行社会主义核心价值观都没有太大的困难，对于加强社会主义核心价值体系的建设也是欢迎、支持和拥护的。但现实生活中的那种和权力崇拜、拜金主义紧密联系在一起的“假道学”和“两面人”却非常致命，在他们的冲击下，遑论社会主义核心价值体系的认同，就连人民群众刚刚确立起来的正确的思想意识和价值观念也将荡然无存。可见，“两面人”的危害极大。因此，以社会主义核心价值体系引领社会思潮，必须遏制“假道学”风气和严肃处理“两面人”。

三、拓展社情民意的表达渠道，建设群众利益诉求表达和引导平台

利益追求既是社会发展进步的巨大动力，也是诱发社会矛盾的根源所在。社会思潮往往与重大社会事件、人民群众关心的“社会热点”结合在一起，借此得到广泛传播和群众的认可。社情民意实质上就是民众评价意见。社会思潮是表达社情民意的一种民众评价活动形式。若正常的社情民意表达渠道缺失，或表达渠道不畅，造成民意堵塞，那么民众的利益诉求就会通过

---

① “两学一做”，指的是“学党章党规、学系列讲话，做合格党员”。

地下的、体制外的渠道表达出来，各种流言、谣言就会一并风行起来，不利于主流意识形态的建设。在问卷调查中，对于“当前表达意见、反映问题的渠道是否畅通”这个问题，认为非常畅通的只占4%，认为非常不畅通和有点不畅通的占33.5%，占到了总体的三分之一。说明群众对当前我国的有关民意表达渠道、制度方面的安排是不太满意的。

因此，为了有效引领相互碰撞、激荡的多样化社会思潮，我们应该深入发掘、努力拓展信息传输方式和途径，为群众反映社会情况、表达要求和意见提供更多既便捷又高效的渠道。要加强相关法律及制度的制定和健全完善工作，优化流程，精简环节，积极引导、鼓励和支持群众通过制度化、规范化、法制化的轨道来反映情况和表达利益诉求。为此，要提高人民群众的政治参与度，使人民群众能够通过合法渠道直接参与社会公共事务，发表意见和建议；要建立健全“党委领导、政府负责、社会协同、公众参与”的社会管理格局，充分发挥工会、共青团、妇联等群众性团体表达相关群体的利益诉求的功能；要通过立制、立法，充分发挥政党组织、行业组织、社会中介组织等在社会利益表达、利益沟通和协调方面的功能，从而使各利益群体都能通过自己的组织和常规性渠道、程序表达利益诉求；要进一步完善群众利益诉求的制度性平台，如建立健全民意调查制度、信息公开制度、社会公示制度、听证会制度、协商谈判制度等；要进一步改革信访制度，各级信访部门应开设网上信访通道，做到公开透明，让群众可以直接网上投诉、少跑腿，使信访工作真正成为密切联系群众、为群众排忧解难、为人民服务的便捷平台。要抓紧保护群众利益诉求的立法，既要依法保护群众的利益诉求，又要依法对各种社团组织的利益表达进行监督与规范，从而引导群众依法表达利益诉求。

第五节　构建对大众传媒的管控机制

大众传媒拥有巨大的社会影响力，因而每个国家的执政党及其政府都会通过不同的形式和途径对大众传媒进行适度控制和监管。正如巴特勒所说：

"实际上没有任何一个政府，无论它是'民主的'还是专制的，能允许大众媒介免受某种形式的规定或限制而自由发展。"① 我国的大众传媒是社会思潮的主要传播载体。因此，构建对大众传媒的管控机制，激发它们宣传社会主义核心价值体系和培育社会主义核心价值观的积极性，是有效引领社会思潮、维护我国意识形态安全的重要途径。

一、坚持党对新闻舆论工作的领导

要加强宣传思想工作、新闻舆论、出版部门的领导班子建设，把引领社会思潮、维护意识形态安全的重要阵地牢牢掌握在党的手里。党和政府主办的新闻舆论媒体，如各级党报党刊、电视台、广播电台、通讯社、出版社、网站平台、论坛是社会主义核心价值体系建设的重要阵地，是我们引领社会思潮的最重要的载体和渠道，它们的积极作用发挥得如何，对于整个引领社会思潮、维护我国意识形态安全的战略影响极大。所以，"一定要把这些部门的领导班子选配好，严格要求，严格管理"②，从而把新闻舆论工作的领导权、话语权牢牢掌握在忠于马克思主义、忠于社会主义、忠于党、忠于人民的人手里。领导干部、领导班子要强起来，要加强学习和实践，要真有"两把刷子""真正成为让人信服的行家里手"③。

党和政府主办的新闻舆论媒体必须姓党，必须体现党的意志、反映党的主张，在思想上、行动上与党中央保持高度一致。要使党的新闻舆论媒体始终坚持正确的政治方向，服务于社会主义核心价值体系建设，服务于培育和践行核心价值观，服务于维护我国意识形态安全的大局，积极营造以社会主义核心价值体系引领社会思潮的舆论环境。党报党刊等社会主流媒体要进一步大力宣传建设社会主义核心价值体系的重大意义、科学内涵、精神实质，进一步大力宣传党和人民群众在各条战线上引领社会思潮、践行社会主义核心价值观的实践和经验，使社会主义核心价值体系和社会主义核心价值观为

① 戴维·巴特勒．媒介社会学［M］．赵伯英，孟春，译．北京：社会科学文献出版社，1989：67.

② 江泽民．江泽民文选：第1卷［M］．北京：人民出版社，2006：584.

③ 习近平．习近平谈治国理政［M］．北京：外文出版社，2014：156.

广大人民群众所感知、所熟知、所理解、所认同。要使党报党刊等主流媒体善于捕捉、追踪和报道社会重大事件和热点问题，唱响主旋律，弘扬真善美，积极宣传党的主张，反映社情民意，表达人民的心声，疏导民众情绪。各主流媒体要相互协作，相互推动，相互补充，形成建设社会主义核心价值体系并以之引领社会思潮的舆论合力。

二、要加强对大众传媒的监管和引导

在当今时代，西方发达资本主义国家凭借网络等新媒体技术优势和话语霸权，对我国大搞意识形态渗透。同时，随着网络化、全球化的深入发展，人们的思想观念、价值取向和价值实现的途径日趋活跃、多元，社会思潮风云激荡。放弃对大众传媒的监管和引导，必然贻害无穷。为此，习近平总书记强调指出：党的新闻舆论工作“必须把政治方向放在第一位，牢牢坚持党性原则，牢牢坚持马克思主义新闻观，牢牢坚持正确舆论导向，牢牢坚持正面宣传为主”①。习近平总书记的这个重要讲话，是我们做好管控大众传媒工作的理论和实践的指南。

第一，引导大众传媒自觉维护马克思主义在意识形态领域的指导地位。这应该作为对所有大众传媒的基本要求。在当今资本主义意识形态和社会主义意识形态之间竞争非常激烈的国际背景下，在全面深化改革、“啃”各种硬骨头的复杂进程中，我们要懂得：“如果放弃马克思主义的指导地位，在指导思想上搞多元化，必致人心混乱，天下大乱，给党和国家带来灾难。”②我们一定要时刻牢记习近平总书记的教导：一定要高度重视意识形态工作，这对于我们党、对于我们的国家和民族，都具有极端重要性③，“马克思主义是我们立党立国的根本指导思想。背离或放弃马克思主义，我们党就会失去灵魂、迷失方向。在坚持马克思主义指导地位这一根本问题上，我们必须坚定不移，任何时候任何情况下都不能有丝毫动摇”④。维护社会主义意识

① 习近平. 习近平谈治国理政：第 2 卷［M］. 北京：外文出版社，2017：332.

② 江泽民. 江泽民文选：第 3 卷［M］. 北京：人民出版社，2006：86.

③ 习近平. 习近平谈治国理政［M］. 北京：外文出版社，2014：153.

④ 习近平. 习近平谈治国理政：第 2 卷［M］. 北京：外文出版社，2017：33.

形态安全，事关我国社会长治久安，事关党和国家前途命运。因此，一定要想方设法，制定具体的奖惩制度，引导大众传媒自觉维护马克思主义在意识形态领域的指导地位。要对“红色地带、黑色地带、灰色地带”的媒体采取不同的引导策略。正如习近平总书记所指出的那样，对于“红色地带”，这是建设社会主义意识形态的主阵地，是培育和践行社会主义核心价值观的主要平台，在维护国家意识形态安全上发挥重要作用，这是我们一定要坚决守住的。对于“黑色地带”，这里主要是一些负面的新闻舆论信息，对其要敢于亮剑，敢于进行整顿、进行斗争、进行批判，一定要采取有力措施压缩其地盘，缩小甚至消除它的不良影响。对于“灰色地带”，则要大张旗鼓地引导、教育，想方设法争取它，创造条件，营造环境，让它向“红色地带”转变。① 对于那些攻击、诋毁马克思主义的媒体，要坚决要求其整改，甚至予以取缔，对相关人员予以处罚。要引导其他新闻舆论媒体增强责任感，自觉维护社会的和谐有序发展。党的新闻舆论媒体要敢于对错误的思想观念和舆论导向发声亮剑，“在事关大是大非和政治原则问题上，必须增强主动性、掌握主动权、打好主动仗，帮助干部群众划清是非界限、澄清模糊认识”②。只有敢于亮剑，加强对大众传媒的监管和引导，才能更好地维护我国的意识形态安全。

第二，引导大众传媒始终坚持正确的舆论导向。“舆论正确，是党和人民之福；舆论错误，是党和人民之祸。”③ 对于党的新闻舆论媒体来说，讲导向是对它的基本政治要求。对于其他媒体，不管是都市类还是新媒体，不管是新闻报道还是其他栏目、节目，不管是时政类、娱乐类、社会类新闻报道，还是国内和国际新闻报道，都一样要从社会的和谐稳定出发，要从维护国家意识形态安全出发，从凝聚社会共识出发，坚持正确的导向。④ 坚持正确舆论导向和正面宣传与舆论监督并不矛盾，二者是统一的。要坚持党性和人民性相统一，支持新闻媒体在事实准确、分析客观的基础上直面丑恶现

---

① 习近平. 习近平谈治国理政：第 2 卷［M］. 北京：外文出版社，2017：328.
② 习近平. 习近平谈治国理政［M］. 北京：外文出版社，2014：155.
③ 江泽民. 江泽民文选：第 1 卷［M］. 北京：人民出版社，2006：564.
④ 习近平. 习近平谈治国理政：第 2 卷［M］. 北京：外文出版社，2017：332-333.

象，针砭时弊，激浊扬清，实现好、维护好、发展好最广大人民的根本利益。

第三，引导媒体工作者坚持马克思主义新闻观。要对媒体从业人员深入开展马克思主义新闻观教育，提升媒体从业人员的职业道德，让他们既成为时代风云的记录者、社会进步的推动者、公平正义的守护者，也成为党的政策主张的传播者、社会主义核心价值体系和社会主义核心价值观的宣讲者、国家意识形态安全的维护者。

三、提高党的新闻舆论媒体的传播力、引导力、影响力、公信力

要想方设法提高党和政府主办的各级媒体的传播力。当今时代，信息传播技术突飞猛进、日新月异。凭借新技术，新闻舆论生成、传播的方式发生了革命性变化。只有紧跟新技术的发展步伐，才能提高党的新闻舆论媒体的传播力。要充分利用云计算、大数据、人工智能等新技术以及先进的光、声、色技术，努力拓展传播渠道、创新传播方式、增强吸引力和感染力，最终提高传播力。要对不同的社会群体（受众）的特点进行分析，有针对性地创新传播载体和传播手段，载体可以是纸质的，也可以是电子化的；可以是图片式的、动漫式的，也可以是视频直播的。要适应分众化、差异化传播趋势，积极开设微博、微信、客户端、直播平台、微视频等新颖、多样化的传播渠道。充分利用这些传播方式、手段、载体、渠道来传播、宣讲社会主义核心价值体系、开展培育和践行社会主义核心价值观的宣传教育。也要充分利用这些传播方式、手段、载体、渠道对那些错误的社会思潮进行批驳，维护我国意识形态安全。要创新传播的话语体系，要善于把中国特色社会主义理论体系转化为通俗易懂、易于传播的话语体系。不仅要创新针对国内不同受众的传播话语体系，还要创新国际传播话语体系，讲好中国故事，增强国际话语权，提高国际传播力。

要着力提高党和政府主办的各级媒体的引导力。社会思潮的生成与运动总是与人民群众普遍关注的时代课题、社会问题和重大事件联系在一起。党和政府主办的各级媒体应该比其他媒体更自觉主动地围绕那些时代课题、社会问题和重大事件，科学设置议题，精心策划报道、宣讲、解惑释疑各环

节，坚持正面引导，发挥团结、鼓舞广大干部群众的社会价值。发挥凝聚社会共识和向心力的重要作用。在建设社会主义核心价值体系、培育社会主义核心价值观的各环节，要想方设法吸引人民群众参与，积极与人民群众互动。坚持走基层、转作风、改文风，接地气，及时反映民声民意民情。对于改革发展过程中出现的热点难点问题，要善于讲述好故事、发出好声音、传播正能量，引发人民群众的情感共鸣，凝聚人民群众的利益共识，把人民群众的认识引导到党的政策主张上来。

要着力提高党和政府主办的各级媒体的影响力。在引领社会思潮、维护国家意识形态安全上面，党的主流新闻舆论媒体要敢于发声、积极发声，争取把党的新闻舆论、宣传教育覆盖到每个角落，实现党的声音全覆盖。坚持"内容为王"，要精准把握人民群众的精神需求、信息需求，聚焦社会热点难点问题和新的社会思潮，向人民群众做出有思想深度、有关怀温度的分析、阐释，让人民群众看到马克思主义的真理光芒。加强人才队伍建设，培养一支思想政治素质、专业业务素质都过硬的工作队伍，要求他们努力成长为全媒型、专家型人才，推出一批批有影响力的高品质作品。要注意培养自己的马克思主义理论"大家"和"意见领袖"，让自己的理论"大家"和"意见领袖"及时发声、持续发声，掌握话语权，从而提高影响力。

要着力提高党和政府主办的各级媒体的公信力。公信力是大众传媒的安身立命之本。可信性是最大的权威。党的新闻舆论媒体要在引领社会思潮、维护我国意识形态安全方面发挥积极作用，必须提高公信力，保持可信性，给广大民众提供真实可靠的信息，杜绝虚假信息或虚假新闻。党的新闻舆论媒体在建设社会主义核心价值体系并以之引领社会思潮的过程中，要搞清楚"现象真实"与"本质真实"之间的关系。列宁的一段话很有启发意义，他说："在社会现象领域，没有哪种方法比胡乱抽出一些个别事实和玩弄实例更普遍、更站不住脚的了。……如果从事实的整体上、从它们的联系中去掌握事实，那么，事实不仅是'顽强的东西'，而且是绝对确凿的证据。如果不是从整体上、不是从联系中去掌握事实，如果事实是零碎的和随意挑出来的，那么它们就只能是一种儿戏，或者连儿戏也不如。”① “社会生活现象极端复杂，随时都可以找到任何数量的例子或个别的材料来证实任何一个论点。”② 现象真实是前提。现象不真，本质也就根本不可能真。但要正确引领社会思潮等民众评价活动，不能仅满足于现象真实，还要探析现象背后的本质。舆论宣传就有一个追求本质真实的问题。就算影视、文学艺术等文艺虚构度很高的精神产品，它们也必须从本质方面真实地反映社会生活，否则就没有持久的吸引力和生命力。因此，党的新闻舆论媒体在宣传社会主义核心价值体系，营造以社会主义核心价值体系引领社会思潮的舆论环境时，不能仅仅着眼于罗列现象，否则就会出现现象真实，但本质不真实的情况。更不能因为“政治需要”而随意添加虚假事例，搞虚假宣传。这样只会降低自己的公信力，失去可信性，从而不利于社会主义核心价值体系建设，不利于有效引领社会思潮。为此，要求党的新闻舆论工作人员要更准确和更负责地对社会问题进行把握，做到客观、全面、及时、公开，并要求他们提高职业道德和职业素养。党的新闻舆论媒体与所有媒体一样，都要接受社会监督、加强行业自律。

四、加强宣传思想工作的网络主阵地建设

（一）加强社会主义核心价值体系的网络阵地建设

网络化时代的信息处理方式、信息创制方式、信息传播方式与以往相比较，具有更多鲜明的特点，如虚拟性、全球性、开放性、即时性、平民性、自由性、共享性，等等。互联网已经成为影响人们思想意识和价值观念的第一影响源，它加大了社会开放的广度和深度，从根本上改变了传播者与受传者之间的关系，解构和颠覆了以传播者为中心的传统传播模式。在网络化时代，人们使用网络语言，通过网络发布或获取大量信息，他们的生活方式发生了深刻变化，社会交往极大延伸，同时，网络的虚拟化使得人际关系更为

① 中共中央马克思恩格斯列宁斯大林著作编译局．列宁全集：第 28 卷［M］．北京：人民出版社，1990：364.

② 中共中央马克思恩格斯列宁斯大林著作编译局．列宁选集：第 2 卷［M］．北京：人民出版社，1972：733.

复杂。当前，网络已是各种社会思潮和社会意识形态的主要传播媒介。在互联网上，充斥着各种娱乐化、生活化、商业化信息，它们时时刻刻影响着人们的生活方式和态度。在互联网上，不同的价值观念、道德规范、社会生活方式呈现在人们面前，人们的价值取向更趋多元化；不同性质的社会意识形态共生共存，争相斗艳，我们的社会主义意识形态与其他国家、民族的意识形态相互接触、碰撞。总之，网络上不同性质、不同层次的意识形态、多元化的价值观念、道德观念影响着人们的思想和行为，给我们引领社会思潮、维护意识形态安全带来严峻挑战。

根据中国互联网络信息中心（CNNIC）发布的数据信息，截至 2018 年 12 月，我国网民规模达 8.29 亿，普及率达 59.6%，其中手机网民规模达到了 8.17 亿。

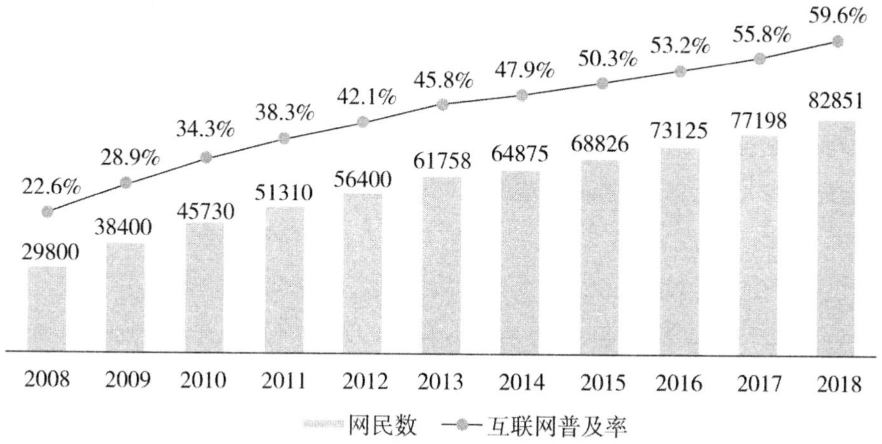

图 1 网民规模和互联网普及率[①]

我国亿万网民通过互联网这个社会信息大平台获取信息、交流信息。在网络化时代，谁掌握信息、控制网络，谁就拥有整个世界。因此，要有效引领社会思潮、维护我国意识形态安全，必须把互联网作为开展宣传思想工作的主阵地。习近平总书记指出：“这个阵地我们不去占领，人家就会去占领；

① 中国互联网络信息中心．第 43 次中国互联网络发展状况统计报告［R/OL］. 中国互联网络信息中心网站，2019-02-28.

这部分人我们不去团结，人家就会去拉拢。”① 我们必须建设社会主义核心价值体系网络阵地，积极开展宣传教育活动，把我们的亿万网民团结、争取过来，网上网下形成同心圆，为实现“中国梦”共同努力奋斗。

当前，社会主义核心价值体系、社会主义核心价值观与其他各种意识形态、价值观念同时在网络上争夺同样的受众，二者之间呈现出一种此消彼长的状态。谁的网站办得好，质量高，谁的思想传播的针对性、时效性、艺术性强，谁的影响力就大，吸引力就强，效果就好。如果社会主义核心价值体系的阵地狭小，声音微弱，吸引力不强，那么，人们就很难接收到有关它的信息，就很难让社会主义核心价值体系在人民群众中得到广泛认同，更谈不上以它来引领社会思潮促进社会共识的形成。因此，加强社会主义核心价值体系的网络阵地建设，充分发挥互联网的积极作用，是有效引领社会思潮、维护我国意识形态安全的一项基础性工作。为此，党的各级宣传思想工作部门、文化教育部门要高度重视互联网上社会主义核心价值体系的阵地建设，要承担起责任，并采取有力有效的措施，对网络阵地进行统一规划，科学管理；要建立有关社会主义核心价值体系建设的马克思主义理论数据库，加强网上理论阵地的信息源建设，使网络阵地的内容既丰富又生动；要构建形式多样、生动活泼的网络平台，让网络平台成为我们贴近群众、了解民意、开展宣传教育工作的新渠道；鼓励各级政府、党报党刊、电视台、广播电台、通讯社、出版社以及其他文化机构进入网络、开办网站，尤其要加强名牌网站建设，增强网上意识形态斗争的攻防能力，让社会主义意识形态抢占网络阵地，掌握话语权，提高吸引力和影响力，增强引领社会思潮的实效性；要加强网络立法，依法严格监管，营造天朗气清、生态良好的网络空间，确保互联网健康发展。

（二）大力增强网络政治教育的实效性

1. 加强网络及网络思想政治教育队伍建设

各级党委的职能部门要承担起加强网络建设和安全管理的重要职责。要充分认识到加强网络建设和安全管理的重大意义，采取有力措施，加强对网

① 习近平. 习近平谈治国理政：第 2 卷［M］. 北京：外文出版社，2017：325.

络建设和安全管理的领导，充分发挥网络在“内凝人心、外塑形象”中的积极作用，使我们的网络成为高举马克思主义理论旗帜、弘扬主旋律、有效开展思想政治教育的重要阵地。首先，要把网络思想政治教育工作纳入重要议事日程，要明确规定负责管理网络建设与安全工作的党委职能部门。认真做好组织协调工作，要专门成立网络思想政治教育工作领导小组，组长应由负责思想政治教育工作的党委负责同志担任，小组成员应包括主管网络建设、安全工作的领导以及分管宣传工作、思想政治工作、网络技术等部门的负责同志。领导小组要着眼于提高网站的建设水平，积极发挥领导作用，力保网站真正成为群众学习马克思主义教育理论和专业知识、开阔视野、提升素质、陶冶情操的重要阵地。其次，要加大投入，保证网络安全运行和设施维护的正常开展。为此，要在年度经费预算中设立网络信息安全专项经费，重点加强信息安全的基础性工作，增加对关键技术、设备的投入，确保网络的顺利连接和快捷运行。最后，要对网络的管理人员进行计算机和网络知识的培训，使所有管理人员掌握较为全面的计算机和网络知识，提高管理水平和维护技术，确保我们的网络安全运行。

切实加强网络思想政治教育队伍建设。就目前的状况来看，网络思想政治教育队伍主要由党团干部、宣传干部、思想政治理论课教师、辅导员和部分网络技术人员组成，他们各有其优势和专长，但各自的劣势和不足也很明显。党团、宣传干部和思想政治教育理论教师的理论知识丰富，但不太熟悉网络化条件下信息传播的特点和规律，不能熟练运用网络技术；网络技术人员虽然能熟练操控网络，但其思想政治理论水平又与现实需要之间存在着较大差距。各级党政领导要高度重视网络思想政治教育队伍建设，要加强培训，组织党团、宣传干部和思想政治教育理论教师学习计算机和网络基础知识，让他们熟练掌握网络技术；要组织网络技术人员学习思想政治教育理论，提升他们管理网络信息的理论水平和鉴别力。通过培训、培养，每一个网络思想政治教育工作者就可以成为既具备较高理论素质又具备较强网络信息管理能力的复合型人才。

2. 设置安全屏障，用“堵”的办法严格管理

随着互联网的发展、普及，各种相互激荡的思想、价值、道德观念纷纷

进入群众的生活世界，一些不良信息和有害思想观念严重影响了宣传思想工作的实效性。为此，必须采取有力措施阻止有害信息侵入我们的网络。实践经验告诉我们，“堵”是不可少且行之有效的办法，要充分运用技术手段过滤和屏蔽有害信息，要充分运用有关互联网建设、运行、利用的法律法规，用强制手段规范网络行为，以此来净化网络环境。

一是给网络设置过滤器。群众总是对新、奇、特的事物充满好奇与兴趣，他们往往会因为好奇心受到不良信息的毒害。同时，西方国家一直凭借“网络霸权”向我国渗透他们的思想道德和价值观念。为了防止群众因好奇而受到不良信息的毒害，同时也为了更好地杜绝西方国家的“网络侵蚀”，设置过滤器，用“堵”的办法竖立道道屏障是必不可少的。过滤器的设置离不开相关软件的开发和利用。今后，要多开发、利用像“东方卫士”“费尔网络监护专家”“网络警察 110”一样的过滤软件。通过设置这些软件，把色情、犯罪、迷信、邪教等不良信息过滤掉，或把包含这些不良信息的网站屏蔽掉。可以充分利用这些软件给网络设置“过滤器”。另外，各地要针对自身的特点建立网络安全体系，积极开发利用能够过滤有害信息的软件系统，严格把守网络信息的质量关、安全关。二是建立健全监管机制，加强对网络的监控和管理。网络已渗透到社会生活的方方面面，网络思想政治教育工作者在过滤有害信息的同时，还要建立健全针对网络的监管机制，对群众的网络行为进行有效监控和科学完善的管理。首先，各地应当依据国家有关法律法规，结合当地的思想政治教育工作实际，制定切实可行的网络监管制度。比如，网络系统软硬件管理制度、网络思想政治教育工作队伍建设与培训制度、网络各层级管理员工作制度、信息发布与管理制度、门户网站管理制度，网络行为监管制度等。其次，要建立健全网络信息安全监控机制。各级党政、党群部门应相互协调配合，各司其职、各负其责，共同努力做好网络化背景下的思想政治教育工作。当前迫切需要建立健全协调机制、网络监控机制、群众参与监督机制、举报受理机制等。这样，思想政治教育工作在网络化环境中形成了齐抓共管的良好局面。只有建立健全监管机制，加强对网络的监控和管理，才能确保网络的正常运行，给宣传思想工作和思想政治教育工作创造良好的网络环境。

3. 用“引领”加强马克思主义理论和社会主义核心价值体系教育

开展网络宣传思想工作和思想政治教育工作，不能光靠运用行政手段和技术手段来过滤、阻止有害信息。这并不是提高实效性的最有效的方法。在“堵”的同时必须加强正面教育，要用“引领”的办法，加强马克思主义理论和社会主义核心价值体系教育，因势利导，引领群众自觉学习科学理论，抵制错误腐朽思想，端正上网动机，加强网络自律，提高明辨是非的能力。

一是要主动、积极通过网络建设对群众加强马克思主义理论教育，帮助他们树立正确的世界观、人生观、价值观。首先，要对群众进行马克思主义指导思想教育，开展建党立国的历史教育，引领他们坚定马克思主义在意识形态领域的指导地位。要让他们懂得马克思主义的科学性，使他们认识到马克思主义是关于自然界和人类社会发展普遍规律的科学理论，是关于工人阶级、劳动人民和全人类解放的科学理论，是关于建设社会主义和实现共产主义的科学理论；要让他们知道马克思主义不是教条，使他们认识到马克思主义提供的是科学的世界观，是正确认识世界和改造世界的立场、观点、方法，是建设社会主义的理论基础和行动指南。其次，要对群众进行中国特色社会主义共同理想教育，这是让广大群众坚定马克思主义信仰和社会主义信念的有效途径。要让群众深刻认识到中国人民走特色社会主义道路的历史必然性，深刻认识到中国特色社会主义不同于历史上那种体制僵化、民主缺失、生机缺乏的社会主义，深刻认识到中国特色社会主义是与资本主义有着本质区别的社会主义，我们的经济体制转型并不影响社会主义的本质。要通过我们的网络使群众了解世情和国情，使他们既看到中国特色社会主义事业面临的重大机遇与严峻挑战，又看到中国特色社会主义事业所具有的旺盛生命力，从而使广大群众认识到自己所肩负的历史使命。最后，要通过网络深入开展马克思主义世界观、人生观、价值观教育，防止拜金主义、享乐主义、极端个人主义等腐朽思想观念给群众带来不利影响。

二是通过我们的网络加强社会主义核心价值体系的宣传教育，坚持以社会主义核心价值体系引领多样化社会思潮。我国正处于转型时期，又深度融入全球化，多种社会思潮暗流涌动，多元化的价值观念、思想文化相互激荡。网络是社会思潮相互碰撞、激荡的主要场所，如果不能有效引领社会思潮，就会让群众产生思想混乱，出现信仰危机。因此，我们要加强网络上马克思主义网站建设，多形式、多渠道地宣传社会主义核心价值体系，引导群众自觉培育和践行社会主义核心价值观，用马克思主义占领网络这一重要阵地。

三是对群众加强网络道德教育，增强他们的网络自律意识。网络道德是指涉及互联网技术开发与应用、信息传播与管理等方面的道德规范、道德准则，以及以此为基础而形成的新型道德关系。网络道德教育是当今的一个热点话题，也是新形势下开展网络思想政治教育工作不可回避、亟待解决的一个重大课题。网络世界的虚拟性使群众常以隐形的身份出现，在网络世界中，他们摆脱了现实生活中各种社会角色的束缚，从而极易放纵自己的思想和行为，淡化自己的社会责任，甚至完全丧失道德感和自律意识。由此，必须对群众加强网络道德教育，强化他们的政治意识、法制意识、责任意识、自律意识，强化他们的民族精神和时代精神，强化他们抵制各种不良思想观念影响的自觉性。

第六节　构建对社会思潮的预测机制

社会思潮是一种能量巨大的社会精神力量。它的运动状况影响着整个社会的运行。特别是那些浪高流急、来势汹汹的错误的社会思潮，往往给社会的和谐有序、健康稳定发展带来巨大风险。对于这类潜在危害性极大的社会思潮，很有必要对其未来的发展轨迹和趋势做出超前预测，从而采取针对性强的引领措施，减弱或祛除其危害。对社会思潮的运动进行正确预测，是正确引领社会思潮的前提之一。

一、加强对社会思潮的预测是关键环节

社会思潮的预测，就是对某种社会思潮进行调查研究，科学分析，对其可能的运动轨迹及其在运动中可能发生的各种情况做出符合社会思潮本身发展规律的预先估测，并制订预案，加强对社会思潮的管控。社会思潮是“社

会气候”的晴雨表，对社会思潮的预测是社会预测的一部分，是社会舆情信息监测的一部分，是做好宣传思想工作、做好思想政治教育工作的一个环节，有利于促进宣传思想工作和思想政治教育工作的科学化、规范化和制度化。做好预测工作，能够使我们做到心中有数、变被动为主动，能够有效地帮助我们克服引领社会思潮的盲目性，增强针对性和实效性。对于维护我国的意识形态非常重要。因此，加强对社会思潮的预测是有效引领社会思潮、维护我国意识形态安全的关键环节。

对社会思潮进行预测，是一个系统过程，要科学把握人民群众思想发展规律，讲求预测工作的科学化。引领社会思潮的工作不仅要经得起现实的检验，也要经得起历史的检验。要谦虚认真，尊重思想发展规律，要充分认识到人们的思想发展过程中充满不确定因素，我们对思想意识的某些领域还存在一定的无知状态。为此，要广泛收集社会各方面信息，进行系统的归纳分析，运用逻辑推理的科学方法开展预测工作。预测者不仅要思想政治素质过硬，还要具有高度的职业敏感性，要加强学习，不断丰富自己的专业知识，加强调查研究，善于总结经验。要不断增强从纷繁复杂的社会现象中发现事物本质的能力，要不断增强运用党的理论和政策来给群众释疑解惑的本能。

对社会思潮进行预测，要坚持以人为本。社会思潮的产生和发展总和群众关注的社会事件或问题有关。要注意观察群众的情绪表达，要注意倾听群众的利益诉求。当前，全球化、网络化使得人民群众的思想意识越来越具有开放性，社会思潮对他们产生很大的影响。同时，我国在社会转型发展过程中，社会热点、难点问题层出不穷，在一些地方损害人民群众利益的事情也时有发生，收入差距扩大导致部分群众的心理严重失衡的现象也客观存在。人民群众的思想意识存在多变、多样的情况。这些给我们开展社会思潮预测工作带来一定的难度。要充分总结我们党历来的思想政治工作经验，把各项工作做细致、做深入。

二、重点预测社会思潮的萌生和发展趋势

社会思潮的预测，是一项前瞻性、探索性、操作性都很强的工作。做好了社会思潮的预测工作，我们就可以牢牢把握引领社会思潮的主动权。

首先，要预测社会思潮的萌生。这要求我们具有见微知著的洞察力，善于跟踪社会矛盾的运动，认真分析当前我国社会矛盾的发展变化，深入了解广大民众的利益诉求，深入分析社会思潮产生的经济、政治、文化环境条件，揭示社会思潮形成和流传的社会心理基础，从而预测可能出现的社会思潮，并善于根据其潜在的某种苗头而预测它的发展趋向。对于新生思潮中的那些有利于社会发展的苗头，要创造条件，引导其发展壮大。而对于那些给社会的健康发展带来潜在危害的苗头，则要采取措施，或及时制止，或引导它们向着健康的、积极的方面转化，力争把新生思潮可能的消极影响消除在萌芽状态。

其次，要预测当前的社会思潮的发展趋势。为此，要对当前的社会思潮进行深入细致的调查研究，要重点研究、分析它们的主要思想观点、基本特点、表现形式、社会作用、社会能量、演变规律等，揭示它们的本质，预先估测其可能的蔓延速度和范围以及它们可能产生的负面或正面影响，在此基础上，研究应对策略，对不同性质的社会思潮，采取正确的措施，积极地、及时地开展引领工作，引领它们沿着健康的轨道、向着积极的方向发展。

另外，预测当前社会思潮的发展趋势，还要求广泛收集历史上和现实生活中有关社会思潮的资料，掌握社会思潮发展的全面形势，充分研究那些有代表性的典型个案，做深入的定性和定量的研究，把所收集的资料和信息与外部形势和环境联系起来分析，在类比研究中发现不同思潮的共同因素和相似现象，从而借鉴经验，吸取教训，预测当前社会生活中某些社会思潮的发展趋势。

参考文献

一、中文类

1. 专著

[1] 阿隆．社会学主要思潮［M］．上海：上海译文出版社，2005.

[2] 贝尔．意识形态的终结：50年代政治观念衰微之考察［M］．张国清，译．南京：江苏人民出版社，2001.

[3] 贝克．风险社会［M］．何博闻，译．南京：译林出版社，2004.

[4] 陈金龙．近代中国社会思潮与马克思主义中国化［M］．北京：人民出版社，2013.

[5] 陈力丹．舆论：感觉周围的精神世界［M］．上海：上海交通大学出版社，2003.

[6] 陈希．民族复兴之路与马克思主义的中国化［M］．北京：清华大学出版社，2007.

[7] 陈新汉，冯溪屏．现代化与价值冲突［M］．上海：上海人民出版社，2003.

[8] 陈新汉．民众评价论［M］．上海：上海人民出版社，2004.

[9] 陈新汉．权威评价论［M］．上海：上海人民出版社，2006.

[10] 陈新汉．社会主义核心价值体系价值论研究［M］．上海：上海人民出版社，2008.

[11] 陈学明．驶向冰山的泰坦尼克号：西方左翼思想家眼中的当代资本主义［M］．北京：人民出版社，2008.

［12］陈亚杰．建设社会主义核心价值体系［M］．北京：人民出版社，2007.

［13］陈勇．社会主义核心价值体系引领社会思潮的方式和途径研究［M］．北京：中国社会科学出版社，2016.

［14］邓卓明．社会思潮专题研究［M］．北京：中国社会科学出版社，2012.

［15］迪韦尔热．政治社会学：政治学要素［M］．杨祖功，王大东，译．北京：东方出版社，2007.

［16］段忠桥．当代国外社会思潮［M］．北京：中国人民大学出版社，2010.

［17］福山．大分裂：人类本性与社会秩序的重建［M］．刘榜离，等译．北京：中国社会科学出版社，2002.

［18］福山．历史的终结及最后之人［M］．黄胜强，许铭原，译．北京：中国社会科学出版社，2003.

［19］高放．科学社会主义的理论与实践［M］．中国人民大学出版社，2003.

［20］宫志刚．社会转型与秩序重建［M］．北京：中国人民公安大学出版社，2004.

［21］顾肃，张凤阳．西方现代社会思潮史［M］．济南：山东教育出版社，2004.

［22］郭汉民．晚清社会思潮研究［M］．北京：中国社会科学出版社，2003.

［23］韩震．社会主义核心价值体系研究［M］．北京：人民出版社，2007.

［24］何清涟．现代化的陷阱：当代中国的经济社会问题［M］．北京：今日中国出版社，1998.

［25］贺善侃．价值 文化 科技：面向新世纪的价值哲学研究［M］．上海：东华大学出版社，2004.

［26］黑格尔．历史哲学［M］．王造时，译．上海：上海书店出版

社，2006.

［27］洪晓楠．当代西方社会思潮及其影响［M］．北京：人民出版社，2009.

［28］候惠勤．马克思的意识形态批判与当代中国［M］．北京：中国社会科学出版社，2010［29］胡惠林．中国国家文化安全论［M］．上海：上海人民出版社，2005.

［30］胡锦涛．高举中国特色社会主义理论伟大旗帜 为夺取全面建设小康社会新胜利而奋斗［M］．北京：人民出版社，2007.

［31］胡锦涛．坚定不移沿着中国特色社会主义道路前进 为全面建成小康社会而奋斗：在中国共产党第十八次全国代表大会上的报告［M］．北京：人民出版社，2012.

［32］黄凯锋．当代中国价值观研究新取向［M］．上海：学林出版社，2007.

［33］吉登斯．失控的世界［M］．周红云，译．南昌：江西人民出版社，2001.

［34］纪廷许．现代日本社会与社会思潮［M］．北京：社会科学出版社，2007.

［35］江泽民．江泽民文选：第1卷［M］．北京：人民出版社，2006.

［36］江泽民．江泽民文选：第2卷［M］．北京：人民出版社，2006.

［37］江泽民．江泽民文选：第3卷［M］．北京：人民出版社，2006.

［38］匡萃坚．当代西方政治思潮［M］．北京：社会科学文献出版社，2005.

［39］李建华，等．社会主义核心价值体系建设与社会思潮有效引领研究：多元文化时代的价值引领［M］．北京：人民出版社，2012.

［40］李培林，李强，孙立平，等．中国社会分层［M］．北京：社会科学文献出版社，200［41］梁建新．穿越意识形态终结的幻象：西方意识形态终结论思潮评析［M］．北京：中国社会科学出版社，2008.

［42］梁启超．清代学术概论［M］．北京：中国书籍出版社，2006.

［43］林国标．中国社会主义意识形态发展史：马克思主义哲学中国化

的视角［M］．长沙：湖南人民出版社，2007.

［44］刘书林．社会思潮与青少年教育研究［M］．北京：高等教育出版社，2010.

［45］陆学艺．当代中国社会阶层研究报告［M］．北京：社会科学文献出版社，2002.

［46］马俊峰．马克思主义价值理论研究［M］．北京师范大学出版社，2012.

［47］中共中央马克思恩格斯列宁斯大林著作编译局编译．资本论：第1卷［M］．北京：人民出版社，2004.

［48］马立城．当代中国八种社会思潮［M］．北京：社会科学文献出版社，2011.

［49］马立城．最近四十年中国社会思潮［M］．北京：东方出版社，2015.

［50］马特拉．世界传播与文化霸权：思想与战略的历史［M］．陈卫星，译．北京：中央编译出版社，2001.

［51］梅荣政．用马克思主义引领社会思潮［M］．武汉：武汉大学出版社，2008.

［52］默顿．社会理论和社会结构［M］．唐少杰，齐心，译．南京：译林出版社，2006.

［53］聂立清．我国当代主流意识形态认同研究［M］．北京：人民出版社，2010.

［54］任平．当代视野中的马克思［M］．南京：江苏人民出版社，2003.

［55］佘双好，等．当代社会思潮对高校师生的影响及对策研究［M］．北京：中央编译出版社，2012.

［56］孙晶．文化霸权主义理论研究［M］．北京：社会科学文献出版社，2004.

［57］孙立平．博弈：断裂社会的利益冲突与和谐［M］．北京：社会科学文献出版社，2006.

［58］谭培文．马克思主义的利益理论［M］．北京：人民出版社，2002.

［59］汤普森．意识形态与现代文化［M］．高铦，等译．南京：译林出版社，2005.

［60］童世骏．意识形态新论［M］．上海：上海人民出版社，2006.

［61］王永贵，等．经济全球化与社会主义意识形态建设研究［M］．北京：人民出版社，2005.

［62］沃特斯．现代社会学理论［M］．杨善华，李康，等译．北京：华夏出版社，2000.

［63］吴琦．意识形态与国家安全［M］．武汉：华中师范大学出版社，2011.

［64］习近平．决胜全面建成小康社会夺取新时代中国特色社会主义伟大胜利：在中国共产党第十九次全国代表大会上的报告［M］．北京：人民出版社，2017.

［65］习近平．习近平谈治国理政：第 2 卷［M］．北京：外文出版社，2017.

［66］习近平．习近平谈治国理政［M］．北京：外文出版社，2014.

［67］辛格．谁的新千年：他们的还是我们的？［M］．曹荣湘，褚松燕，丁开杰，译．北京：中国人民大学出版社，2002.

［68］辛鸣．制度论：关于制度哲学的理论建构［M］．北京：人民出版社，2005.

［69］徐崇温．民主社会主义评析［M］．重庆：重庆出版社，2007.

［70］徐大同．现代西方政治思想［M］．北京：人民出版社，2003.

［71］徐海波．意识形态与大众文化［M］．北京：人民出版社，2009.

［72］薛晓源，周战超．全球化与风险社会［M］．北京：社会科学文献出版社，2005.

［73］阎耀军．超越危机：社会稳定的量度与预警预控［M］．延边：延边大学出版社，2003.

［74］杨立英．全球化、网络化境遇与社会主义意识形态建设研究

[M]. 北京：人民出版社，2006.

[75] 杨雪冬. 风险社会与秩序重建 [M]. 北京：社会科学文献出版社，2006.

[76] 张骥，等. 马克思主义意识形态引领多样化社会思潮若干问题研究 [M]. 北京：人民出版社，2013.

[77] 张世鹏. 德国社会民主党纲领汇编 [M]. 长春：吉林人民出版社，2005.

[78] 张秀琴. 马克思意识形态理论的当代阐释 [M]. 北京：中国社会科学出版社，2005 [79] 张玉堂. 利益论：关于利益冲突与协调问题的研究 [M]. 武汉：武汉大学出版社，2001.

[80] 郑永廷，等. 社会主义意识形态发展研究 [M]. 北京：人民出版社，2002.

[81] 中共中央马克思恩格斯列宁斯大林著作编译局. 马克思恩格斯文集：第 2 卷 [M]. 北京：人民出版社，2009.

[82] 中共中央马克思恩格斯列宁斯大林著作编译局. 马克思恩格斯文集：第 1 卷 [M]. 北京：人民出版社，2009.

[83] 中共中央文献研究室. 十六大以来重要文献选编（中）[M]. 北京：中央文献出版社，2006.

[84] 中共中央文献研究室. 邓小平年谱：1975—1997 [M]. 北京：中央文献出版社，2004 [85] 中共中央文献研究室. 江泽民论有中国特色社会主义：专题摘编 [M]. 北京：中央文献出版社，2002.

[86] 中共中央宣传部编. 习近平新时代中国特色社会主义思想三十讲 [M]. 北京：学习出版社，2018.

[87] 朱汉国. 当代中国社会思潮研究 [M]. 北京：北京师范大学出版社，2012.

[88] 朱兰芝主编. 当代世界思潮 [M]. 北京：人民出版社，2002.

[89] 习近平. 习近平谈治国理政（第 3 卷）[M]. 北京：外文出版社，2022.

[90] 习近平. 习近平谈治国理政（第 4 卷）[M]. 北京：外文出版

社，2022.

［91］习近平. 习近平著作选读（第一卷）［M］. 北京：人民出版社，2023.

［92］习近平. 习近平著作选读（第二卷）［M］. 北京：人民出版社，2023.

［93］习近平. 论坚持党对一切工作的领导［M］. 北京：中央文献出版社，2019.

［94］魏小萍. 当代主要社会思潮的动态研究与批判（上）［M］. 北京：中国社会科学出版社，2019.

［95］魏小萍. 当代主要社会思潮的动态研究与批判（下）［M］. 北京：中国社会科学出版社，2019.

［96］崔华前. 多样化社会思潮对大学生思想行为的影响及其引领路径研究［M］. 武汉：武汉大学出版社，2019.

［97］贺武华. 网信时代社会思潮对大学生影响的实证研究［M］. 杭州：浙江大学出版社，2018.

［98］汪勇. 利益多元化对马克思主义大众化的影响及对策研究［M］. 北京：人民出版社，2017.

［99］邓卓明. 改革开放以来中国共产党引领社会思潮研究［M］. 北京：人民出版社，2017.

［100］李亚员. 社会主义核心价值体系引领大学生思潮研究［M］. 北京：人民出版社，2015.

［101］王炳权. 当代中国政治思潮研究［M］. 北京：中国社会科学出版社，2014.

［102］张骥. 马克思主义意识形态引领多样化社会思潮若干问题研究［M］. 北京：人民出版社，2013.

［103］侯惠勤. 国外马克思主义意识形态研究著作评析［M］. 北京：中国社会科学出版社，2015.

［104］艾四林. 社会主义主流意识形态与当今中国社会思潮［M］. 北京：人民出版社，2014.

［105］郑永年. 再塑意识形态［M］. 北京：东方出版社，2016.

［106］王永贵. 马克思主义意识形态理论与当代中国实践研究［M］. 北京：人民出版社，2013.

［107］杨昕. 中国共产党意识形态话语权研究［M］. 北京：社会科学文献出版社，2015.

［108］史小宁. 马克思主义视域下意识形态批判及其功能研究［M］. 北京：中国社会科学出版社，2015.

［109］乐媛. 超越左与右：中国网络论坛的公共讨论与意识形态图景［M］. 北京：中国传媒大学出版社，2014.

［110］黄传新等. 社会主义意识形态的吸引力和凝聚力研究［M］. 北京：学习出版社，2012.

［111］蒋忠波. 网络议程设置的实证研究［M］. 北京：中国社会科学出版社，2015.

［112］匡文波. 新媒体舆论：模型、实证、热点及展望［M］. 北京：中国人民大学出版社，2014.

［113］李忠军. 意识形态安全与大学生政治价值观研究［M］. 长春：东北师范大学版社，2015.

［114］李萍. 马克思意识形态论［M］. 北京：中国社会科学出版社，2013.

［115］廖卫民. 网络舆论波研究［M］. 杭州：浙大学出版社，2014.

［116］卜建华. 当前社会思潮的传播与维护国家意识形态安全研究［M］. 南昌：江西人民出版社，2015.

［117］陈先达等. 坚持马克思主义在意识形态领域指导地位研究［M］. 北京：经济科学出版社，2015.

［118］蒲红果. 说什么怎么说：网络舆论引导与舆情应对［M］. 北京：新华出版社，2013.

［119］蒯正明. 中共产党维护意识形态安全研究［M］. 北京：中央文献出版社，2016.

［120］刘慧，李艳. 当代中国意识形态安全现状与路径选择［M］. 北

京：中国社会科学出社，2015.

［121］胡伯项．我国现代化进程中意识形态安全问题研究［M］．北京：人民出版社，2017.

［122］论学习贯彻习近平新闻舆论工作座谈会重要讲话精神［M］．北京：人民出社，2016.

［123］王承哲．意识形态与网络综合治理体系建设［M］．北京：人民出版社，2018.

［124］陈金龙．少数民族优秀传统文化与社会主义核心价值观契合研究［M］．成都：西南交通大学出版社，2018.

［125］王永贵等．意识形态领域新变化与坚持马克思主义指导地位研究［M］．北京：人民出版社，2015.

［126］马忠连，苏雪芹．西部民族地区主流意识形态建设的困境及对策［M］．北京：中国社会科学出版社，2020.

［127］刘须宽．国家治理体系和治理能力现代化［M］．北京：人民日报出版社，2019.

［128］习近平．高举中国特色社会主义伟大旗帜为全面建设社会主义现代化国家而团结奋斗——在中国共产党第二十次全国代表大会上的报告［M］．北京：人民出版社，2022.

［129］中共中央党史和文献研究院．习近平关于社会主义精神文明建设论述摘编［M］．北京：中央文献出版社，2022.

［130］中共中央党史和文献研究院．习近平关于总体国家安全观论述摘编［M］．北京：中央文献出版社，2018.

［131］中共中央宣传部．习近平新时代中国特色社会主义思想学习纲要［M］．北京：学习出版社，人民出版社，2019.

［132］中共中央党史和文献研究院．论党的宣传思想工作［M］．北京：中央文献出版社，2020.

［133］郑珠仙等．国家意识形态安全与大学生社会主义核心价值观教育研究［M］．北京：人民出版社，2014.

［134］冯宏良．国家意识形态安全与马克思主义大众化：基于社会政治

稳定的研究视野［M］. 天津：天津人民出版社，2017.

［135］郝保权. 多元条件下中国社会主义意识形态安全研究［M］. 北京：人民出版社，2018.

［136］陈忠奎. 互联网时代中国意识形态安全问题研究［M］. 北京：中国社会科学文献出版社，2019.

［137］郑洁，王婧. 大数据时代高校意识形态安全教育研究［M］. 长春：吉林大学出版社，2020.

［138］王俊拴. 新时期政治理论新探索［M］. 北京：中国社会科学出版社，2018.

［139］陈锡喜. 意识形态：当代中国的理论和实践［M］. 北京：中国人民大学出版社，2018.

［140］房正宏. 网络政治参与意识形态安全［M］. 北京：中国社会科学出版社，2017.

［141］李慎明，杨晓萍. 国际交往与文化软实力——兼论中国特色社会主义新文化战略［M］. 长沙：湖南大学出版社，2016.

［142］朱继东. 新时代党的意识形态思想研究［M］. 北京：人民出版社，2018.

［143］韩庆祥，黄相怀等. 历史不会终结［M］. 北京：中国人民大学出版社，2018.

［144］张志丹. 意识形态功能提升新论［M］. 北京：人民出版社，2017.

2. 期刊

［1］阿尔都塞，李迅. 意识形态和意识形态国家机器（续）［J］. 当代电影，1987（03）.

［2］毕天云. 论社会冲突的根源［J］. 云南师范大学学报（哲学社会科学版），2000（05）.

［3］陈秉公. 论用社会主义核心价值体系引领社会思潮的基本途径：关于十七大报告一个基本观点的深层理论解读［J］. 政治学研究，2008（06）.

[4] 陈金龙．文化交流与当代中国意识形态安全 [J]．湖湘论坛，2010，23 (04).

[5] 陈锡喜．关于社会主义意识形态的整合和建构的思考 [J]．思想理论教育，2008 (05).

[6] 陈锡喜．建设社会主义核心价值体系 增强意识形态的吸引力凝聚力 [J]．思想理论教育导刊，2009 (04).

[7] 陈先达．论普世价值与价值共识 [J]．哲学研究，2009 (04).

[8] 陈新汉，徐玲．民众评价活动中的误导、悖论和言论自由 [J]．理论学刊，2007 (08).

[9] 陈新汉．论核心价值体系 [J]．马克思主义研究，2008 (10).

[10] 陈新汉．论社会思潮的民众评价机制 [J]．攀登，2003 (03).

[11] 陈新汉．社会主义核心价值体系：从价值哲学的角度看 [J]．哲学研究，2007 (11).

[12] 陈月生．国外政府利用新闻舆论影响民意的渠道、手段和方式研究综述 [J]．社科纵横，2007 (06).

[13] 德里克，王春梅，王怡福．全球主义与地域政治 [J]．马克思主义与现实，1998 (05).

[14] 邓卓明．论社会思潮的类型和特征 [J]．西南师范大学学报（哲学社会科学版），1995 (02).

[15] 丁祥艳，贺平海．马克思主义社会公正观及中国共产党人的实践 [J]．中国井冈山干部学院学报，2014，7 (04).

[16] 范燕宁．当前中国社会转型问题研究综述 [J]．哲学动态，1997 (01).

[17] 房宁．影响当代中国的三大社会思潮 [J]．复旦政治学评论，2006 (01).

[18] 冯克利．阿隆与"意识形态的终结" [J]．读书，1998 (12).

[19] 何梓．略论社会思潮的本质和特征 [J]．岭南学刊，1999 (03).

[20] 贺新元．对改革开放以来社会思潮研究的多维探析 [J]．理论视野，2007 (11).

[21] 胡宝平. 社会主义核心价值体系引领社会思潮的可能性研究 [J]. 学术论坛, 2012, 35 (08).

[22] 胡伟希. 20世纪中国三大社会思潮及其当代转型 [J]. 华东师范大学学报 (哲学社会科学版), 2010, 42 (05).

[23] 黄建明, 杜阿奇. 积极构建我国意识形态安全体系 [J]. 湖北行政学院学报, 2005 (04).

[24] 贾英健. 文化帝国主义与"意识形态的终结"批判 [J]. 求实, 2003 (01).

[25] 江泽民. 在庆祝中华人民共和国成立四十周年大会上的讲话 [J]. 党建研究, 1989 (08).

[26] 姜志强, 孙运彩. 论社会思潮的发展规律 [J]. 齐齐哈尔大学学报 (哲学社会科学版), 2005 (04).

[27] 李朝祥. 国家意识形态的本质与属性的辩证理解 [J]. 社会科学论坛, 2006 (10).

[28] 李朝祥. 国家意识形态特征的双重性 [J]. 中共四川省委党校学报, 2007 (04).

[29] 李春明. 意识形态的合法性问题 [J]. 山东社会科学, 2004 (09).

[30] 李理. 以马克思主义引领多样化的社会思潮: 访中国社会科学院学部委员、中国历史唯物主义学会会长李崇富 [J]. 上海党史与党建, 2010 (08).

[31] 李慎明. 全球化与第三世界 [J]. 中国社会科学, 2000 (03).

[32] 李慎之. 数量优势下的恐惧: 评亨廷顿第三篇关于文明冲突论的文章 [J]. 太平洋学报, 1997 (02).

[33] 林锦锋. 论社会思潮的预测和疏导 [J]. 现代哲学, 2001 (02).

[34] 刘书林. "普世价值"问题出现的过程、原因及实质 [J]. 政治学研究, 2008 (06).

[35] 刘同舫. 在应对当代各种社会思潮的挑战中发挥马克思主义的威力 [J]. 马克思主义研究, 2010 (03).

[36] 梅荣政，王炳权．论社会思潮总体性研究中的几个问题［J］．思想·理论·教育，2005（19）.

[37] 梅荣政．新自由主义的谱系、流变及影响［J］．当代世界社会主义问题，2005（01）.

[38] 梅荣政．坚持用马克思主义抵制错误思潮［J］．云南师范大学学报（哲学社会科学版），2007（06）.

[39] 莫岳云．抵御境外宗教渗透与构建我国意识形态安全战略［J］．湖湘论坛，2010，23（04）.

[40] 任洁．当前我国意识形态工作面临的挑战及对策［J］．理论探索，2016（03）.

[41] 萨伊德，谢少波．文化与帝国主义［J］．马克思主义与现实，1999（04）.

[42] 佘双好．当代社会思潮的内涵、特征及其研究意义［J］．学校党建与思想教育，2011（19）.

[43] 佘双好．当代社会思潮在高校生成和发展的新特点及发展趋势［J］．学校党建与思想教育，2013（10）.

[44] 沈湘平．合法性与意识形态建设［J］．天津社会科学，2002（01）.

[45] 石云霞．当代中国文化发展中的意识形态安全问题［J］．中国特色社会主义研究，2012（02）.

[46] 石中英．论国家文化安全［J］．北京师范大学学报（社会科学版），2004（03）.

[47] 宋宏伟．关于当代社会主义和资本主义的关系［J］．中国党政干部论坛，2001（10）.

[48] 孙来斌，韩露．当前西方对中国的意识形态挑战及应对［J］．当代世界与社会主义，2012（05）.

[49] 孙慕天，刘玲玲．西方社会转型理论研究的历史和现状［J］．哲学动态，1997（04）.

[50] 陶倩，朱承．关于社会主义核心价值体系认同的思考：以大学生

群体为对象的考察［J］. 思想理论教育，2007（23）.

［51］陶倩. 由大学生荣辱观现状看其对社会主义核心价值观之认同［J］. 学校党建与思想教育，2007（06）.

［52］田改伟. 试论我国意识形态安全［J］. 政治学研究，2005（01）.

［53］王炳权，梅荣政. 论社会思潮的传播与控制［J］. 求实，2005（11）.

［54］王炳权. 论社会思潮的基本特征［J］. 思想理论教育，2011（01）.

［55］王存福. 苏东社会主义国家意识形态安全的历史考察及其启示［J］. 社会主义研究，2011（01）.

［56］王岩，茅晓嵩. "意识形态终结论"批判与我国意识形态安全［J］. 政治学研究，2009（05）.

［57］王永芹. 当代中国多样化社会思潮发展态势与引领机制探析［J］. 河北学刊，2008（06）.

［58］王玉樑. 百年价值哲学的反思［J］. 学术研究，2006（04）.

［59］文选德. 当前意识形态领域的若干问题［J］. 湖南社会科学，2004（02）.

［60］乌尔里希·贝克，郗卫东. 风险社会再思考［J］. 马克思主义与现实，2002（04）.

［61］吴怀友. 新自由主义的全球化是客观全球化的异化［J］. 理论与现代化，2007（05）.

［62］萧功秦. 困境之礁上的思想水花：当代中国六大社会思潮析论［J］. 社会科学论坛，2010（08）.

［63］许启贤. 社会思潮研究［J］. 淮南工业学院学报（社会科学版），1999（01）.

［64］俞吾金. 从意识形态的科学性到科学技术的意识形态性［J］. 马克思主义与现实，2007（03）.

［65］袁三标. 从话语权视角看国家意识形态的现代性转化［J］. 理论导刊，2006（12）.

[66] 张岱年. 论价值的层次 [J]. 中国社会科学, 1990 (03).

[67] 张骥, 刘云章. 论马克思主义意识形态对多样化社会思潮的引领机制 [J]. 马克思主义研究, 2011 (04).

[68] 张骥, 张爱丽. 论社会主义核心价值体系与我国意识形态安全 [J]. 社会主义研究, 2007 (06).

[69] 张维为. "普世价值" 的来龙去脉 [J]. 学习月刊, 2008 (19).

[70] 张晓红. 加强对当代中国社会思潮的研究 [J]. 湖北社会科学, 2005 (12).

[71] 赵曜. 当代中国社会思潮透视 [J]. 中国特色社会主义研究, 2002 (01).

[72] 中国社会科学院 "新自由主义研究" 课题组. 新自由主义研究 [J]. 马克思主义研究, 2003 (06).

[73] 仲崇东. 全球化与我国的意识形态安全 [J]. 中共福建省委党校学报, 2002 (01).

[74] 仲海涛. 试析当代中国社会思潮萌发条件及发展态势 [J]. 思想教育研究, 2016 (10).

[75] 周明侠. 构建和谐社会的社会控制模式转型与社会控制手段选择 [J]. 求索, 2006 (12).

3. 报纸

[1] 胡锦涛. 在纪念党的十一届三中全会召开 30 周年大会上的讲话 [N]. 人民日报, 2008-12-19 (2).

[2] 胡锦涛. 在中共中央政治局第二十次集体学习时的讲话 [N]. 人民日报, 2005-02-23 (2).

[3] 江泽民. 在庆祝中国共产党成立八十周年大会上的讲话 [N]. 人民日报, 2001-07-01 (1).

[4] 李树桥. 当前我国社会思潮点评 [N]. 经济观察报, 2007-04-02.

[5] 习近平. 青少年要自觉践行社会主义核心价值观: 在北京大学师生座谈会上的讲话 [N]. 人民日报, 2014-05-05.

［6］朱学勤．1998，自由主义的言说［N］．南方周末，1998-12-25.

4. 电子资料

［1］习近平．决胜全面建成小康社会夺取新时代中国特色社会主义伟大胜利：在中国共产党第十九次全国代表大会上的报告［EB/OL］．新华网，2017-10-27.

［2］习近平．开放共创繁荣，创新引领未来［EB/OL］．人民网，2018-04-11.

［3］习近平．携手构建合作共赢新伙伴，同心打造人类命运共同体［EB/OL］．人民网，2018-01-04.

［4］萧功秦．百年困境与中国的三大思潮．［EB/OL］．爱思想网，2008-05-10.

5. 其他

［1］《辞海》编辑委员会编．辞海［Z］．上海：上海辞书出版社，1989.

［2］《哲学大辞典·中国哲学史卷》编辑委员会编．哲学大辞典：马克思主义哲学卷［Z］．上海：上海辞书出版社，1990.

［3］中国大百科全书出版社，《简明不列颠百科全书》编辑部．简明不列颠百科全书［Z］．北京：中国大百科全书出版社，1985.

［4］《中国大百科全书》编辑委员会编．中国大百科全书：哲学［Z］．北京：中国大百科全书出版社，1987.

［5］中国社会科学院语言研究所词典编辑室．现代汉语词典［Z］．北京：商务印书馆，1983.

二、英文类

［1］BECK U. Risk Society：Towards a New Modernity［M］. London：Sage Publications Ltd，1992.

［2］BELL D. The End of Ideology［M］. Boston：Harvard University

Press, 2000.

[3] COSER L A. The Function of Social Conflict [M]. New York: Free Press, 1956.

[4] FULLER S. Social Epistemology [M]. Bloomington: Indiana University Press, 2002.

[5] LAFEBER W F. The New Empire [M]. Ithaca: Cornell University Press, 1963.

[6] MILLS C W. The Power Elite [M]. Oxford: Oxford University Press, 1956.

[7] RAWLS J. Political Liberalism: Expanded Edition [M]. New York: Columbia University Press, 2005.

[8] WEBER M. Economy and Society [M]. Berkeley: University of California Press, 1978.